合肥工业大学“生态经济与人文”中青年科技创新群体基金资助

非线性视野中
我国大学和谐管理机制研究

朱　浩　著

中国科学技术大学出版社

2008 · 合肥

内 容 简 介

本书从非线性思维观的视野审视，将耗散结构理论、协同学等非线性理论的观点与中华传统文化的和谐思想相结合，提出非线性和谐的概念。按照大学组织内部和谐→外部和谐→整体和谐的逻辑展开，对大学的文化、组织、权力、人力资本、外部关系、核心能力等重要问题进行研究，着力探讨其中的非线性关系，构建大学和谐管理机制，勾勒了非线性视野中我国大学和谐管理机制的理论框架，为我国大学体制与机制的改革与创新提供了一种新的思路。

图书在版编目(CIP)数据

非线性视野中我国大学和谐管理机制研究/朱浩著. —合肥：中国科学技术大学出版社，2008. 3

ISBN 978-7-312-02194-7

Ⅰ. 非… Ⅱ. 朱… Ⅲ. 高等学校—学校管理—研究—中国 Ⅳ. G647

中国版本图书馆 CIP 数据核字(2008)第 018743 号

出版 中国科学技术大学出版社
安徽省合肥市金寨路 96 号，邮编：230026
http://press. ustc. edu. cn

印刷 合肥学苑印务有限公司

发行 中国科学技术大学出版社

经销 全国新华书店

开本 710 mm×1000 mm 1/16

印张 16

字数 303 千

版次 2008 年 3 月第 1 版

印次 2008 年 3 月第 1 次印刷

印数 1—2500 册

定价 35. 00 元

序

复杂性是客观事物的一种基本属性,非线性则是复杂性的根源。以探索复杂性为目标的非线性科学是20世纪中叶以来科学发展的主要标志,它揭示了复杂系统从无序向有序自组织演化的机制与规律,为认识复杂现象提供了新的思维方式和解决问题的新方法,并在自然科学、社会科学、工程技术等各个领域得到广泛应用,正成为跨学科研究的前沿。大学是一个复杂的社会系统,需要用非线性理论及其思维观来认识与分析,以扩展大学研究的空间与深度。

当今世界复杂多变,人类的和谐持续发展已成为各国的共识与世界的潮流。大学作为人类文明的产物与社会发展的"思想库"与"动力站",理应成为社会和谐的典范与社会进步的引领者。然而,在当代中国社会转型的历史进程中,我国大学则滞后于时代的变迁,出现了一些不和谐的现象,并面临着诸多复杂与不确定性因素的挑战。如何消减不和谐因素,增强和谐因素,迎接挑战,以担负起大学的神圣使命,这是我国大学在自身转型的大变革中亟待解决的课题。

诚如法国著名哲学家埃德加·莫兰在《复杂性理论与教育问题》一书中指出的"所有身负教育之责的人们应该走向迎击我们时代的不确定性的最前哨",带着作为一名大学教师应有的责任感,朱浩在华东师范大学教育管理学院做博士论文期间,选取了"非线性视野中我国大学和谐管理机制研究"这一课题。该选题具有前沿性与创新性,用非线性的眼光去透视大学管理这个多学科交叉的领域,难度较大。在课题研究过程中,他不畏艰难、刻苦钻研、持之以恒、敢于突破、开拓进取,出色地完成了课题研究,为我们勾勒出中国大学和谐管理机制的理论框架,让人耳目一新,深受启迪。他的论文在评审和答辩中获得专家的高度评价,如今该项成果即将出版,我很乐意为此书作序。

概言之,这本著作有以下鲜明的特点:

其一,视角新颖,突破了以往从单一角度分析大学管理问题的框架。非线性的视野——抓住了事物的本质关系,这既是系统整体的思考方法,也是多学科集成的研究方法,又是辩证创新的分析方法。用非线性思维观审视大学,全方位、多角度地研究了我国大学内部和谐、外部和谐与整体和谐,多维度地分析了大学管理问题,探讨了其中的非线性关系与相互作用,为构建我国大学和谐管理机制提供了一种富有创意的新视野。

其二，文理渗透，选择的支持理论富有新意。将耗散结构理论、协同学、混沌学等西方的非线性科学的基本概念、思维方法与中华传统和谐思想相融合，提出了我国大学非线性和谐管理的理论模型，基于这一模型，并综合运用了文化学、政治学、管理学、经济学、社会学等学科理论，构建了我国大学文化、权力、组织、人力资本、外部关系等一系列和谐管理机制，反映了作者宽广的知识面与较高的理论素养。

其三，见解独到，体现了思考的广度与力度。结合我国大学管理的实际，探讨了大学管理思维从线性思维向非线性思维延伸的哲理，从哲学层次上为大学和谐管理机制研究拓展了思考的广度。从系统非线性特性出发，推演出系统整体效应与和谐的关系，阐述了非线性和谐的概念，并提出了大学核心能力是整体竞争力与整体和谐力的有机整合，它们是“你中有我，我中有你”相辅相成的关系。在此基础上，运用协同学与混沌动力学的观点研究了大学核心能力形成的非线性协同机制与战略管理，从而进一步探索了我国大学在复杂、动态、不确定环境下的和谐发展之道，表现出较深的思考力度。

上述研究成果丰富了大学管理理论的内容，为我国大学体制、机制的改革与创新提供了有益的启示，对构建和谐发展的大学与和谐社会具有很好的理论意义与现实意义。借鉴西方科学的思想与方法，传承中国文明的传统与智慧，二者的交汇，乃是塑造现代中国之精神品格的必进之路，朱浩博士在这方面做了有意义的探索。

作为他的导师，我为他在学术上取得的成果感到欣慰。朱浩博士给我印象最深的是他正直宽厚的为人、踏实严谨的学风与静心追求学问的精神。我国古代哲学家老子说：“道生一，一生二，二生三，三生万物。”在探寻学术的征程中，重要的是领悟为学之道。在本书即将付梓之际，望朱浩博士以此为新的起点，再接再厉，不断取得更多优秀的成果。

陈永明

2008 年 1 月 8 日于华东师范大学

目　录

第一章　导　论

以牛顿经典力学为代表的近代科学，确立了现实世界简单性的信念，这个传统一直延续到 20 世纪初。世事沧桑、时代发展、社会变迁，20 世纪 60 年代以来，各种复杂性问题不断涌现，现代科学所面临的是简单性观念和方法无法处理的复杂的对象。由于社会需要的巨大推动，一系列以复杂现象和系统为研究对象的新学科相继诞生，现实世界简单性的传统信念需要转变，复杂性的世界应当以复杂性观念来对待。非线性科学就是研究复杂性现象的新学科，从一定意义上可以说，耗散结构理论、协同学、混沌等非线性科学是 20 世纪科学史上继相对论、量子力学之后的又一次科学革命，它们揭示了复杂系统从无序向有序演化的机制与规律。非线性研究对人们的自然观、世界观和方法论等哲学问题产生了重大的影响，并导致其发生深刻的变革，促使人们的思维方式由线性思维转变为非线性思维，使人们认识到人类生存的世界，从宇观、宏观到微观，本质上都是非线性的。这不仅对自然科学领域的研究具有重要意义，也对人文社会科学研究起到同样重要的指导意义。当今世界复杂多变，政治多极化、经济全球化、文化多元化相互交织，人类的和谐持续发展已成为各国的共识与世界的潮流，大学作为人类文明的产物与社会发展的“知识库”、“人才库”、“思想库”与“动力站”，理应成为社会和谐的典范，推动与引领社会的进步。同时，大学内部结构、功能与外部环境的日益复杂，迫切需要用新的理论、观点与视角来考察与分析大学的管理运行与和谐发展问题。鉴于此，本书以非线性的观点来分析与研究我国大学的和谐管理问题，探索新的、有效的运行机制，以期丰富大学管理理论，促进大学和谐健康持续地发展。

第一节 问题的提出、研究的视角与意义

一、问题的提出

21世纪是一个迅速变革的时代，随着社会政治、经济、科学技术的迅猛发展，高等教育日益大众化、国际化、信息化。作为高等教育系统核心部分的现代大学正从社会的边缘走向社会的中心，演进成为集人才培养、科学研究与社会服务等多种职能、多单元、多中心的独特社会组织。从我国高等教育发展的进程来看，我国大学近年来实现了历史性的变革与发展，取得了许多有目共睹的成就。但是，由于大学组织规模的不断扩大，组织内外环境日益复杂，竞争日趋激烈，凸现出许多深层次的管理问题，如大学多元文化的冲突与不和谐，松散的学术性组织与严密的管理科层制的冲突与不和谐，行政权力与学术权力的冲突与不和谐，领导权威与“反向权威”的冲突与不和谐，人才培养的德与才、质与量的矛盾与不和谐，大学与政府的二元关系转变为大学与政府、市场等的多元关系导致彼此利益冲突与不和谐等。这些问题归根到底是大学系统的内部关系不和谐与外部关系不和谐问题。解决问题的关键是我国大学如何协调好文化、组织、权力、人力资本等多种因素和力量，消减内部的不和谐性，增强和谐性；以及如何协调好外部关系的平衡与互动，消减外部关系的不和谐，增强大学的自主性与对外部环境的适应能力。因此，我们要认真研究和解决大学的和谐管理问题，创建有效的管理运行机制，协调、平衡冲突，消减不和谐性，增强和谐性。

大学组织从不和谐到和谐绝非是一个简单的、线性的、一蹴而就的过程，而是复杂的、非线性的动态演化过程。同时，在大学复杂系统内部关系与外部关系中，充满了无数的非线性相互作用，从而使得我们在很多情况下必须以一种非线性思维来进行分析、考察与研究。世界著名物理学家、诺贝尔奖得主伊・普里高津(Ilya Prigogine)指出：“人们认识世界的角度和方法，应当超越牛顿思维的束缚，实现根本性的转变，即转向多重性、暂时性和复杂性。”[①]人们应当认识到，我们是生活

① 伊・普里高津，伊・斯唐热. 从混沌到有序：人与自然的新对话［M］. 曾庆宏，沈小峰，译. 上海：上海译文出版社，2005.

在一个多元论的世界之中。科学研究表明，物理的、社会的和精神的实在都是非线性的和复杂的。人类的生态、经济和政治问题已经成为全球的、复杂的、非线性的问题。哲学大师黑格尔认为事物的本质通过关系得到揭示，“凡一切实存的事物都存在于关系中，而这种关系乃是每一实存的真正性质”，“关系是自身联系与他物联系的统一”[①]。非线性和复杂性是物质、生命和人类社会进化的显著特征，要真正认识现实世界，把握世界的本质，就必须把注意力转向研究系统之间及系统构成要素之间的非线性关系与相互作用。

非线性科学与理论告诉我们，开放系统各要素只有通过竞争、协同等非线性相互作用才能产生相干耦合效应，达到系统功能的优化与系统的良性运行。弗莱克斯纳指出：“真正的大学是一个有机体，目标崇高而明确，精神与目的的统一。”[②]按照自身规律独立发展的有机体的本质在于具有新陈代谢的功能，是在与周围自然界保持动态平衡中创造着自身生存条件的物质系统。同时，有机体也是一种关系的动态系统，其存在和发展的基础及条件只能是与其他子系统的相互作用，因此，对有机体的分析与研究必须要用非线性的、开放的、动态的、整体的、多维的等系统观点。对这一规律的把握和运用是大学这一复杂的有机系统得以健康生存与发展的基础。潘懋元先生在《多学科视点的高等教育研究》一书中指出：“多学科研究方法提供了一种新的思维方式。这种新的思维方式符合人类认识的发展，即从单义性到多义性、从线性研究到非线性研究、从绝对性到相对性、从精确性到模糊性、从单面视角到多维视角、从单一方法到系统方法……如此等等。多学科研究方法，可能不仅适用于高等教育研究，也适用于其他学科领域研究。高等教育以其特殊而走在前面，也对其他领域的研究有所启发。”[③]

总之，我国大学作为一个按照自身规律演进与发展的复杂的、开放的有机体，其内部关系与外部关系均客观存在着多方面的矛盾冲突，如何从非线性的视野来认识与分析大学管理中的各种非线性关系？如何把握大学管理的本质？如何创建非线性的和谐管理运行机制，培育与提升大学的竞争力？这些都是大学得以健康生存与和谐发展亟须解决的关键问题与现实问题。

---

① 黑格尔．小逻辑［M］．贺麟，译．北京：商务印书馆，1980：247-326.

② FLEXNER ABRAHAM. Universities：American，English，German. New York，etc［M］. London：Oxford University Press，1930：178 -179.

③ 潘懋元．多学科视点的高等教育研究［M］．上海：上海教育出版社，2001：6.

二、研究的视角

伯顿·克拉克指出："没有一种研究方法能揭示一切；宽广的论述必须是多学科的。"①20 世纪 60 年代以来，各种关于非线性复杂系统的研究取得了实质性的进展。耗散结构理论探索了远离平衡态系统的非线性相互作用的自组织特性；协同学研究了系统从无序向有序转化过程中子系统之间的竞争与协同行为的规律性；超循环理论研究了类似生物催化循环的自催化系统的非线性模型，揭示了自组织演化发展采取了循环发展的形式；分形理论从非线性的角度探讨了多样性与统一性的关系问题；突变论研究了各种系统出现突变的众多非线性模型；混沌学则将决定论与非决定论在非线性关系中统一起来。上述非线性科学的兴起，深刻地影响着人们的思维方式，影响着人们对客观世界认识的基本观点，为我们打开了观察现实世界的新窗口。通过这一窗口，人们发现自然界在"灵魂"深处是非线性的，即世界的本质是非线性的，非线性关系与相互作用是事物之间普遍的、内在的和本质的关系，线性只是非线性的一个特例，只有从非线性的视野来审视与分析事物及事物之间的关系，才能真正把握事物的本质。非线性观是一种动态的、演化的、辩证的与创新的自然观与世界观，从深层次上揭示了系统自发地从无序混乱走向有序和谐的条件、动力、方式与机制。它把简单性与复杂性、有序性与无序性、确定性与随机性、必然性与偶然性统一在新的绚丽多彩的自然与社会图景之中。非线性理论作为一种新兴的科学认识论与方法论，为大学管理理论和实践提供了一种新的观察问题和思考问题的角度。

随着社会进步，科技飞速发展，大学组织内部结构、功能与外部环境日益复杂多变，这要求大学管理者应该运用新的科学方法和理论来应对内外部的各种不确定性。非线性科学是研究事物复杂性的系统方法，用非线性的观点来研究大学管理的复杂问题，将会是一种较好的研究视角，将为大学在复杂的环境中提高管理水平与办学效益开辟一条新的思路与应对之策。我们必须认识到，教育性与学术性的统一是大学的本质属性，德、智、体全面发展的高素质人才培养和高深知识的探究与创新都是一个复杂的、非线性的动态过程，资源投入与产出呈现出非因果等当性；大学作为一个松散耦合系统，其内部成员、结构充满了复杂性，其职能与目标在现代社会与市场经济环境下呈现出多样性与模糊性；大学管理的自组织特性，要求

① 伯顿·克拉克．高等教育新论：多学科的研究［M］．王承绪，等，译．杭州：浙江教育出版社，1998：2.

教学、科研、学习、创新等学术活动不能依靠线性僵化的机械命令与控制，而更多地依靠大学人内心的信念与人的主观能动性的发挥。人的主观能动性无法用简单数字衡量，以人为中心的社会系统本质上是非线性的，不同组分之间、不同层次之间、系统和环境之间的互动关系是非线性的，大量的社会科学研究成果已经揭示了很多具体的社会系统中的非线性机制。大学作为一个复杂有机系统，在各项工作中充满了非线性关系，无不渗透着浓郁的心理、情感、智力等精神因素，不论在质还是在量的方面，其组成要素之间都不可能是简单的线性关系，其整体行为不是其各部分行为的简单相加，各子系统之间的相互作用根本无法用线性关系进行计算，导致管理效能呈现出不确定性。非线性问题要用非线性的视角来审视，要用非线性的思维来理解与分析，要用非线性的机制与方法来解决，非线性思维与方法为人们提供了认识复杂世界的一种新的思维范式。大学管理中诸多的不和谐往往是把非线性问题当作线性处理的结果，因此，从非线性的视野来认识与探究大学的和谐发展，能更好地抓住事物的本质，创造性地解决大学管理中的复杂矛盾与问题。

非线性是复杂性产生的根源，在大学这些复杂而有趣的现象背后是非线性关系在起作用。法国当代著名哲学家埃德加·莫兰(Morin E.)在《复杂性理论与教育问题》一书中指出："恰切的认识应该正视复杂性。'Complexus'意味着交织在一起的东西。确实，当不同的要素(比如经济的、政治的、社会的、心理的、情感的、神化的)不可分离地构成一个整体时，当在认识对象与它的背景之间、各部分与整体之间、整体与各部分之间、各部分彼此之间存在相互依存、相互作用、相互反馈作用的组织时，就存在复杂性。复杂性，由于这个原因，是统一性与多样性之间的联系。我们全球纪元特有的发展使我们愈益经常和愈益不可避免地面临复杂性的挑战。因此，教育应该促进适于参照复杂性、背景、以多维度的方式和在总体的视域中进行的'一般智能'。"[①]教育本身就是一项复杂的系统工程，面对各种日益增加的复杂性，大学应如何应对并同时保持良性的运行与和谐的发展？解决问题的关键是构建有效的大学运行机制。几经思考、分析与推理，笔者提出了非线性视野中我国大学和谐管理——关于运行机制的探研，即以非线性观为视角，以大学和谐发展为目标，对大学管理中的主要问题，即大学的文化、组织、权力、人力资本、外部关系与大学竞争力六个方面进行分析与研究，探索大学从无序混乱走向有序和谐的运行机制，以期回应社会、时代对我国大学改革与发展的要求与挑战，希望能从一个新的角度来认识和把握大学管理的本质与规律，进一步丰富大学管理理论，提升

---

① 埃德加·莫兰．复杂性理论与教育问题[M]．陈一壮，译．北京：北京大学出版社，2004：27.

大学竞争力，使大学在日益复杂多变的内外环境中充满生机和活力，推动我国大学有序、和谐、健康、持续地发展。

三、研究的意义

非线性视野中的我国大学和谐管理机制研究是一个既有理论价值又有现实意义的研究课题，可为我国大学管理的理论探索提供一种新的思路，对我国大学改革与发展的实践具有建设性的启示作用。

第一，有助于我国大学管理的跨学科研究与高等教育学的学科建设。大学管理研究从基础理论上讲，不仅需要高等教育理论的支撑，也需要组织管理理论、文化学理论、社会学理论、政治学理论以及哲学等学科理论的支撑，是一项多学科的综合交叉研究。控制论的创始人维纳曾说过，创新往往出现在学科的交叉地带。这启示我们将新兴学科领域的理论与方法与有关基础理论相结合应用于大学管理的研究是具有开创性的。以探索复杂性为目标的非线性科学是20世纪中叶以来科学发展的主要标志，是系统科学的发展与延伸，正在成为跨学科的研究前沿。非线性问题已成为自然科学、工程技术、哲学及社会科学的一个研究热点。薛天祥先生认为："从高等教育学的学科建设来说，按照系统论的范畴展开理论推演，有助于高等教育学的概念建设和强化高等教育学的学术意识。"[①]因此，将非线性理论及其思维方式应用于大学管理研究是高等教育跨学科研究的新探索，特别是从系统整体功能出发探讨我国大学的非线性和谐管理机制，对提高大学管理的效能，对丰富大学管理理论的跨学科研究，对高等教育学的学科建设具有积极的意义。

第二，大学和谐管理机制的研究是时代的呼唤，对构建和谐发展的大学及和谐社会有启示性的现实意义。构建和谐社会是时代的潮流与特征。大学一方面要适应时代发展的要求；另一方面要用先进的文化与思想来引领社会的和谐发展，构建和谐社会呼唤大学成为社会和谐的典范，同时和谐也是大学自身发展的需要，大学的持续健康发展需要和谐的管理机制加以保障。本书从非线性与复杂性的角度来认识和谐，是对和谐思想与理论的进一步深化，有利于把握和谐的本质与和谐发展的规律。探讨与研究大学精神的和谐意蕴，大学多元文化的冲突、协调与整合以及大学校长和谐权威的结构对大学办学理念的创新和营造大学健康持续发展的和谐文化环境都具有重要理论与实践的指导意义。对大学与政府、社会等外部关系和谐机制的建构与探讨表明大学外部关系的和谐不仅有利于大学系统自身的发展，

① 赵文华．高等教育系统论［M］．南宁：广西师范大学出版社，2001：1．

是大学和谐发展的必要条件，也是构建和谐社会的重要组成部分，是时代进步对高等教育的必然要求，对社会各种组织之间的良性互动与和谐亦具有一定的借鉴意义。

第三，有助于从新的视野来研究我国大学管理机制，为我国大学管理水平与效能提高提供了一种新的途径，对我国大学体制与机制的改革与创新有现实意义。薛天祥先生认为："从高等教育实践来说，处于社会转型时期的高等教育改革，更需要一种系统的观念。"[①]非线性研究从系统复杂性上揭示了自然界、人类社会与思维领域的相互关系、本质与规律，以非线性思维观为指导，必然从更高层次、更宽的角度为大学管理研究、探索大学发展与管理的本质及其内在规律提供一个新的视野与系统分析方法。从非线性的视野对大学组织特性的复杂性进行分析，有利于我们从多维度辩证地、整体地把握大学组织的特殊性，从而运用非线性与复杂性理论来分析大学内部的文化、权力、人力资本等复杂关系与问题；将非线性理论与我国传统的和谐思想相结合，可从多个方面构建我国大学管理的非线性和谐管理机制，如我国大学教师多元文化的和谐机制、我国大学组织变革的机制、我国大学多元权力的制衡模式等。为我国大学管理水平与效能的提高提供一种新的思路，对我国大学体制与机制的改革与创新有现实意义。

第四，有助于促进我国大学人才培养模式改革与大学的竞争力的理论研究。本书对我国大学人力资源、人力资本问题进行分析，构建了非线性的管理机制，为大学人力资源的开发与管理提供了有价值的管理对策；提出并探讨"和谐人格"的培育是人力资本提升的价值取向，创造性思维的开发是人力资本提升的关键。这对大学人才培养模式的改革与创新有现实的指导意义。从非线性的视野研究了大学核心竞争力与学术竞争力的打造与提升，提出与大学竞争力、核心竞争力相对应的和谐力、整体和谐力，分析了竞争力与和谐力相辅相成的关系，并提出了由大学核心竞争力与整体和谐力整合形成的大学核心能力的战略选择与战略规划。这些对进一步深化与丰富大学竞争力的理论研究具有积极的意义，对如何打造与提升我国大学核心竞争力问题提供了有价值的参考。

第二节　主要概念解析

① 赵文华．高等教育系统论［M］．南宁：广西师范大学出版社，2001：1.

一、大学

从大学诞生起到现在已经历了近千年的风雨，人们对它的认识众说纷纭，莫衷一是。

在一切文明国家的历史上，都曾产生过学术机构，如中国春秋时期孔子创办的杏园、战国时期的稷下学宫、唐代以后的书院等，古希腊时期柏拉图创办的阿卡德米学园、苏格拉底创办的苏格拉底学园以及君士坦丁堡大学等，他们或传授自己的学说，或以学术交流为目的。对这类活动或机构的进一步沿袭，则是欧洲中世纪大学。

欧洲中世纪的大学是西方公认的现代大学的直接源头。其中以法国的巴黎大学、意大利的勃隆那大学为最早。牛津、剑桥及海德堡、科隆等是中世纪大学之佼佼者。牛津大学经历 800 多年的历史，至今仍保持其古典风格。1852 年，牛津学者纽曼(John Henry Newman)在他的著作《大学的理念》中，明确地提出大学的目的在于传授学问而不在于发展知识，大学是一个提供博雅教育(Liberal Education)培养绅士的地方。19 世纪末，大学特征开始发生巨大的变化。在德国，以洪堡(Von Humboldt)为代表的大学高层决策者在柏林大学首先提出以大学为"研究中心"的新观念，认为教师的首要任务是自由地从事"创造性"学问，教学仍然是大学的功能，但重要的是在于"发展"知识而不是在于"传授"知识。进入 20 世纪，特别是二战以后，美国大学兴起，社会职能充实到大学的观念之中。1904 年前后，范·海斯(Charles Richard Van Hise)就任威斯康星大学校长时提出"州的边界就是大学的边界"的思想，把教学、科研同直接为社会服务紧密结合起来，强调大学必须直接为社会或社区服务，认为教学、科研和社会服务都是大学的主要职能。这种办学模式在美国被称为"威斯康星思想"。20 世纪 60 年代，加州伯克利大学校长、卡内基高等教育委员会主席克拉克·科尔(Clark Kerr)提出"多元化巨型大学"的理念，这反映了大学已从社会经济发展的边缘走向社会经济发展的中心，大学在社会经济发展中的地位和作用日益增强。中国近代大学诞生于 19 世纪末，是学习西方大学的产物。如今，欧洲、美国以及我国和世界其他国家或地区的大学承担着越来越多的职能，追求着越来越多的目标。

从上述大学的发展史，可以看出大学是一个历史的概念，对于不同的时代、不同的国家、不同人而言，大学都可能有不同的涵义。从内涵上看，历史上，大学可能是学者的社团，也可能是传授普遍知识的场所，也可能是探索真理的机构，也可能是多元大学的城邦。从外延上看，大学可能指各级各类高等学校，也可能专指某一类高等学校。为了保持逻辑上的统一,"大学"一词在本书中特指现代综合性、多学科性的大学(University),一般兼具教学、科研和社会服务等多种职能,"我国大学"是指我国政府举办的此类普通高等学校。当今的科学研究正在经历着一场极为重要的范式转换,即从传统的以牛顿力学为主要表征的机械论范式转向以生物学、生态学研究为依据的有机论范式,顺应这种转换,本书不是将大学视为一部可以准确控制与预测的机器,而是把大学视为一个在不确定环境中生存与发展的复杂有机体。

二、非线性

对非线性概念很难给出一个特定的、简单的、先验的定义,而只能尝试对非线性及其相互作用的特征等进行分析,以建立某种一般性描述。

1. 非线性首先是一个数学概念

数学上把世界上所有的关系分为两类:一类是线性关系(相互作用),一类是非线性关系(相互作用)。从图像上看,线性关系表现为一条直线,可以用一个直线方程来表示:$y=ax+b$,函数 y 是自变量 x 的一次多项式。非线性关系对应了大于一次的方程,其中最简单的就是二次方程:$y=ax^2+bx+c$,它的函数图像是一条抛物线。如图 1-1 所示。

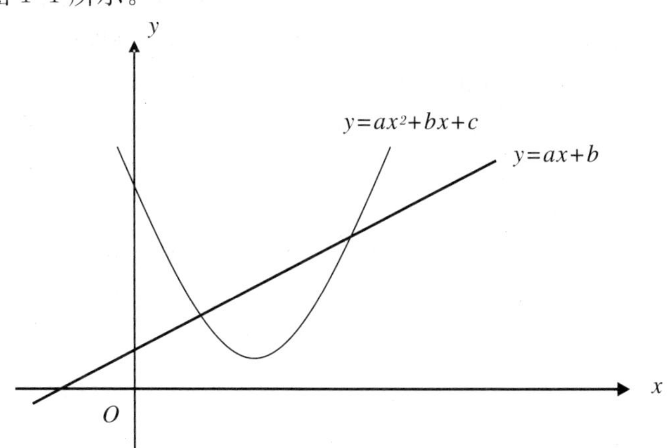

图 1-1 线性关系与非线性关系

作为一种数学概念的非线性是相对于线性而言的。线性关系的基本特征一是数量上成比例,二是图像上成直线,三是线性相互作用在时空上是均匀的、对称的。非线性关系则相反,是指不成比例的关系,函数图像为除直线外的所有曲线。线性与非线性的区别在数学上表现为线性方程满足叠加原理，即任何两个解都可以叠加起来成为一个新解，而非线性方程中叠加原理失效。真实世界中能够严格用一次方程来表述的关系或现象极其罕见，而非线性关系和现象则随处可见。因为描述复杂事物运动规律的方程都是非线性的，所以科学家们把复杂现象叫做非线性现象。人们早就认识到客观事物是复杂的，但是由于受到人的认识能力和生产力水平的限制，所以人们往往把复杂事物加以简化，以求得对实际问题的近似解决。这种简化实际上是把非线性问题线性化了。线性化方法虽然推动了科学技术的发展，但当社会的发展要求科学技术更全面、更精确地反映复杂事物的运动规律时，就暴露出了其局限性。同时，非线性问题也由“个别现象”变成“普遍现象”，在各门科学技术之中对这种非线性问题的共性进行研究，就产生了一门新的交叉科学——非线性科学。

2. 非线性相互作用的特征

数学中非线性关系都是现实世界中非线性关系的简化与抽象。事物之间的关系表现为彼此的某种相互作用，恩格斯在《自然辩证法》中明确指出：“相互作用是我们从现代自然科学的观点考察整个运动着的物质时首先遇到的东西。”并指出：“相互作用是事物的真正的终极原因。”①现代科学的发展已证实：在现实世界中，非线性相互作用客观地、普遍地存在于系统内部与系统之间，它的存在具有绝对性和无条件性；而线性相互作用只不过是非线性相互作用的高度简化和近似处理，它的存在是条件的、相对的。由此，我们可以说，“矛盾的斗争性与统一性是系统要素之间非线性相互作用的外在表现，而非线性相互作用则是矛盾背后更深刻的内在根据，是事物发展的内在根据，是事物运动发展的真正终极原因。”②相对于简单的线性相互作用，复杂的非线性相互作用有以下显著特征：

(1) 多元性。非线性相互作用导致多元性，可以从非线性方程的多重解中得到解释。一次方程有一个根(解)，二次方程有两个根(解)，如二次方程 $ax^2+bx+c=0$，它的两个根分别为：

$$x_1=\frac{-b+\sqrt{b^2+4ac}}{2a}$$

$$x_2=\frac{-b-\sqrt{b^2+4ac}}{2a}$$

从函数图像上看，这两个根对应了 $y=f(x)=0$ 时两个不同的 x 值。大于二次的

① 马克思，恩格斯．马克思恩格斯选集：第三卷［M］．北京：人民出版社，1972：552.

② 武杰．跨学科研究与非线性思维［M］．北京：中国社会科学出版社，2004：397.

高次方程 $a_nx^n+a_{n-1}x^{n-1}+\cdots+a_1x+a_0=0$，理论上应该存在 n 个解（根）。

方程表达了函数 $y=f(x)$ 与自变量 x 和系数之间的关系，多个解（根）的存在表示自变量有多个值可以满足与函数 y 的同一个关系，这意味着存在"一对多或多对一"的关系。如果这种关系指的是因果关系，那么它就表明从同一初始条件出发可能得出不同的结果，或者同一结果可以来自多个原因，即一因多果或一果多因。

（2）非加和性。非线性的基本特征就是叠加性原理的失效，即非加和性。可用数学式表示为：

$$f(x_1+x_2+x_3+\cdots)\neq f(x_1)+f(x_2)+f(x_3)+\cdots$$

即整体不等于部分之和，整个系统的行为，根本无法将其组成部分机械地拼在一起理解。这里有两种情况：整体大于部分之和，整体小于部分之和。"三个和尚"的故事就是一个典型的非加和性的例子。一个和尚挑水吃，两个和尚抬水吃，是因为他们构成了一个内部关系相对和谐的系统。到了三个和尚没水吃时，就是因为内部发生了矛盾，无法进行合理分工，这样三个人的作用不是相加，而是抵消。

（3）相干性。非线性相互作用具有相干性的作用机制，系统各部分之间既相互独立，又相互渗透；既相互制约，又相互协同、耦合为全新的整体效应。这意味着系统内要素独立性的丧失，各要素按一定方式在大范围内协调运动，从而导致系统新质的涌现和整体性的突现。如构成飞机的所有部件都是"不能飞"的，但它们相干耦合的整体——飞机却能飞上天。同样，一个生命有机体只有各个部分相干耦合才能进行创造性的工作。

（4）非均匀性。复杂的非线性相互作用及其效果，不是一种按均匀比例变化的关系，而是一种不规则、不均匀、不成比例的关系，不是无论何时何地总是以同一形式表现出来，而是随时间、地点的不同，以不同的形式表现出来的。系统与组成要素或子系统之间的非线性相互作用决定了系统的结构优化和最佳配置没有一个固定的模式。

（5）非对称性。即对称性破缺。这种复杂的非线性相互作用，其作用过程和效果不是相互对称的。相互作用的因素之间存在着支配与从属、策动与响应、控制与反馈、催化与被催化等不对称关系，其中某些因素会起到推动整体演化的效应。在经济学中，非对称性的一个表现是产出大于投入或小于投入，而产出等于投入的情况则十分少见。

（6）不确定性。由于各种复杂的非线性相互作用使事物的发展与演化充满了不确定性，分叉、突变与涨落等现象将随机性、偶然性与不确定性突现出来。

以上非线性相互作用的特点是相互联系、相互渗透的，从不同的侧面刻画了非线性的基本特征。多元性与非加和性是非线性的基本属性，相干性是非均匀性与非对称性的前提，非对称性与非均匀性有关，不确定性是非线性系统演化的表现形式。无论是系统的存在（整体≠部分之和），还是系统的演化（从无序到有序），都离不开非线性相互作用这个根本。对非线性相互作用的研究，包含着极其丰富的内容，因此产生了一门新兴的学科——非线性科学。

3. 非线性与复杂性

非线性与复杂性，都用来描述系统的性态特征。非线性是相对于线性而言的，强调事物之间的相互作用和相互关系具有非叠加性、非对称性等。复杂性是相对于简单性而言的，是描述事物现象意义上的属性，而非本质意义上的属性。非线性不等于复杂性。"非线性是导致系统复杂性的根源，复杂性是系统中组分之间的非线性相互作用引起的，所以复杂性展现在系统自身的层面上。"①它们之间的区别表现为因与果的关系。清华大学吴彤教授指出："非线性是系统复杂性产生和演化的动力学机制，是连接简单性与复杂性的桥梁。"②复杂性和非线性是物质、生命和人类社会进化中的显著特征。可以说："探索复杂性问题就是研究非线性问题。"③

因此，非线性与复杂性是两个有内在紧密联系的基本概念。非线性理论与复杂性理论，它们都是从对象的相互作用、相互关系的角度对自然界、人类社会与思维领域中的复杂性问题进行探索与研究，是系统科学的延伸与发展，建立了一系列相关的学科群。从认识"实体"到认识"运动"和"关系"，这是人们对事物认识的发展和深化，使得非线性科学成为当代科学的前沿和热点。

三、和谐

和谐，既是一个深刻的哲学、伦理学、美学范畴，也是社会学、管理学、教育学等学科所研究的重要概念。它具有丰富的内涵与外延。人们对和谐及其思想的认识与理解，都是与人类历史发展的一定阶段相联系，与人类思维发展的一定历史阶段相联系，与特定的生产方式和历史形态相适应的。

1. 中国传统和谐思想

"和谐"在中国古代是以"和"的范畴出现的。作为古代哲学的核心范畴之一，

---

① 保罗·西利亚斯．复杂系统与后现代主义：理解复杂系统［M］．曾国屏，译．上海：上海科技教育出版社，2006：3，166.

② 吴彤．论系统科学哲学的若干问题［J］．系统辩证学报，2000(1).

③ 魏诺．非线性科学基础与应用［M］．北京：科学出版社，2004：18.

"和"的思想贯穿于中国思想发展史的各个时期和各家各派之中，积淀为中国文化的基本精神，生生不息，历久弥新，不仅闪烁着东方式的哲学智慧，显示出独特的理论价值，而且在维系社会稳定、促进社会进步、推动社会发展的历史进程中，发挥了不可或缺的重要作用。传统和谐思想重视宇宙自然的和谐、人与自然的和谐、人与人的和谐以及人自身的和谐，几乎涵括了宇宙世界和人类社会的所有重大关系。中国传统的和谐思想主要包括以下几个方面：

(1) "和实生物，同则不继"。中国传统文化认为，大到宇宙世界，小到万事万物，包括人类社会和人自身，无不由"和"而产生；而"和"的前提，则是物质世界的差异性和多样性。实际上，这是一种哲学世界观。西周太史史伯提出了"和"与"同"两个不同的范畴。他为郑桓公分析天下大势时论道："夫和实生物，同则不继。以他平他谓之和，故能丰长而物归之；若以同裨同，尽乃弃矣。故先王以土与金木水火杂，以成百物。是以和五味以调口，刚四支以卫体，和六律以聪耳，正七体以役心，平八索以成人，建九纪以立纯德，合十数以训百体……声一无听，物一无文，味一无果，物一不讲。王将弃是类也而与剸同。天夺之明，欲无弊，得乎？"[①]史伯从正反两个方面立论，提出了"和实生物，同则不继"的观点。一方面，金木水火土相配合能生成万物，五种滋味相调和能满足口味，六种音律相协和能悦耳……这就是"和实生物"；另一方面，一种声音谈不上动听的音乐，一种颜色构不成五彩缤纷，一种味道称不上美味，一种物体无法进行优劣的比较……这就是"同则不继"。此处的"和"，是作为与"同"相对立的范畴提出的，它是一个包含了差异性和多样性的存在，是差异性和多样性基础上的平衡、协调与统一。

(2) "相成相济，多元统一"。"和"是多样性的存在，是多元统一的整体，本质上是一种关系与秩序。春秋战国时期，齐相晏婴进一步发挥了史伯关于"和"的观点，将"和"引入君臣关系和国家政治生活领域，使之由自然哲学的层面上升到政治哲学和社会哲学的层面，具有了更强的针对性。他在回答齐侯"和与同异乎"时指出："和如羹焉。水火醯醢盐梅以烹鱼肉，燀之以薪，宰夫和之，齐之以味，济其不及，以泄其过。君子食之，以平其心。君臣亦然，君所谓可而有否焉，臣献其否以成其可；君所谓否而有可焉，臣献其可以去其否……声亦如味，一气，二体，三类，四物，五声，六律，七音，八风，九歌，以相成也；清浊，大小，短长，疾徐，哀乐，刚柔，迟速，高下，出入，周疏，以相济也……若以水济水，谁能食之？若琴瑟专一，谁能听之？"[②]晏婴强调，倘若没有水火、醯醢、盐梅、鱼肉等不同成分，没有清浊、短长、疾

① 国语·郑语［M］. 上海：上海古迹出版社，1998：515.

② 左传·昭公二十年［M］// 四书五经．陈戍国，点校．长沙：岳麓书社，1991：1126.

徐、刚柔等不同要素，没有这些成分与要素的相互配合、相互协调、相辅相成、相得益彰，就不会有美味之羹与美妙之乐。这里，晏婴将“和”比作“羹”与“乐”，形象地说明了“和”的不可缺失的基础性作用，并提出了“以水济水，谁能食之”、“琴瑟专一，谁能听之”、“济其不及，以泄其过”以及“相成相济”等朴素的辩证观点，强调君主治理国家也应善于倾听各种意见，“君所谓可而有否焉，臣献其否以成其可；君所谓否而有可焉，臣献其可以去其否”，君臣之间相互补充、相互启发，从而在一个更高层次上实现和谐。为了达致“和”的秩序，中国传统文化认为，首先，要“各明其位”，各种要素、各种成分、各个局部都要明确各自在统一的整体中所处的位置；其次，要“各得其所”，各种要素、各种成分、各个局部要在统一的整体中构成一定的关系，相成相济，共生共长；再次，要“各尽所能”，各种要素、各种成分、各个局部要在统一的整体中发挥各自的作用，从而使这一整体呈现和谐、稳定和有序的状态。

(3)“以和为贵，和而不同”。儒家学说提出了一系列旨在实现人际和谐与社会和谐的道德原则，把构建和睦、和平、和谐的人际关系与社会关系，作为君子人格修养的重要方面，作为社会协调的价值尺度。中国传统文化认为，实现“人和”，一是要“与人为善”，“君子成人之美，不成人之恶”①，“君子贵人而贱己，先人而后己”②；二是要“讲信修睦，尚辞让，去争夺”③；三是要“存异求同”，辨异同，致中和，承认差异性和多样性，在此基础上寻求互补和统一。孔子在倡导“和为贵”的同时，在史伯和晏婴论述的基础上，进一步区分了“和”与“同”的不同含义，并将二者提升为衡量君子与小人的标准：“君子和而不同，小人同而不和”④。孔子的“和同之辨”，其原始意义后来得到不断扩展，被赋予了更丰富、也更重要的涵义，在中国哲学和文化史上产生了极其深远的影响。

(4)“无过无不及”。在中国传统文化中，“和”又多表述为“中”以及“中庸”、“中和”、“中道”等概念，“和”与“中”密不可分。实现“和”的理想，最根本的途径是“持中”。“中”在孔子之前，有两重含义：一是《尧曰》的政治哲学之义，一是《左传》的哲学本体论之义。前者指的是政治措施的恰当适度、无过无不及，后者指的是天地之间的本根之物，即人与万物的生命之源。孔子将“中”衍化为“中庸”，上升为儒家的最高道德准则，使之成为一个道德哲学范畴：“中庸之为德也，其至矣乎！民鲜

---

① 论语·颜渊［M］// 朱熹．四书章句集注．济南：齐鲁书社，1992：122.

② 论语·坊记［M］// 四书五经．陈戍国，点校．长沙：岳麓书社，1991：625.

③ 论语·礼运［M］// 四书五经．陈戍国，点校．长沙：岳麓书社，1991：516.

④ 论语·子路［M］// 朱熹．四书章句集注．济南：齐鲁书社，1992：135.

久矣。”[①]又说：“不得中行而与之，必也狂狷乎！”[②]“中”的主要内涵是“度”，朱熹《论语集注》注云：“中者，无过、无不及之名也。”[③]就是说，在事物的发展过程中，对于实现一定的目的来说，有一定的标准；没有达到这个标准叫“不及”，超过了这个标准叫“过”；只有“无过无不及”，才能实现原有的目的。

总之，我国传统的和谐思想突出体现了和而不同、多元统一与整体动态协调的理念，差异性与多样性是和谐的前提，整体性与动态性是和谐的表征，这与非线性观相契合，有异曲同工之妙。正如耗散结构理论的创立者普利高津所言：“中国的思想对于那些想扩大西方科学的范围和意义的哲学家和科学家来说，始终是个启迪的源泉。”[④]道并行而不相悖，万物并育而不相害，和谐以共生共长，不同以相辅相成，和而不同，是社会事物和社会关系发展的一条重要规律，也是人们处世行事应该遵循的准则，是人类各种文明协调发展的真谛。这一思想的重要性，在人类社会进入到 21 世纪后，日益显示其独特而永恒的价值。

2. 国内学者对和谐的理解与研究

和谐是古老文明的智慧，也是当今社会与世界的潮流。近年来，对和谐的研究越来越引起了学术界的关注。许多专家、学者从不同的学科、不同的角度、不同的侧面对和谐的概念进行了探讨与总结，进一步丰富与发展了和谐思想与理念。

较早从哲学史的角度来研究和谐的是张文，他在《“和”——儒学的最高境界》一文中认为，儒学所谓的“和”，是以和谐为核心的综合性概念，它包含了差分、冲突、融突、整合四个不同要素。并认为，儒学之“和”包括四个层面，即人与己之和、人与人之和、人与社会之和、人与天地之和，其价值终端为与己和乐、与人和处、与社会和融、与天地和德。这是一个由内及外、由小及大的发散推演过程，《大学》所谓修身、齐家、治国、平天下四大人生目标，正是“和”的精神推己及人的具体实施过程，所谓己和、家和、国和、天下和也！

汤一介在《“太和”观念对当代社会可有之贡献》一文中认为，儒家思想中“太和”观念包含着：自然的和谐、人与自然的和谐、人与人的和谐（即社会生活的和谐）以及人自我身心内外的和谐等四个方面，这样大体上构成了“普遍和谐”的观念。

---

① 论语·雍也［M］// 朱熹．四书章句集注．济南：齐鲁书社，1992：59.

② 论语·子路［M］// 朱熹．四书章句集注．济南：齐鲁书社，1992：135.

③ 朱熹．四书章句集注［M］．济南：齐鲁书社，1992：59.

④ 伊·普利高津，伊·斯唐热．从混沌到有序：人与自然的新对话［M］．曾庆宏，沈小峰，译．上海：上海译文出版社，2005：224-225.

叶秀山在《和谐——孔子和苏格拉底的共同“理想”》一文中认为，孔子的哲学思想之所以被称为“万世师表”，是因为他的“复礼”的思想核心，他的哲学“理路”乃是在“人间”恢复“秩序”、“和谐”，并提出包括“仁”在内的哲学理论来支持他的“和谐”、“秩序”论，这符合任何一个有组织的社会的基本要求，所以在中国历史上，除了在某些非常时期外，孔子总是占据了中国精神上的至尊地位。苏格拉底和孔子一样，都看到现在这个世界、现在这个制度“变坏”了，从原来的“有序”变成了“无序”，从原来的“治”变成了“乱”。他们都猛烈抨击了当时的现实制度。

王锐生在《坚持可持续发展也需要弘扬中国传统文化》一文中认为，在中国古代文化中，老子哲学十分强调和谐与循环的观念。在老子看来，和谐是根本的规律（“知和曰常”——“和”指和谐，“常”指规律），循环是根本的和谐，是最根本的规律（“复命曰常”）。也就是说：“道”和由它而产生的天地事物都遵守循环往复的规律，都是在这种周期性的动态平衡之中维持其生存和发展的。

赋斌在《现代西方哲学中的和谐思想》中认为，现代西方哲学中包含着丰富的和谐思想，科学主义从结构的和谐、社会的和谐、宇宙的和谐等方面论述了和谐；人本主义主要从人与自然的关系、人与社会的关系、批判人的异化现象和高扬生命的和谐等方面涉及“和谐”问题；宗教哲学和思辨唯心主义则主要从上帝创造的有序结构、和谐宇宙等方面论述和谐。

河北师大法政管理学院张桂芬在《近年来和谐研究综述》一文中认为，和谐至少包含以下五个方面的内容：第一，和谐是同一性的一种状态，而不是同一性的唯一状态，事物的同一性除了相互依存以外，还有相互转化的另外一种状态。第二，和谐是以内在差别和对立为前提的，如上和下、生和死、曲和直等的差异，而不是外在的差异。第三，和谐是矛盾双方协调发展的阶段，而不是对抗阶段，对抗阶段是和谐的结束。第四，和谐不是不要斗争。首先，和谐是由对立造成的，其次，和谐状态得以维持也是矛盾双方相互斗争、相互磨合（不是调和）的结果。只是在有人参与的这种斗争中，要坚持“有节、有度”的原则而已。第五，社会领域的和谐需要人发挥主观能动性去追求。自然状态的和谐是以自发的形式实现的，而社会发展的规律虽然也是客观的，但社会又是由有意识的人的活动构成的，因此社会规律的实现、和谐状态的维持以及维持的长短、程度，都是与人的意识紧密相连的。

中国矿业大学陈玉和博士与张幼蒂教授在《可持续发展社会运行机制：竞争·协同·和谐理论》一文中通过对和谐语义的研究，将和谐概括为以下几点：① 和谐是一种品质，是人或系统内秉的。② 和谐是一种程度，是人、组织、系统行为表现得恰到好处。③ 和谐是一种状态，是人、组织（团体）、系统健康而有活力的表征。

④ 和谐是一种匹配，如五味、六律、七色匹配恰当，可调口、聪耳、悦目。⑤ 和谐是妥协、中庸、使和解、不分胜负。

合肥工业大学人文经济学院黄志斌教授在所著《绿色和谐管理论——生态时代的管理哲学》一书中对我国传统和谐理念，即对《国语》中的和谐理念做了现代理解——和谐是事物要素与要素、要素与系统、系统与环境之间多样的统一，关系的协调，力量的平衡，功能的优异。并且通过对“绿色”哲学意蕴和中国传统和谐理念的剖析，以及当今社会所显现出的绿色大趋势和生态觉悟，用“绿色”来限定和谐理念，从而形成绿色和谐理念，其特质为“自然有机性的生生和谐”，“环境适应性的协变和谐”与“价值合理性的臻善和谐”[①]，并指出绿色和谐理念理当成为生态时代的企业人在管理实践中，处理人与自然、人与人、人自身三大系统关系的座右铭和构建合理的绿色和谐管理理论体系的基石。

西安交通大学席酉民教授在《和谐管理理论》一书中，从社会经济活动和管理的客观性、科学性和人类行为感受的主体性、情感性两方面并借助“和谐”两个字的字面含义对“和谐”进行了界定，强调任何系统的健康发展首先强调“谐”，指其组成、功能、机制、制度包括文化配置上的科学合理、比例得当，符合客观规律，并用这些科学、规律和法规等去处理这方面的管理问题；其次，要“和”，指创造一种内部氛围，使系统成员有良好的感受，即以环境诱导、文化熏陶、自我主导、行为自律等手段把握管理活动中那些多样性的、难以简单用科学规则把握的方面，主要是主观的和行为及心理上的现象和问题；最后，要注意达到“谐”与“和”的有机结合和互动，从而实现“和谐”。从界定中我们可以看出，和谐并不等于通常理解的一团和气，不讲原则，排斥差异和竞争，而是强调达成一种“君子和而不同”的境界，形成一种“有秩序，有纪律，又有团结合作”的机制[②]。

中国人民大学苗东升教授在《在系统思维导引下构建和谐社会》一文中指出：“迄今为止，和谐还不是系统科学的概念或俗语，系统科学相应的概念是秩序，包括有序和无序，和谐属于有序范畴，不和谐属于无序范畴。”又指出：“就汉语看，人们描绘理想的社会秩序时，常用的是和平、中和、祥和之类概念，以及和为贵、和而不同、天时地利人和、家和万事兴之类命题，着眼点是优化人际利益关系，而贯穿其中的是人性、人道、人情、人气等要素，用有序几乎无法表达，唯‘和谐’概念可以突出以人为本的理念，庶几可以涵盖这一切。和谐强调的是活而不乱，有序强调的只是

① 黄志斌．绿色和谐管理论：生态时代的管理哲学［M］．北京：中国社会科学出版社，2004：69.

② 席酉民．和谐管理理论［M］．北京：中国人民大学出版社，2002：4，61.

不乱（秩序），并不看重'活'。由此看来，系统科学在讨论社会问题时有必要引入和谐概念，区分和谐与不和谐这两个不同的系统状态与品质。"①

山东经济学院日月河教授在《和谐就是力量——兼评培根的"知识就是力量"》一文中认为："和谐——无论是结构状态的分布有序和功能状态的进化有道，是奥秘无穷的东方智慧的高度浓缩，都蕴涵着无与伦比的力量与神奇。自我和谐是个人身心微观和谐发展的调适力，人我和谐是社会中观和谐发展的协和力，物我和谐是人与自然宏观和谐发展的自然力，以至在某种意义上我们不得不说，和谐是发展之源，和谐就是力量。"②

以上专家、学者关于和谐概念的研究与阐述，分别在内涵与外延、深度与广度、理论与应用上对和谐进行了不同程度的研究与探讨。

3. 笔者对和谐的认识与理解：和谐的复杂性与非线性特征

基于上述各种对和谐的认识，笔者总结其共性，吸收其中合理的成分，试图从非线性系统观的角度对和谐做一新的理解。因为非线性是事物的本质，非线性是有序之本，非线性相互作用是事物运动发展的终极原因，而和谐是事物的发展变化合乎逻辑或规律。笔者视和谐是一个非线性系统与动态过程，以期从一个新的视角来认识和谐的本质与真谛。概括起来有以下几层含义：

（1）和谐是异质要素的相合，即"和而不同"，亦指系统内多元要素的有机整合、结构状态的分布有序、功能状态的进化有道以及系统与外部关系的协调。和谐既是系统的一种状态，又是系统要达到的目标，同时也是达到目标的一种手段与机制。和谐不是简单的、均一的线性问题，而是一个多层次、多因素、多种能力相互匹配、相互协同、相互作用的复杂非线性关系，它不仅是静态的，还是动态的（过程的），不仅是局部的，还是全局的，总之是复杂的、非线性的。

（2）和谐不仅表征着系统（社会的、自然的）的人力、物力、知识、信息、组织、文化等要素的一种合理匹配、组合的状态，也是系统的一种性能，而且是一个多因素动态的协同过程。和谐的主体是人，是人自身、人与人、人与自然、人与社会的和谐，因此，和谐也是人类永恒的追求与目标。其中人的生物的与文化的双重本性、主观能动性、有限理性等多维度性与复杂性决定了和谐的复杂性与非线性。

（3）和谐是系统协同的基础与条件，强调和谐不意味着反对竞争。系统要素和子系统如果没有和谐的关系便无法充分发挥协同作用，协作要在"和"的条件下才能产生。系统内总是会出现要素间的摩擦、冲突，如不能妥善解决就会使协作受

---

① 苗东升．在系统思维导引下构建和谐社会［J］．中国人民大学学报，2005(6)．

② 日月河．和谐就是力量：兼评培根的"知识就是力量"［J］．自然辩证法研究，2005(5)．

阻，力量内耗。只有系统处于和谐状态，才能获得最大协同作用与效果。和谐不是不讲原则的一团和气，而是一个有活力和有竞争的有序状态。从推动系统的发展角度看，和谐、竞争、协同三者各司其职，共同作用，密不可分，缺一不可。系统的可持续发展是一个过程，是其宗旨和目的的实现过程，和谐、竞争、协同都是为了实现这一目的。因此，和谐、竞争、协同三者“你中有我，我中有你”，相辅相成，是系统发展演化的动力之源，共同推动系统持续发展。

(4) 和谐系统呈现出整体正效应的涌现，即整体大于部分之和。和谐是要素之间、组分之间、局部之间、层次之间的互动方式，即事物之间的相互关系、相互作用问题。这种互动关系是非线性的。和谐是事物之间非线性相互作用产生相干协同效应的结果，和谐系统呈现出整体正效应的涌现，即整体大于部分之和。

(5) 和谐意味着秩序的凸现。系统存在与进化的条件就是“缓和冲突”、“减少无序与不和谐因素”。和谐是通过涨落从无序中走出来的有序。这是一种新的有序，一种经过提升了的有序。秩序与活力是系统和谐的外在表现。

(6) 和谐状态的形成是系统自组织与他组织的适当结合。自组织和他组织是一对矛盾，对系统的演化(从无序到有序)都有两重性。系统的自组织只能通过无数不同的、常常相互矛盾的、甚至彼此对立的他组织运动为自己开辟道路。系统发展演化的动力、方向、规律归根结底取决于其内在的自组织趋势，自发性具有重大的积极作用。但自发性必然伴随着盲目性，盲目性必然导致负效应与不和谐。他组织有助于驾驭自组织，克服盲目性，增强正效应与和谐性。但他组织又可能束缚、压制自发的自组织，使系统缺乏活力。要达到和谐，正确的原则是把自组织和他组织辩证地结合起来，尽量发挥各自的积极作用，抑制各自的消极影响。正如一个和谐的社会需要将“依法治国”与“以德治国”，“自律”与“他律”相结合；一个和谐市场经济需要“看得见的手”与“看不见的手”的共同调节与资源配置。

以上是从非线性系统观的视角，用非线性的观点来认识与理解和谐的内涵与外延，对和谐的概念与本质在系统整体上进行了辩证的、动态的分析与把握，在深层次上进一步发展与延伸了和谐思想与和谐理论。

四、非线性和谐管理

和谐是一种思想、一种智慧，源远流长，历久而弥新；和谐是一种力量、一种机制，不断推动组织与社会的发展；和谐是一种理想状态、一个奋斗目标，描绘了人、社会、自然的和合美景。和谐具有非线性特征，将和谐与现代管理理念相结合，也就是在非线性视野下的和谐管理(即非线性和谐管理)将形成一种崭新的管理理念与方法。笔者认为，这是一种综合性、交叉性相结合的管理研究，又是一项探索性的研究，难以给出确切的定义，现仅就非线性和谐管理的基本特征做以下理解：

1. 非线性和谐管理是一种系统优化管理

近代自然科学的系统论与非线性理论强调事物内部各要素之间的结构，整体功能不是各要素功能的简单相加，整体功能可能大于也有可能小于部分之和，要实现"整体大于部分之和"关键在于各要素的相干协同与整合，即达至"和谐"。如协同学强调系统要素之间的相互协调与和谐问题，即要素之间相互激励、竞争、合作，减少内耗，以实现组织有序与和谐目标。因此，非线性和谐管理关注系统要素的协调问题，充分考虑组织各要素（如人力、财物、知识、信息）的整合与优化重组，通过一系列科学的、民主的、创新的体制与机制，追求人与人、人与组织以及组织与外部环境之间的和谐，在和谐运行中共享资源，充分发挥组织系统的整体功能，最大限度地实现组织的价值目标。

2. 非线性和谐管理体现人性化管理

非线性和谐管理把对人的研究放在很特殊的位置，要求在关心人、尊重人、理解人的基础上，营造"人和"气氛，充分调动组织成员的主观能动性，最优化达成组织目标和满足人的合理需要。非线性和谐管理体现了一种人性化管理，首先，要求确立弘扬人的主体性原则，以人为中心，突出"以人为本"，充分发挥其积极性、主动性与创造性；其次，人性化管理要求处理好管理中的"主体"与"客体"的关系，作为管理的主体，都有参与管理的权利，同时作为管理的客体，都要接受上级管理的指导与监督，同时强调管理中主体与客体是相对的，是一种双向的互动管理；第三，人性化管理提倡民主，重视员工的参与，充分尊重他们的个体权益与满足其政治、经济、文化等方面的合理需要，突出自主管理，使之成为管理活动的主人，为他们素质的全面发展铺平道路。

3. 非线性和谐管理突出柔性管理

非线性和谐管理是刚柔并济的管理，但更突出柔性管理，促使管理者注意非权力影响力的运用。在传统的刚性管理中，主要运用权力、指令、法规对员工进行控制与惩罚。以法定职务角色去进行管理，对客体缺少信任和感情交往，而使其工作积极性、主动性受到压抑。非线性和谐管理不排斥权力、指令、法规、规范等管理手段与方法，而是从另一个角度来认识它们，不将之绝对化。只有在充分考虑人的复杂因素，充分认识、理解事物的模糊性、随机不确定性的基础上，刚性管理中所采用的方法才能得到合理而有效的应用；非线性和谐管理将刚性管理与柔性管理有机结合，但侧重柔性管理，强调有限的规范，不十分清晰的界限以及人文与人伦（人际关系）的方法；非线性和谐管理是渗透了和谐思想的柔性管理，要求对员工采用激励为主的管理方式，运用品格、能力、情感等因素进行平等交往和感情沟通，注重对员工价值观的引导，满足其心理、精神需求，让被管理者出自内心地信赖与认可，形成团体和谐状态。

4. 非线性和谐管理注重理性与非理性的融合

非线性和谐管理是理性与非理性、科学与艺术的融合，是确定的又随机的、清晰的又模糊的、限定的又适度的、逻辑的又直觉的、因循的又创造的，二者互相补充、相辅相成。理性化的管理是一种见物不见人的管理，过于依赖制度、规范、程序、量化的管理方法；非理性管理则以人为核心，关注诸如人的兴趣、情感、倾向等非理性因素，更注重于感情投资，开发一种带感情色彩的管理，发挥其主动性。和谐管理在强调非理性管理的基础上，实现理性与非理性的融合、线性和非线性相结合的管理策略，同时要求管理者应深入实际，注重个体差异与具体情况，采用权变的决策思路，不断创新和完善管理方式。管理实践证明，只有将人的理性与情感因素调整到最佳状态，才能有利于管理目标的实现。

5. 非线性和谐管理强调全面、协调、可持续发展

非线性和谐管理注重从整体的、全局的和战略的高度来规划组织的变革与发展，强调平衡协调好组织内的各种关系与矛盾，优化配置与整合各种组织资源，把人自身的和谐，人与人的和谐，人与组织、人与社会、人与自然的和谐作为管理的文化与灵魂，把互利合作共赢作为组织发展的宗旨，贯穿于组织管理的全过程。非线性和谐管理强调经济效益、社会效益与生态效益统筹考虑，将社会集体利益与个人利益兼顾好，将组织目标与个人的目标结合起来，把科学的规范管理与人文的情感管理有机地结合起来，以充分调动人们的积极性、主动性与创造性。组织的发展是一个持续的过程，要实现组织发展的长远目标，在制定发展规划、选择发展战略、确定发展道路和实施发展举措时，必须既考虑眼前的发展要求，又考虑未来的发展需要，既要注重现实利益，又要重视发展长远利益。

总之，上述非线性和谐管理的主要特征充分体现了它的科学性、辩证性与时代性，其原理不仅对普遍的管理运作有指导意义，而且将为大学的管理从战略与策略上引出更新的思路。

五、机制

何谓机制（Mechanism）？“一般泛指一个系统中，各元素之间的相互作用的过程和功能。机制多用于自然科学，原指机器的构造和工作原理，机械和机构的互相作用、过程、功能等；生物学和医学在研究一种生物的功能时，常借指其内的工作方式，包括有关生物结构组成部分的相互关系，其间发生的各种变化过程的物理、化学性质和相互关系。”[①]管理科学中的机制是指管理组织、体系之间内在的有机联系和工作方式。非线性与和谐的概念中均包含系统各要素的相互关系、相互作用的方式，从这个意义上说，非线性与和谐本身就是一种机制。

与我们常说的机制相近的含义是指做事情的方式、方法，但又不等同于这个意思。简单地说，机制就是制度加方法或者制度化了的方法。首先，机制是经过实践检验证明有效的、较为固定的方法，如党建的工作机制，不因党组织负责人的变动而随意变动，而单纯的工作方式、方法是可以根据个人主观随意改变的。其次，机制本身含有制度的因素，并且要求所有相关人员遵守，而单纯的工作方式、方法往往体现为个人做事的一种偏好或经验。例如监督机制，不仅指人人必须遵守的制度，而且应该包括各种监督的手段和方法，只有二者结合起来才能发挥作用。第三，机制是在各种有效方式、方法的基础上总结和提炼的，而方式、方法往往只是做事的一种形式和思路。机制一定是经过实践检验有效的方式、方法，并进行一定的加工，使之系统化、理论化，这样才能有效地指导实践。而单纯的工作方式和方法则因人而异，并不要求上升到理论高度。第四，机制一般是依靠多种方式、方法来起作用的，而方式、方法可以是单一起作用的。例如，建立起各种工作机制的同时，还应有相应的激励机制、动力机制和监督机制来保证工作的落实、推动、纠错、评价等。只有建立完善的机制，才能使组织稳步发展，保持长久的活力。

总之，机制的应用相当广泛。大学作为一个有机系统与社会学术性组织，其管理过程十分复杂，涉及到组织要素、结构、功能、制度的相互关系与运作方式等。大学非线性和谐管理机制就是大学系统中各种要素、各个环节在学校管理过程中相互联系、相互作用、相互制约、分工合作、协调耦合，从而形成特定的和谐功能，并有效地实现大学管理目标的运作方式。大学非线性和谐管理，即从非线性的视野来考察与研究大学的管理运作，探讨大学系统内部各要素之间，以及与外部环境之间普遍存在着的大量非线性关系与作用，以寻求大学和谐、有序、健康发展的机制。本书分别在相关章节中依据所研究的内容提出了大学教师多元文化的整合和谐机制、从耗散结构理论看我国大学组织变革的机制、我国大学多元权力制衡模式、我国大学人力资源与人力资本管理的非线性和谐机制、大学外部关系和谐机制、大学核心竞争力形成的非线性协同机制以及大学学术竞争力培育与提升的协同机制等，它们的综合集成运用构成了我国大学的非线性和谐管理机制。希望能为我国大学探索出一条变革与持续发展之路。

---

① 辞海［M］. 1999 年缩印本 . 上海：上海辞书出版社，2000：1511.

第三节 相关研究概述

大学管理作为一种复杂现象与复杂系统，客观上要求多学科、跨学科的研究。各学科相互配合，形成一个有机系统，发挥整体优势，才能有效地解决复杂问题。因此，本书在研究的过程中，涉及自然科学与社会人文科学等多学科领域的知识。相关研究主要涉及非线性科学与思维、和谐管理思想、非线性科学与和谐管理思想在大学管理中的应用三个方面。

一、非线性科学与非线性思维

非线性科学是20世纪中叶以来自然科学进步和发展的主要标志，是一门研究非线性现象共性的，新兴的，综合性、交叉性相结合的前沿学科。以一般系统论、信息论、控制论为代表的"老三论"，以耗散结构、协同学、突变理论为主线的"新三论"，与超循环理论、广义综合进化理论一起，共同组成了自组织理论。20世纪70年代以来的混沌理论、分形几何学和孤立子理论等从不同领域、不同角度系统地、开创性地研究了现实世界中的非线性问题，促使人们认识到现实世界中的非线性特性不是细枝末节而是基本特征和本质的存在，线性特征是非本质的存在和次要方面，线性系统只不过是一部分简单非线性系统在一定条件下的近似。

非线性观代表一种崭新的自然观和世界观，它把简单性与复杂性、有序性与无序性、确定性与随机性、必然性与偶然性等统一在新的绚丽多彩的自然图景之中。非线性和复杂性是密切相关的两个概念，非线性是导致复杂性的根源，探索复杂性就是研究非线性问题，非线性科学是以探索复杂性为目标的新学科。对非线性科学和复杂性问题的研究是国内外各大学与研究机构的热门课题，研究成果较多。美国是世界非线性科学的研究中心，洛斯·阿拉莫斯国家实验室1980年建立了非线性研究中心，1984年在美国新墨西哥州成立了以研究复杂性科学为宗旨的桑塔费研究所(Snata Fe Institute，SFI)，许多著名的科学家在那里进行复杂性与非线性问题的研究，已经取得了丰硕的成果。1999年美国出版的*Science* 284卷以"超越还原论"[①]为题发表了一组文章，可以说是复杂性科学问题的专刊。一些权威专

---

① GALLAGHER R，APPENZELLER T. Beyond reductionism[J]. Science，1999，284：79.

家从化学、生物学、神经学以至自然地理、气候学、经济学等各自的学科领域综述了复杂性科学，可以看到"复杂性科学"是完全脱离了"还原论"和简单的线性思维的方式，把所研究的对象看成是一个开放的非线性复杂系统，其中包含着不同尺度层次间的相互作用。这种层次之间的相互作用是按照"自组织原理"进行的，具有涌现性，会产生新质，从而使系统中各个要素之间的关系脱离了简单的线性关系，呈现出非线性的复杂关系。

国内非线性科学前期的研究曾一直笼统地被称为系统科学。随着研究的深入，逐步延伸至非线性与复杂性科学的研究，其中最大的一个学派是以著名科学家钱学森为代表、以系统工程学会为依托的一支队伍。钱学森在 20 世纪 90 年代初提出了"开放的复杂巨系统"和"从定性到定量的综合集成方法"的概念，为我国从事复杂性科学研究奠定了基础。1991 年，中国科学院在周光召院长的支持下，由科技局主持召开了复杂性科学研讨会，旨在打破自然科学各学科领域之间甚至自然科学与社会科学之间的壁垒，促进对复杂性进行深入的研究。1992 年，国家"攀登计划"项目把"非线性科学"列为 30 个项目之一。"八五"期间，国家自然科学基金委员会把"非线性科学"作为国家十项重大课题之一。目前，国内已有一些科研机构、大学先后成立了非线性科学研究中心或课题组，著名科学家郝柏林、曾庆宏、谷超豪等是该领域的学科带头人，积极开展研究工作，取得了许多较高水平的研究成果，如吸引子分维计算、孤立子理论、大气动力学中的复杂性与预测理论等。

随着非线性科学研究的兴起、发展与深入，国内外许多学者从不同的层面探讨了非线性科学的哲学问题，如对非线性思维的研究。思维是人脑反映外部世界本质和规律的能力，是人认知事物的活动过程和对信息的一种排序。20 世纪 80 年代末，有两本很有影响的著作涉及人脑的思维，一本是詹姆斯·格莱克(James Gleick)的《混沌》(1988)，另一本是布里格斯等人的《湍鉴》(1989)。它们对线性观、线性方程和线性科学做了分析批评，并着力宣传非线性观、非线性方法和非线性科学。其中《湍鉴》一书多次谈到非线性与创造性思维的关系，提出了"非线性大脑"的说法，并宣称"大脑是非线性行星上非线性进化的非线性产物"①，实际上就是在论述非线性思维。然而，最早使用"非线性思维"这一概念的是《科学美国人》1989 年第 6 期上的一篇以《非线性思维》为标题的短文。该文介绍了德国学者麦耶克瑞斯用混沌模型描述美苏冷战可能引发核战争的分析，它引起了五角大楼的关注。20 世纪 90 年代中期以后，对线性思维与非线性思维的论述与著作逐渐增

① J·布里格斯，F·D·皮特．湍鉴：混沌理论与整体性科学导引 [M]．刘华杰，潘涛，译．北京：商务印书馆，1999：309.

多。1996 年，德国物理学家克劳斯·迈因策尔在《复杂性中的思维》一书中首先以“从线性思维到非线性思维”为导言，详细介绍了复杂系统与各种非线性进化，意在昭示线性思维是传统自然科学的思维方式，非线性思维是新兴复杂科学的思维方式，历史的发展要求实行从线性思维到非线性思维的转换。1990 年，彼得·圣吉(Peter M. Senge)在《第五项修炼》一书中针对经营管理中的问题，从多方面批判了线性思维，并对非线性思维给出了许多精彩的阐述。这一期间，国内学者也有一些这方面的论述，如许京华的《人脑功能的非线性动力学的探索》(1996)、陈忠等人的《人脑智能产生的非线性机制》(1997)、郭爱克和孙海坚的《生命与思维——在混沌的边缘演化》(1998)，吴彤教授的《复杂性范式的兴起》(2001)，苗东升教授的《非线性思维初探》(2003)，武杰教授的《非线性思维与跨学科研究》(2004)等。非线性思维(The Nonlinear Thought)已成为科学思维的时代特征，并且作为一种科学的自然观与方法论渗透到社会科学、人文科学，包括教育科学与大学管理等领域，本书第二章将对非线性思维的特征做详细论述。

二、和谐管理思想

组织中各子系统之间怎样协同作用以达成其有机组合的功能，这一问题可以归入对于“和谐”这一古老的哲学范畴的探索上来。和谐管理思想就是传统和谐思想在管理上的应用。“和谐”反映了社会普遍的运行机理和管理应追求的状态。按辩证唯物的观点，世界万物都处于普遍联系之中，某一事物的变化必然引起另一事物的变化，世界就是通过这种挑战与回应的非线性相互作用方式，推进世界螺旋上升地演进提高。自然界的生物链也说明了这个道理，在生物链环中如果某一环节遭到破坏，必然会影响前后两端甚至导致生态失衡。而管理就是要充分考虑各种因素的整合，在动态平衡中寻求和谐。

上一节已经论述到和谐思想源远流长，而它在中西方管理理论的演进过程中也占有相当重要的位置。中国传统管理崇尚“和为贵”，“和也者，天下之达道也”①，以“和”的方式解决管理过程中出现的矛盾与冲突，解决不同意见分歧，保持组织目标的一致性，处理管理中大量非对抗性矛盾，应该突出矛盾的统一性，不能用矛盾的一方“吃”掉另一方的办法去解决，否则就会激化矛盾，使管理陷入无序、混乱的局面。在统一性的前提下使矛盾双方处于和谐的状态，从而使管理在有序状态下进行。“和”作为管理目的，直接带有稳定的含义。古代对管理系统的环境

① 中庸章句[M]// 朱熹．四书章句集注．济南：齐鲁书社，1992：1-2.

非常重视，将系统、环境的根本问题概括为天时、地利、人和。《荀子·王霸》称："上不失天时，下不失地利，中得人和，则百事不废。"[①]在这里，天时、地利、人和是管理系统的环境、资源和人的条件。孟子提出了"天时不如地利，地利不如人和"[②]的著名论断，将"人和"的地位置于"天时"、"地利"之上，成为宇宙"三才"（天、地、人）中最宝贵的东西。同时又把人起作用的机制归结为人际关系的协调，即"人和"。"人和"在管理中的作用，可以分成两个层次。它的低层次作用是能化解人际间的紧张与冲突，有利于组织稳定。它的高层作用是指组织成员间通过彼此的理解与沟通，实现同心同德、协力合作。这种状态的人际关系是一种互为目的、互相尊重的关系，但各自的价值并未融入他人之中。孔子的"和而不同"指的就是这个意思。"和"只是调和矛盾，而不是消除矛盾。在一个相对稳定的系统中，矛盾的存在是一般规律，而表面上看来不存在矛盾的情况，或只是在极短时间极小范围内，或者正酝酿着更大的危机。在这个意义上说，"和"具有更大程度的保持稳定的含义，并且也更合乎客观实际。《管子·白心》说："和则能久"[③]，对此可谓有深刻的认识。

西方早期管理模式崇尚理性，如泰勒的"科学管理"追求动作精确、制度规范的标准化式的管理；韦伯的"科层管理"主张进行严格的职位分类和权力分层，组织成员必须要有法定资格，成员之间只讲法则不讲感情。然而，这种线性、确定性的管理模式在面对人性化时代的复杂系统时却显得十分生硬僵化，给工人带来压抑和苦闷。后来随着管理理论朝着人性化、社会化方向发展，特别是梅奥（Mayo）在"霍桑实验"中提出的"社会人"观点，工效决定于士气，士气受人群和谐关系影响，重视非正式群体的作用，从而认识到管理中"软因素"的重要性，强调管理中人的因素，特别是强调人尽其才的精神和主观能动因素。

19 世纪中期，法国经济学家巴斯夏出版了《和谐经济论》，他认为社会世界普遍法则是和谐协调的，这些法则从各个方向趋于完善人类。把人的心理和文化因素上升到一个新的台阶，强调关注组织和人的和谐问题。波兰管理学者阿达米斯基在他的《劳动和谐论》中用"和谐理论"雏形来解释有关生产中计划和控制集体工作的规律，他把劳动生产中若干复杂的相互作用用图表示出来，制作了"和谐图"，保证了大量作业和谐有序地进行。由此可见，管理领域所发生的从纯理性主义的科学管理向理性和非理性相结合的管理模式演变的趋势揭示了现代管理呼唤组织系统的和谐、组织成员之间的和谐以及组织与环境的和谐。

---

① 张国风．荀子·王霸之道［M］．北京：中国社会科学出版社，2004：36．

② 孟子公孙丑章句下［M］// 朱熹．四书章句集注．济南：齐鲁书社，1992：49．

③ 诸子集成：第 5 册［M］．上海：上海书店出版社，1986：224．

西方理性管理模式一直高扬理性、崇尚科学，但在面对“有人参与的”复杂系统时，却出现“控制”困难和合成谬误。而东方非理性模式主张人与大自然“天人合一”，强调人与人之间关系融合和社会稳定。对管理复杂系统的深刻认识，使管理领域正在从纯理性主义的科学管理转变为关注理性与非理性相融合的管理模式。正如普里高津所主张的，现代科学革命要把强调实验和定量公式描述的西方科学传统，和强调整体的协调与协作“关系”的中国传统哲学结合起来，以达到一种新的综合。当前由信息技术引发的生产方式变革，经济全球化的发展，让我们重新反省并认识到强调协调、协作与“和而不同”的我国古代管理哲学的睿智，也相信这里必将是培育新管理范式的沃土。而涉及协调就必然要关注组织中所普遍存在的和谐机理。

西安交通大学席酉民教授认为当前在管理理论领域，理论丛林缺乏系统的应对之道，各理论局限于其特定的研究视角，难以给出应对复杂性、不确定性的综合的、整体的策略。在这样的实践环境和理论背景下，1987 年，他根据有关组织系统和谐运行机制的思考提出了和谐管理理论。和谐管理理论以人（尤其是人的能动性）作为关键的切入点，为了达到组织目标，在变动的环境中，围绕和谐主题的分辨，以优化和不确定性消减及利用为手段提供问题解决方案。和谐管理理论是和谐思想向管理实践的推进，是一种新的理论探索。该理论得到了广泛的认同，至今已出版著作多部，发表了有关论文百余篇，发挥了较大的影响与作用。席酉民教授在《和谐管理思想与当代和谐管理理论》一文中指出：该理论要运用复杂系统关于非线性、复杂、混沌等研究方法，进一步吸收借鉴当代管理前沿中有关核心能力、学习型组织、业务流程再造、人力资本管理等的研究新成果，来进一步完善与发展和谐管理理论。

综上所述，和谐思想作为一种反映人类社会普遍运行机理的管理思想，一直伴随在管理理论的演进过程之中，其思想发展可以说是源远流长。但由于受到当时科学发展水平的限制，总是处于零碎、片段的意识状态，一直未能形成一种科学规范的组织管理理论。但是，人们对和谐的追求从来没有停止过，对和谐管理的探索也从未间断过，我们有理由相信和谐管理理论必将随着时代的发展与管理实践的深入而不断走向成熟与完善。

三、非线性科学与和谐管理思想在大学管理中的应用

“教育科学是大量社会科学、还包括某些自然科学应用于教育领域而形成了

‘复数教育科学’”[①]，大学管理是教育科学的一个重要组成部分，是一个涉及多种因素的复杂系统。借助非线性科学的思维与方法论来研究大学管理，将会丰富大学管理理论的内容，拓展大学管理研究领域，为大学管理创新提供一种新的、更好的思考问题的方式。近些年来，非线性科学在高等教育管理领域有一定的应用，如仲兆环先生 1992 年 8 月主编的《系统科学与现代高校管理》；马扬教授 2004 年 1 月在《科技导报》上发表的《非线性理论在科研组织管理中的应用初探》；朱新卓博士 2005 年在《江苏高教》上发表的《后现代大学组织模式：松散联合与非线性管理》；侯光明教授 2003 年 2 月在《北京理工大学学报》上发表的《复杂性科学在大学管理创新中的应用》；陈士俊教授 2003 年 5 月在《自然辩证法研究》上发表的《从耗散结构理论看创新人才培养与高教改革》；黄永军博士 2006 年在所著《自组织管理原理——通往秩序与活力之路》一书中，分析了大学自组织的实现思路，探讨了大学内部协同机制的建构，提出了现代大学制度的本质是自组织的观点。但是这些研究对大学系统内在的非线性相互关系，要素之间的耦合、协同效应等都是初步的、局部的探索，缺乏系统性。特别是将非线性理论与和谐思想相结合来研究大学管理机制，以达到大学组织的内外非线性和谐、良性竞争与协同，提高大学的活力与竞争力则没有论及。大学管理与一般管理活动有共性的方面，反映人类管理活动最一般规律的现代管理理论与和谐管理思想，也反映了高等教育管理的一般规律，但是，大学作为一个独特的学术性的社会组织，有着自身的特殊性，因此需要将通用的科学管理理论方法与大学的内在规律有机地相结合来研究大学管理。国内外的研究中虽然没有提及大学和谐管理的概念，但在其研究中都涉及了相关的内容，如大学管理资源的整合、大学中权力的协调和大学多元文化的融合等。

从上述研究可以看出，非线性科学和非线性思维的广泛与深入研究具有普适性与创新性，代表一种崭新的自然观、世界观与方法论，和谐思想已在管理中有一定的运用，部分学者已将非线性理论、和谐思想与大学管理相结合在理论上进行了初步探讨，这些研究与探索给我们以思考与启示。本书试图在前人研究的基础上，从非线性的视野来研究大学的和谐管理机制，以期从更宽的视野、更深的层次上为我国大学探求一种更为有效、更为科学的管理方法与思路。

① 瞿葆奎．教育科学分支学科丛书［M］．北京：人民教育出版社，1999：7.

第四节　研究思路、理论模型与研究内容

一、研究思路

本书将大学视为一个生命有机体、一个开放的系统，其行为表现与功能发挥并不是孤立的，而是以复杂的方式相互影响。为此，本书以构建思维与理论模型—总体和谐—内部关系和谐—外部关系和谐—提升大学竞争力的思路展开研究，力图在宏观与微观、整体与局部各个层次及其相互关系上，用非线性的观点来探讨与研究我国大学的和谐发展机制与管理模式。研究思路如图 1-2 所示。

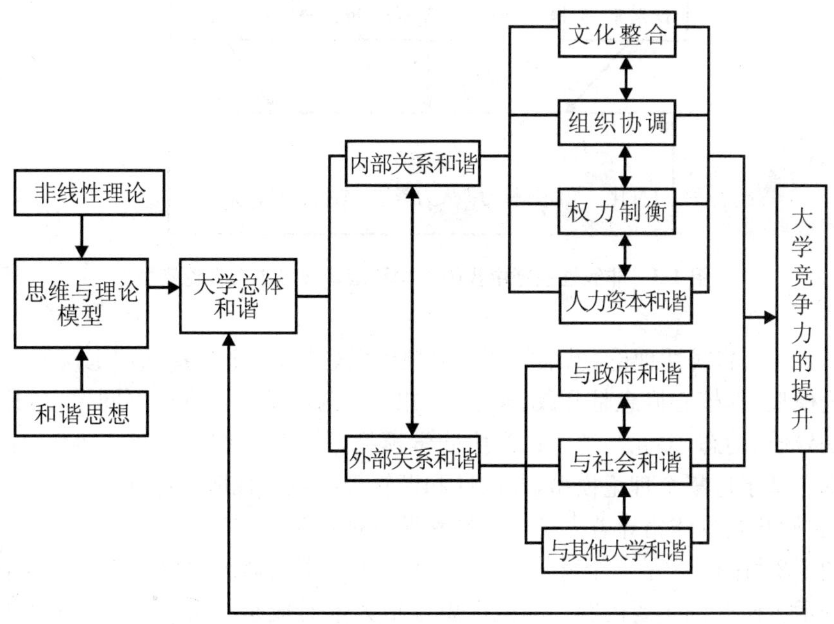

图 1-2　非线性视野中我国大学和谐管理机制研究思路

图 1-2 中的“思维与理论模型”部分可用图 1-3 表示：

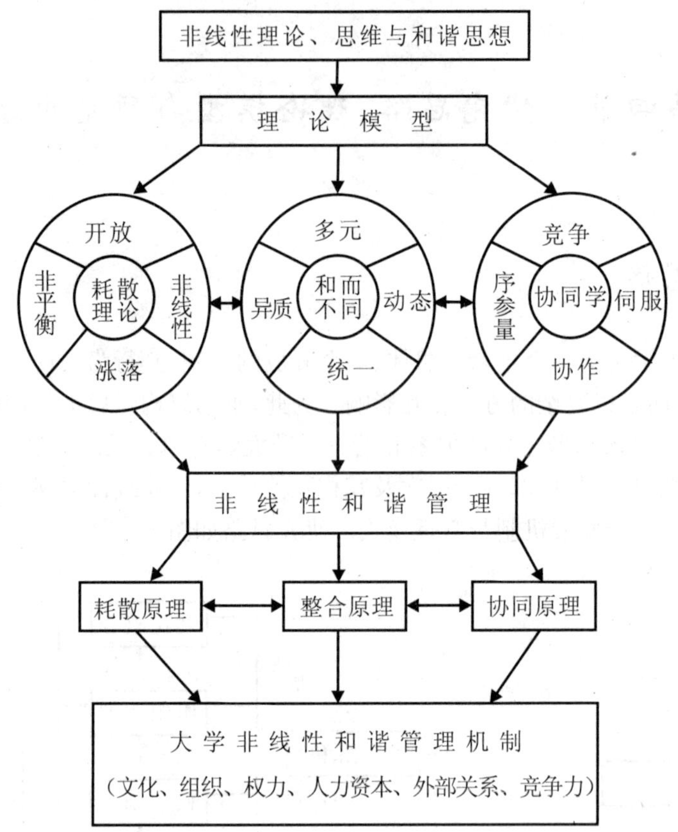

图 1-3 非线性视野中我国大学和谐管理思维与理论模型

图 1-3 从非线性理论、思维与和谐思想出发,提出三个主要的理论模型:① 耗散理论模型,其核心概念是开放、非平衡、非线性与涨落;② 和而不同模型,其核心概念是异质、动态、多元与统一;③ 协同学模型,其核心概念是竞争、协作、序参量与伺服。基于这三个理论模型,非线性和谐管理则包括耗散原理、协同原理与整合原理,它们共同具体指导着大学非线性和谐管理机制的建构。

图 1-2 与图 1-3 是一个整体,系统地表示了本书的研究思路与逻辑框架,也形象地展示了研究的主要内容。非线性思维把大学看成是一个复杂的生命有机体,大学的行为无法准确地控制与预测,只能通过其各个部位复杂的相互作用与自我组织来了解与认识。其中文化是大学有机体的"灵魂",对整体起到导向与调控作用;组织是大学有机体的"骨架",起到"基础"或"骨干"的支撑作用;权力是大学有机体的"血液",其正确运作是大学健康发展不可或缺的保证;人力资本是大学有机

体的“主体”或“血肉”，是大学实力与持续发展的关键；外部关系是大学有机体的环境要素，是大学发挥其功能、实现其价值的客观条件；竞争力是大学有机体的动力元素，是大学活力、优势与整体实力的表征。大学的文化、组织、权力、人力资本、外部关系与竞争力六者相互联系、相互渗透、相辅相成，融于大学的教学、科研、社会服务等各项管理职能之中，构成大学生命有机体的基本元素。

上述六个方面正是前文所提及的我国大学管理中要解决的主要不和谐问题，同时，笔者通过对近几年有关大学管理的论文、著作的学习、研究与梳理，发现这六个方面是其中探讨的主要问题与核心问题，也是我国大学改革与发展实践关注的热点与焦点。因此，本书力图抓住上述大学管理的主要问题（核心问题）与本质问题，即文化、组织、权力、人力资本、外部关系与竞争力六个方面进行探讨与研究，着力认识、协调其中的非线性关系，减少与降低不和谐因素，构建我国大学非线性和谐管理机制的体系。

二、大学非线性和谐管理的理论模型：三大主要原理

本书所研究的大学非线性和谐管理既体现上述非线性和谐管理的一般特征，又主要运用非线性理论中的耗散结构理论与协同学，以及和谐理论中的多样性统一、和而不同、协调整合等思想来构筑大学非线性和谐管理的理论模型。其主要原理涉及以下三个方面：

其一，耗散原理。即运用耗散结构理论的原理与观点来分析与研究大学从无序走向有序，从不和谐走向和谐的运行机制。耗散结构理论是 20 世纪 60 年代末 70 年代初由比利时科学家普里高津（I. Prigogine）教授创立的，在非线性科学的建立之中，耗散结构理论起着本质的原始性开创作用，具有最基本的重要意义。耗散结构理论作为一种具有普遍意义的方法论，不仅为揭示自然现象之谜提供了一把理论钥匙，而且为探索复杂社会现象的运动变化规律提供了可以洞见的科学工具，从而促进了自然科学和社会科学两大学术传统的合流。

耗散结构理论是一门研究耗散结构的性质、稳定和演变规律的科学。它探讨一个系统在何种条件下才能够从无序走向有序，并出现一种新的、稳定的、内部充满活力的结构。耗散结构理论揭示，当一个系统处于开放状态，在该系统从平衡态到近平衡态、再到远离平衡态的演化过程中，当达到远离平衡态的非线性区时，一旦系统的某个参量的变化达到一定的阈值，通过涨落，该系统就可能发生突变（即非平衡相变），由原来的无序混乱状态转变为一种时间、空间或功能有序的新状态。这种在远离平衡区形成的、新的、稳定的宏观有序结构，需要不断与外界交换物质、

能量和信息，吸收负熵流才能维持，并保持一定稳定性，且不因外界微小扰动而消失，此即为耗散结构。系统这种能够自行产生的组织性和相干性，被称为自组织现象。因此，耗散结构理论又被称为非平衡系统的自组织理论。

随着耗散结构理论这一当代前沿科学理论的不断发展与成熟，耗散结构理论被广泛地用作其他学科的研究工具。耗散结构理论的运用领域可以划分为两个不同的层次：其一是在物理、化学和生物学领域的运用，其二是在经济学和社会学领域的运用。耗散结构理论在第一层次的应用中已取得了举世瞩目的成果；而在第二层次的运用目前则仍然停留于简单表面现象的描述，耗散结构理论在这一领域的更深层次的运用显然有待于研究者的继续开拓。

本书运用耗散结构理论的方法与原理来探讨如何在日益不确定的环境中使大学组织充满活力，从无序走向有序的变革与发展机制。耗散管理机制的形成与维持至少需要具备四个基本条件：一是系统必须是开放的，且不断从外界引入负熵；二是系统必须处于远离平衡的非线性区；三是系统内部各个要素（组分）之间存在非线性的相互作用；四是系统内外随机涨落的触发作用。本书第四章对此有详细论述，并将该原理的基本观点渗透于其他各章节之中。

其二，协同原理。即运用协同学的原理与观点来分析与研究大学从无序走向有序，从不和谐走向和谐的运行机制。协同学是德国物理学家赫尔曼·哈肯（Harmann Haken）于20世纪60年代末至70年代中后期在研究激光理论的基础上，在与普里高津提出“耗散结构理论”相近的时间提出的，它横跨自然科学与社会科学，应用非常广泛。该理论认为，对于一个复杂的系统，从无序演化为有序，形成一定的时空结构，是由其中所包含的各个部分的相互协同来推动的。协同是指系统中许多子系统间非线性相互作用，既竞争又协作，使整个系统处在和谐发展状态的内在动力机制的推动下演进。竞争是系统演化最活跃的动力，竞争中当然包含了优胜劣汰，但竞争还不同于你死我活的对立斗争，它还包含了相辅相成的协作。一个复杂的变化运动系统，其中所包含的各子过程或子系统间常常互为条件、互为因果、相互协作、相互竞争、不断交替，自发组织成一个有活力的、有序的时空结构，推动着系统的发展和演化。

协同学假设在系统中存在有一个对各个独立部分的运动具有支配作用的无形的序参量，它支配着各个部分的独立运动并引导运动向预定的目标趋近，这就是协同学中起核心作用的“支配原则”或称“伺服原理”（各子系统伺服着序参量）。协同学认为正是因为这一“支配原则”使得部分得以构成为一个统一的整体而存在，并进行着有序的运动。

提高实力是大学发展的关键。实力的提高离不开大学系统内部诸要素间的默契协作，进行协同管理，如各管理层次的高效协调运作，大学多元文化的和谐，教学、科研与社会服务的相辅相成，各院系、各学科之间的交叉与合作，实验设备、图书馆资料等资源的合理调配和利用，教师或研究人员之间的竞争与合作，大学外部关系的协调与互动等。因此，协同学理论为协调大学内外的各种关系、整合资源、培育与提升核心竞争力等提供了一种有效的分析工具与运行管理机制。协同管理机制主要包括：① 开放与非平衡机制，② 协同与竞争机制，③ 伺服原理，④ 序参量的形成。详细内容将在第八章具体论述，其观点渗透在有关章节之中。

其三，整合原理。即运用和谐思想与非线性理论中的和而不同、多元化统一、动态平衡等原理与观点对大学中的文化、组织、权力、人力资本、外部关系与竞争力等管理核心问题进行分析与研究，探讨大学中的多种要素与资源如何进行协调与整合。所谓整合，是指各种不同的要素或型式相互适应、协调从而成为一个有机整体的过程，也是系统通过各要素的相干耦合的非线性相互作用，产生新质与突现系统整体性的过程。社会冲突理论认为，冲突与整合是紧密联系在一起的，是同一个事物的两个方面，没有冲突就无所谓整合。冲突可导致负效应，表现为人心涣散，产生"摩擦"、"内耗"等不和谐现象；反之，冲突经过整合会产生凝聚人心、相互支持合作的协同力量。正如非线性系统科学指出的，世界上的事物都是以系统方式存在的，构成系统的各部分相互联系和相互作用，必然产生某种效应，表现为系统的整体功能不等于部分功能的直接相加之和。这种整体不满足部分之和有两种可能：一是整体大于部分之和；二是整体小于部分之和。前者的出现为系统各部分力量相互协同、和谐产生正效应导致的，后者的出现即为系统的各部分之间力量相互抵消、不和谐产生负效应导致的。对于大学这个系统而言，如何降低负效应，增加正效应呢？途径之一是实施和而不同、多元统一的整合管理，即对多种相互冲突的因素进行整合，形成一种动态的、协调的和谐管理机制。

大学组织系统中，必然存在着性质、形态各异的多种要素与子系统，由于要素之间在文化、价值观、利益、需求等方面的不同，必然存在着各种矛盾与冲突，那么如何协调矛盾、化解冲突？建立一种整合的管理机制是必要的选择。大学管理的核心是对人的培养与管理，协调人与人、人与组织、人与社会的关系，协调与整合各种要素与力量，为实现共同的大学使命而统一思想与行动。埃德加·莫兰在《复杂性理论与教育问题》一书中告诉我们人类是多样性的统一，他说："未来的教育应注意人类的统一性的概念并不消除人类的多样性的概念，而人类的多样性的概念也并不消除人类的统一性的概念。存在着人类的统一性，也存在着人类的多样性，统一性不仅仅存在于智人的族类的生物学特点之中，多样性也不仅仅存在于人类存在的心理的、文化的和社会的特点之中。在人类的统一性的内部也存在着生物学特有的多样性，而不仅有大脑的，而且也有精神的、心理的、感情的、理智的统一性。此外，最为不同的文化和社会也具有共同的形成的或组织的原则。正是在人类的统一性本身中蕴含着它的各种各样的多样性的原则。理解人类，这就是理解它在多样性中的统一性、它在统一性中的多样性。应该认识多中之一、一中之多。教育将应在所有领域里说明这个统一性/多样性原则。"[①]大学整合管理理念就是倡导一种大学内部各子系统之间相互尊重、相互补充、相互竞争、相互合作、相互促进的多元化追求，并力求达到一种整体和谐统一的理想状态。

总之，本书研究的大学非线性和谐管理涉及的主要原理，是在变动、不确定的环境下对大学复杂系统动态自组织演化的管理思维与方法，吸收了非线性理论与和谐思想的精华，融合了非平衡是有序之源、竞争与协作的统一、涨落导致有序、从混沌到有序、多样性的统一等主要观点，试图从大学系统的宏观现象与微观机制上揭示其如何从无序到有序，从不和谐走向和谐。因此，从非线性的视野来研究大学和谐管理不仅可增进我们对大学复杂系统真实图景的认识，而且对在一个多变失衡的状态下，大学如何规范自己、发展自己能有更深刻的认识与把握。

三、主要研究内容

按照上述研究的思路与逻辑展开，除本章"导论"外，本书还包含以下七章内容。

第二章　非线性视野中大学管理思维的延伸。

主要从哲学思维观的角度，基于从线性思维到非线性思维的转换，来分析大学管理思维的延伸。首先在阐明非线性系统特征的基础上进一步分析非线性思维的特征，即创新性、辩证性、多维性、涌现性、动态性、曲折性与因果关系的复杂性，并且从三个方面探讨非线性科学的发展在哲学方法论上的意义及启示，一是必然性与偶然性的辩证统一，二是简单性与复杂性的辩证统一，三是有序与无序的辩证统一。然后，初步结合大学管理的实际，阐释大学管理思维从线性思维到非线性思维的延伸，即从封闭思维走向开放思维，从简单性思维走向复杂性思维，从确定性思维走向随机性思维，从经验性思维走向前瞻性思维，从零和思维走向共赢思维。

第三章　用非线性的观点看大学文化的演变、冲突与和谐。

本章首先阐明大学文化的内涵及其与大学管理的关系，指出大学文化是大学

---

① 埃德加·莫兰．复杂性理论与教育问题［M］．陈一壮，译．北京：北京大学出版社，2004：41.

管理的灵魂与重要内容。

其次，遵循大学组织历史发展的逻辑线索，探寻西方大学在长达千年的风雨与非线性嬗变的过程中，大学理念经历个人本位、知识本位、社会本位到三者和谐统一的变化过程，后一阶段的大学理念是对前一阶段的扩展与深化，不同的大学理念之间的差异反映了不同时期、不同国家政治、经济、文化、科技水平的差异，更主要反映了不同教育哲学思想的差异，呈现出时空的非均匀性与非线性。分析了我国大学理念发展的曲折历程，以及我国大学理念的冲突与和谐。指出建构我国的大学理念，必须根植于我国的实际，总结百年来我国高等教育，尤其是新中国成立以来高等教育发展的经验教训，同时大胆学习借鉴国外经验，从而形成我们自己的特色。笔者把它概括为：崇尚学术，追求真理；办学自主，适度调控；以人为本，体现公平；创新知识，服务社会；民族精神，国际视野；面向未来，持续发展。

第三，大学精神是一所大学历史积淀、整体面貌、水平、特色及凝聚力、感召力和生命力的涌现。从多个方面来探讨大学精神的和谐意蕴，一是自由独立的精神：追求和而不同的思想境界。二是宽容博大的精神：体现对多元化个性的关怀。三是求真务实的精神：构筑“真美善”和谐的基点；与时俱进的精神：保持与时代的脉搏和谐共振。四是明德弘法的精神：维护自律与他律的和谐。五是理性批判的精神：张扬公平、正义与良知。并阐述了我国大学精神的培育需要协调好三种关系，即共性与个性的关系，继承与创新的关系，适应与超越的关系。

最后，提出与研究大学教师多元文化的冲突与和谐。从我国大学多层次、多单元、多功能的组织结构视野观察，提出我国大学教师的六种文化类型（教学、科研、管理、思政、经济、混合），它们相互冲突、相互渗透、相互影响、相互交融构成一个网状分布的多元文化。分析当前我国大学出现的“学术泡沫”、“官本位”等现象，从一个侧面反映这些文化差异所表现出的学术性与功利性及学术本位与官本位之间的矛盾冲突。提出以大学精神、战略目标、共同愿景、政策、制度、规则、学习、沟通、协商等要素的有机结合与运用，构建一个动态的、和谐的大学教师文化机制。

第四章 用非线性的观点看大学组织的变革与和谐。

本章首先阐述了组织管理理论范式应从确定性范式转向不确定性范式和复杂性范式，在思维方法上应由追求机械性思维、结果思维、还原思维与线性思维转变到强调整体思维、过程思维、演化论思维、关系思维、有机性思维、创新思维与非线性思维。当今时代，经济全球化的浪潮与知识经济的发展，组织发展过程中的不确定性和组织运行环境的不稳定性，使得越来越多的管理学家倾向于将组织系统理解为一个非线性系统、复杂系统，因而应用非线性系统理论和复杂性系统理论研究组织变革与发展问题，解决和解释组织变革与发展过程中出现的新问题和新现象，就成为组织理论范式发展的一个显著特征。

其次，分析了非线性视角下大学系统的组织特性，即复杂性与矛盾性并存、多样性与统一性并存、开放性与保守性并存、松散联合性与紧密性并存。充分体现大学组织中的多元性、模糊性、随机性、矛盾性、有序性与无序性的辩证统一。

第三，从耗散结构理论出发研究我国大学组织和谐运行机制。运用耗散结构理论探析我国大学发展过程中的成就、教训及存在的问题，论证开放引进负熵、营造非平衡态、构建非线性相互作用、控制和利用随机涨落，是我国大学由无序状态走向有序状态的和谐运行机制，即大学系统内各要素在管理过程中保持相互联系、相互竞争、协调耦合、分工合作的一种开放的、良性互动的、持续发展的运作模式。这种机制不仅是大学组织和谐发展的条件和动力，也是时代进步、社会发展对我国高等教育的必然要求。

最后，探讨了大学组织管理整合的三种非均衡力量:科层力，文化力与市场力，指出科层制的力量发挥有限作用，市场的力量发挥辅助作用，文化的力量发挥主导作用。

第五章　用非线性的观点看大学权力的制衡与和谐。

本章首先用非线性的观点分析大学中权利关系的复杂特性，即权力结构边界模糊与权力冲突、两种权力运行机制的差异与相悖、权力主体的多元性与不对称性、大学权力价值观念的冲突。

其次，提出与研究大学领导的和谐权威。萨乔万尼教授提出了五种领导权威的来源(科层、心理、技术—理性、专业、道德)，大学校长是大学的最高领导者与管理者，是大学的灵魂。提出以道德权威为核心，将彼此相互联系、相互影响、相互制约、相辅相成的学术权威、管理权威、职务权威、心理权威有机整合，构成一种大学校长和谐权威(影响力、支配力)，为现代大学校长树立与运用权威提供借鉴与指导。

最后，进一步探讨了大学多元权力的耦合机制与运行模式，提出三种权力制衡模式，即党、政、教授共同决策模式、多元权力主体的决策模式、以院系(所)为重心的校与院系(所)分权运行模式。

第六章　用非线性的观点看大学人力资本和谐管理。

本章首先阐明了大学中人力资源与人力资本的含义、联系与区别。认为大学的人力资源指的是全体教职工，是学校最重要的资源。而人力资本是指教学、科研、管理等岗位上的业务熟练者、创新者和职业管理者，也就是经过投资培养具有科学技术能力与创造价值能力的各类人员，即教授、副教授、讲师、助教、研究员、副研究员、管理人员等各类人才，他们中由于学术水平的高低及创造价值之不同，表现出人力资本的质量有高低之分。从人才的分布、竞争、流动与管理方面分析了大学人力资源与人力资本管理面临的主要问题，在此基础上，提出了大学人力资源与人力资本管理必须改变过去僵化、单一、线性的机制，实施更加灵活、多样、非线性的和谐管理机制。即稳定人才与“柔性流动”人才相结合；培训、培养与引进人才相结合；造就精英人才与构建人才高地相配合；构建多种类型的人才学术梯队，将人才数量扩充与质量提高相结合；提高人的业务能力与道德修养相结合等对策、方法与措施。

其次，探讨了大学人力资本提升的关键——创造性思维的开发。知识与技术的创新能力是大学人力资本的重要素质与特征，而创新能力的提高有赖于创造性思维的开发。本书就思维、创造性思维的内涵以及与非线性理论的关系进行分析，阐明非线性思维（直觉和灵感）的创造性特征，认为非线性思维是从事物整体上、总的方向上，从发散的、逆向的、反常规的乃至从混沌中把握有序，拓展思路，探求真理，它与现实世界的非线性和复杂性规律保持一致，因而更容易发现新规律，最具创造性。并且从耗散结构理论探讨了大学人力资本创造性思维开发的前提（开放性思维）、必要条件（远离平衡态）、内在动力（非线性相互作用）、杠杆（随机涨落）等。

最后，研究与提出大学人力资本实现的价值取向——“和谐人格”的培育。基于人与自然、人与社会和谐可持续发展的理念，提出在心理、伦理、法律、经济等方面一系列素质与品质的综合所构成的个体和谐人格。它是一个相互联系、相互影响、相互制约的动态矛盾统一体，是“知”、“情”、“意”、“行”不断循环的过程，是“真”、“善”、“美”一体化的表征，这是当今和未来大学教育、人才培养的关键与核心。

第七章　大学外部关系的非线性和谐。

本章主要探讨在非线性视野下大学与外部环境的良性互动与和谐。

首先运用自组织理论分析大学与政府之间的关系，论述在市场经济条件下，大学作为一个非平衡自组织系统要从过去过分依赖政府走向依法自主办学。强调一方面改革政府的管理模式，限定政府的权力，使其把精力放到战略规划、依法行政、政策指导、信息服务以及宏观调控方面；另一方面，要使大学成为真正意义上的独立办学实体，使其能够根据社会的需求自行决定自己的行为，并对自己负责，建立完善大学的自我运行机制，能够根据大学的自身逻辑与办学规律发展自己，培养与提升良好的自我发展能力。最终建立大学与政府之间相互支持、相互促进与相互制约、相互监督的和谐关系。

其次，探讨在知识经济发展的时代背景下，大学的地位与重要性与日俱增，大学从社会的边缘走向社会的中心。这是大学作为一个开放的社会有机体，一个自组织系统，不断增强有序性，提高适应社会、服务社会的能力的必然要求。知识经济条件下，知识中的科学技术是社会发展的"第一动力"，大学作为知识的保存、传授、传播、应用与创新的组织机构，被誉为人类社会发展的"动力站"，应自觉承担起社会的责任，推动社会的物质文明、政治文明与精神文明的和谐发展。

第三，探讨在现代社会系统中，大学与大学之间的关系应该是一种既竞争又合作，实现共赢的非线性和谐关系。和谐是和而不同，是多样性的统一，异质性是竞争与和谐的基础。在一种合理的结构中，不同价值取向、不同特点的大学和学院可以获得有序的统一，使其通过规范而良性的竞争，表现着自己的特色与价值观，发挥着各自的独特优势与能力，相互依存、相互促进，实现互利共赢。因此，通过竞争、合作实现共赢是大学及整个高等教育系统健康持续发展的内在要求，是大学从无序到有序自组织发展的一种动力。

最后，从完善立法与严格执法、加强道德伦理建设、发挥市场调节机制、建立与健全有关制度与模式等方面来探讨我国大学外部关系和谐机制的建构。它们配套进行、联合作用、协同操作，是一个有机整体，既为大学外部关系和谐机制提供了运行的方式，也为大学外部关系的和谐管理提供了思路与措施。

第八章　非线性视野中的大学竞争力与和谐力。

本章首先探讨非线性和谐视野下的大学核心竞争力。从系统的非线性特性出发，推演出系统整体效应与和谐的关系，阐述了非线性和谐概念及大学核心竞争力是多种竞争力的非线性协同整合。从非线性和谐的角度分析了大学核心竞争力的构成要素，即资本竞争力、学术竞争力、组织竞争力、文化竞争力与外部关系竞争力。最后基于协同学理论论述了大学核心竞争力的形成机制。

其次，从协同学出发研究我国大学学术竞争力的培育与提升。从协同学的观点审视，指出我国大学学术竞争力打造与提升的前提条件是系统的开放与营造非平衡态，内在动力是构建非线性的竞争与协同机制，关键是序参量的形成与支配作用。协同学理论为打造与提升我国大学学术竞争力，创建优势学科群，推动学科专业的建设与发展，提供了一把理论钥匙和一种有益的思维方式。

第三，探讨大学竞争力与和谐力的关系。分析了竞争与和谐是"你中有我，我中有你"，相辅相成的关系，并推演出与大学核心竞争力相对应的大学整体和谐力大于部分和谐力之和的非线性关系；阐明了与大学竞争力相对应的和谐力的内容与特点，以及二者之间也是"你中有我，我中有你"，相辅相成的关系。大学竞争力是在系统各要素能力整合的基础上形成的，其特点在于体现着大学系统要素的竞争优势，比竞争对手强、水平高。大学和谐力的特点在于体现着大学系统要素和谐、合作、协调的程度,比竞争对手更和谐、更团结。大学的健康、持续发展既需要竞争力的不断推动,更离不开和谐力的有力保障。

最后,提出大学核心能力的战略管理,探索大学在复杂、动态、不确定环境下的和谐发展之道。提出了大学核心能力是由大学核心竞争力与整体和谐力整合而形成的。大学核心能力的最佳战略选择是柔性竞争战略与双赢战略。探讨了大学核心能力的战略规划与实施途径:① 明确学校的定位,构造办学特色是打造大学核心能力的前提;② 学科建设是打造大学核心能力的重点;③ 加强文化建设与创新为打造大学核心能力提供力量源泉;④ “要素整合”是打造大学核心能力的重要手段;⑤ 变革与创新组织结构是打造大学核心能力的保障。

第二章　非线性视野中大学管理思维的延伸

非线性科学的产生标志着人类认识由线性现象领域进入非线性现象领域，这是人类认识史上的一次巨大飞跃。非线性科学揭示出来的新事实、新特点和新规律，不仅对科学技术具有重要意义，而且对哲学也具有重要意义。作为对自然科学和社会科学的概括和总结的哲学，其自然科学基础的变革必将引起哲学的变革。正如恩格斯所说："随着自然科学领域中每一个划时代的发现，唯物主义也必然要改变自己的形式。"①思维属于哲学方法论的范畴，也是大脑神经网络这个复杂非线性系统的运动过程。非线性科学与理论从更高的层次、更广的视野、更新的角度揭示了事物的本质及其运动规律，所形成的一些新的科学概念与范畴，其理论意义与适用范围具有普适性，不仅具有科学意义，而且具有哲学方法论上的意义，促进着科学技术、思维方式、认识图景、世界图景的变革，也影响着大学管理思维的创新。

第一节　非线性：一种新的思维方式

一、非线性系统的基本特征

为了从非线性的视野更透彻地认识与分析大学这样一个复杂系统，需要从对非线性一般特征的了解，延伸至非线性系统有哪些基本特征的认识。经典科学以研究线性关系为主，现代科学开始转向非线性关系。线性和非线性的关系不是并列的，线性关系只是非线性关系的特例。在物理上，我们把由线性函数描述的系统叫线性系统，把由非线性函数描述的系统称作非线性系统。研究非线性思维运动，

---

① 马克思，恩格斯．马克思恩格斯选集：第 4 卷［M］．北京：人民出版社，1972：224.

必须了解非线性系统的基本特征，以便查明传统科学如何把非线性系统误认为线性系统，在应当运用非线性思维的地方误用了线性思维。为此，我们把非线性系统的基本特征概括为以下几个方面：

（1）不满足叠加原理。即解具有非加和性：若 x 和 y 是解，则 $x+y$ 不是解。一个系统一般都有许多相互依赖的变量，如输入量、输出量和状态量，而且它们都可能不止一个。这些变量之间的关系决定系统的行为特性。线性系统的基本特点是：一个量的变化总是引起其他量按照固定的比例改变。非线性系统的基本特点是：不同量之间的变化不成比例关系，一个量的微小变化可能导致其他量或系统整体结构、功能的巨大变化。

（2）具有不确定性，长期行为不可预测，富有创新，富于发展变化。线性的特点是单一、均匀、不变，单一的方向，均匀的分布，不变的速度等，一切都随着初始条件的给定而给定。线性系统没有创新，没有意外，一切都是确定的和可预见的。非线性系统恰好相反，多变的方向，非均匀的分布，可变的速度，既有稳定运动又有不稳定运动等，因而具有种种内在的不确定性、永恒的新颖性和不可预测性。

（3）相空间可能同时存在几个吸引子，不同吸引子相互竞争，具有奇怪吸引子（混沌态）。吸引子，顾名思义，就是相空间的稳定的点或区域，由于在系统变化过程中一定范围内的其他不稳定点都趋向于它，并且一旦达到就永不离去，就像具有“吸附作用”，所以称为吸引子。例如，单摆运动如果没有摩擦或消耗（保守系统），单摆将周而复始地无限期地摆下去，运动永不停止；如果有摩擦（耗散系统），振幅将逐渐减少，最终将停止在中间位置，这个状态（不动点）就是一个吸引子。吸引子在一定程度上体现了耗散系统的“终极状态”，即耗散系统的运动最终达到的某种新的稳定状态。在数学上对应了微分方程的不动点、极限环、环面和高维环面。具有整数维的吸引子称为“平庸吸引子”，具有非整数维的吸引子为“奇怪吸引子”。混沌状态是非平衡非线性系统演化的一种归属，它是一个奇怪吸引子，是耗散运动收缩到相空间有限区域的一种形式。奇怪吸引子的概念是 1971 年由法国物理学家 Ruelle 和 Takens 为耗散系统引入的，它的显著特点是长期行为对初始条件的敏感性，由于对初值的依赖十分敏感，微小的扰动将导致结果的巨大变化，有时甚至面目全非。人们经常说“差之毫厘，失之千里”，讲的就是这个道理。“系统的目的，从数学的角度看，就是奇怪吸引子。”①

（4）出现分叉与突变现象。一个非线性系统通常会受多个因素或参数的作用，当参数变化达到临界值时，就会出现多参数非线性系统中的分叉，也就是说，系

① 陈忠，盛毅华．现代系统科学学［M］．上海：上海科学技术文献出版社，2005：283，617．

统演化过程中出现的不同分支，意味着系统演化至分支点后有不同的演化趋向，系统的定态行为(稳定行为)在分叉点发生定性的突然变化。分叉现象充分说明了量变引起质变的规律。从某种意义讲，普里高津学派的耗散结构理论的出发点就是分叉。他们认为当系统处在平衡态附近的近平衡区时，系统将保持稳定，而一旦外部控制参量达到或超过某个阈值，原来的状态就会失稳，产生两个新的分支。经过选择，系统将稳定在其中一个耗散结构分支上。由于环境与外部因素的复杂性，往往会引起多极分叉，就存在着发展演化的多种可能性。非线性分叉必然导致系统行为和结构的突变，而系统的结构往往会随外部控制参量的变化出现分叉，最终导致结构的变化。

(5) 存在反馈机制与超循环运动。非线性相互作用使系统各要素之间、系统与环境之间充满了互动、耦合与反馈，其中正反馈作用造成系统失稳，使得系统的整体性得到涌现，非线性耦合构成系统的黏合剂，而且是系统演化的动力与催化剂。非线性系统是一个不断自我再生、自我复制、自我更新、自我优化，向更高复杂性进化的超循环过程，也是系统不断与外部环境互动、反馈和调节，适应外部环境的变化，从而达到一种更高水平、更高层次的有序状态的过程。如生物的进化是遗传与变异、自我复制和自我超越的统一。“随机突变本身将对应于自然界无差别地抛掷无偏斜的骰子，而加上自然选择和适者生存这一反馈，将导致骰子偏斜”①，以致多次抛掷后，某种进化形式不但保持下来，而且势不可挡。其间，奇怪吸引子所固有的保守与革新的内在力量，正负反馈所代表的恢复旧稳态和寻求新稳态的机制，形成演化中某种“必要的张力”，它将继承性与创新性统一于同一历史演变的超循环过程之中。

非线性科学与系统科学的结合，一方面极大地推进了系统理论的发展，同时也揭示了一个新的世界层面，人们在这个领域发现了许多新的现象和规律，提出了大量新问题。特别是当人们开始将非线性系统理论用于复杂的社会经济现象的研究之后，为社会科学的发展带来了诱人的前景。一种新的非线性系统观也在逐渐形成之中。非线性系统观给人们的最大启示是它要求人们用非线性的观点去观察世界、处理问题，并且特别注重非逻辑的、直觉的、灵感的、发散的和创造性的思维方式，努力发展人们的想象力，把探索的矛头伸向那些以前被人们认为是奇异的、混乱的、突变的、数学性态“不好”的领域，去发现新的现象，寻找新的规律。

---

① 武杰．跨学科研究与非线性思维［M］．北京：中国社会科学出版社，2004：442.

二、非线性思维的基本特征

思维是人脑对客观事物进行分析、综合、判断、推理的活动，是人们反映外部世界本质和规律的能力，是人认识事物的活动过程和对信息的一种排序。科学的快速发展与人类社会的日益复杂，要求人们从线性思维转变到非线性思维，运用非线性思维来认识与处理问题。从而非线性思维为人们提供了认识复杂世界的一种新的思维范式。

1. 从线性思维到非线性思维的转变

线性思维与非线性思维是一对矛盾，两者对立统一，要在相互对比中加以区别和界定。苗东升教授在《非线性思维初探》一文中对这两种思维方式做了深入的探讨。他认为："从科学思维的角度看，线性思维与非线性思维都有两个层面的含义，二者又相互联系。在第一个层面上，把思维对象作为线性系统来识物想事的思维方式，称为线性思维；把思维对象作为非线性系统来识物想事的思维方式，称为非线性思维。在第二个层面上，把思维过程（活动）作为线性动力学系统来规范、运作的是线性思维，把思维过程（活动）作为非线性动力学系统来规范、运作的是非线性思维。"①

无论在理论上，还是在实践中，线性思维与非线性思维的区别都是一种人们可以亲身感知的客观存在。通常讲的科学思维、技术思维、管理思维、政治思维，乃至艺术思维，其中都有线性思维和非线性思维在活动。人们在实践经验中既可以学到线性思维，也可以学到非线性思维。不过，由于线性思维的简捷性和经济性，人们凭经验首先学到的常常是线性思维。所以，线性思维与非线性思维的差异和矛盾将永远存在。但线性思维长期占据主导地位，主要是400年来线性科学占据主导地位造成的。如法默(J. D. Farmer)所说，现代人是在被线性科学的教科书不断洗脑中成长的，"'非线性'这个词你只能在书末看到。一位物理系学生可能选一门数学课，最后一章可能讲非线性方程。你可能跳过这一章，即使不跳，那里讲的不过是如何把这些非线性方程简化成线性方程"②。400年来，教科书如此，科学专著如此，学校教育如此，师傅带徒弟也如此。思维方式属于知识和认识的最深层次，一旦形成并经过教育而世代相传，就具备了极大的稳定性。

为什么400年来线性思维在科学发展中处于支配地位？从哲学观点来看，有

① 苗东升．非线性思维初探［J］．首都师范大学学报：社会科学版，2003(5)．

② 詹姆斯·格莱克．混沌［M］．张淑誉，译．上海：上海译文出版社，1990：263．

其深层次的原因。在本体论方面，支撑线性思维的基本假设是现实世界本质上是线性的，非线性不过是对线性的偏离或干扰。在认识论和方法论方面，支撑它的基本假设是非线性一般都可以简化为线性来认识和处理。当然，这并不是说过去人们就没有看到或不想研究自然界和社会中大量存在的非线性现象，而是由于当时的数学工具对非线性关系还无能为力，对付非线性的唯一方法是将其“线性化”。近代经典科学的兴起就是在这种方式的支配下才得以确立的。但是，在一般情况下，这种把非线性简约为线性来认识和处理的方式，势必会歪曲现实世界的本来面目，导致错误的理论认识和行动方案。更为重要的是，由于世界上还存在着大量不能用这种方式处理的非线性现象，因而这种“化曲为直”方法的作用是极其有限的。为此，在非线性的世界中，我们必须用非线性思维。人类文明发展到今天，也要求我们从哲学思想与思维范式上实现一次飞跃，放弃这种线性假设，采取非线性假设，把非线性当成非线性来处理，只有在某些简单情况下才允许把非线性简化为线性来处理，用非线性思维取代线性思维作为科学思维的主导方式。

德国著名系统科学家克劳斯·迈因策尔的《复杂性中的思维》一书以“从线性思维到非线性思维”作为导论的标题，意在昭示线性思维是传统科学的思维方式，非线性思维是新兴复杂性科学的思维方式，历史的发展要求实行从线性思维到非线性思维的转变。他在书中指出：“在自然科学中，从激光物理学、量子混沌和气象学直到化学中的分子建模和生物学中对细胞生长的计算机辅助模拟，非线性复杂系统已经成为一种成功的求解问题方式。另一方面，社会科学也认识到，人类面临的主要问题也是全球性的、复杂的和非线性的。生态、经济或政治系统中的局部性变化，都可能引起一场全球性危机。线性的思维方式以及把整体仅仅看作其部分之和的观点，显然已经过时了。认为甚至我们的意识也受复杂系统非线性动力学所支配这种思想，已成为当代科学和公众兴趣中最激动人心的课题之一。如果这个计算神经科学的命题是正确的，那么我们的确就获得了一种强有力的数学策略，使我们得以处理自然科学、社会科学和人文学科的跨学科问题。”①

彼得·圣吉(Peter M. Senge)博士的《第五项修炼——学习型组织的艺术与务实》是针对经营管理问题论述系统思维的名著，该书“提供在乱中超越混沌、走出杂乱、迎接新时代的指引。它将引导人，由看片段，到重新关照整体；由看事件，到看变化背后的结构；以及由静态的分析变因，到看见其间的互动，进而寻得一种动态

① 克劳斯·迈因策尔．复杂性中的思维［M］．曾国屏，译．北京：中央编译出版社，1999：1.

的平衡。”[①]此外，圣吉提出和分析了人的潜意识活动怎样被语言、文化、信念等因素“程式化”的问题，从多方面批判了线性思维，对非线性思维给出了许多精彩的阐述，讨论了人的心智模式如何从线性思维向非线性思维转换。所以，当非线性科学、复杂性科学迅速兴起，需要特别仰仗非线性思维时，人们不得不花很大力气去克服线性思维的巨大惯性。

以牛顿力学为基础的线性思维在一个充满不确定性的非线性世界里已变得相当无能为力了，我们只有完成从线性到非线性、从机械论到有机整体论、从依赖过去到面向未来的认识飞跃，才能把僵硬的旧组织结构转变为具有适应复杂环境变化能力的新组织和新管理形式。要完成这个转变的艰巨任务，要靠非线性理论、复杂性理论等新科学提供的一种适应新环境的新方法、新工具和新的思维方式。

2. 非线性思维的基本特征

非线性思维一般意指用非线性科学理论、观点和方法来思考、分析和解决问题。为了从思维对象的层面来探讨非线性思维的基本特征，苗东升教授认为“可以粗略地把思维对象划分为两类系统：不考虑人的活动的是广义的物理系统；着眼于人的活动的是事理系统，即人们办事情、处理事情的各种活动。不论作为研究对象的物理系统，还是人们参与从事的事理活动，本质上都是非线性系统或非线性过程，承认这一点是贯彻非线性思维的前提。”[②]笔者认为，非线性思维的基本特征主要包含以下几个方面：

（1）整体性。世界是一个有机的构成，系统中无数的非线性相互作用使之成为一个复杂的层级结构，难以准确地描述与预测，唯其如此，使得我们对社会生活中的事件的分析都不能孤立地进行，看问题要从全局出发，通过调节整体系统内部和对外界的非线性关系，来发挥系统的最大效能。这种整体性思维是与那种机械地将事物孤立分解开来的还原论思维相对立的。整体性思维同时强调协同与共赢，认识到“利己”不一定要建立在“损人”的基础上，通过有效合作，互利、互惠的结局是可能出现的。协同与共赢并非意味着各方完全一致或赢得一样，事实上也不可能没有分歧或赢得一样。协同共赢的意义在于求同存异、互利互补、各取所需、多元性的统一。协同与共赢的背后既有竞争、斗争、较劲，又有协商、合作、妥协、让步。“异”是绝对的，“同”是相对的。

（2）创新性。创新意味着破旧立新，标新立异，突破原有的思维框架。由于非

① 彼得·圣吉．第五项修炼：学习型组织的艺术与务实［M］．郭进隆，译．上海：上海三联出版社，1999：序．

② 苗东升．非线性思维初探［J］．首都师范大学学报：社会科学版，2003(5)．

线性相互作用,使系统不断产生新质,推动系统向高水平进化。耗散结构是一个创新的系统,系统要从外界不断吸收负熵,新陈代谢、吐故纳新,通过非平衡机制创造差异,并利用系统内外的随机涨落,促使系统跃升到一个新的、更高的有序阶段。系统的进化意味着系统要不断地创新,因为进化总是需要失稳,需要超出自身存在的界限,它创生着信息,提供了新的共生关系与更多的自主选择,同时也必然伴随着创新的风险。然而,事物的进化与思维的创新总是能在穿越非线性的“迷雾”后,“柳暗花明又一村”,形成新的稳定的宏观有序结构。同时“复杂性理论使一个人开创出意想不到的可能性,去探测出多重的意义和解释,通过对意想不到的联系的注意,从而对整个问题进行重新构思。”①

(3) 辩证性。非线性思维并不排斥与否定线性思维,是线性思维与非线性思维、逻辑思维与非逻辑思维(直觉与灵感)、理性思维与感性思维的辩证统一。从世界观和认识论看,非线性思维建立在这样一个假设之上:现实世界本质上是非线性的,但非线性程度和表现形式千差万别,线性系统不过是在简单情况下对非线性系统的一种可以接受的近似描述。非线性思维是有序与无序、确定性与不确定性、简单性与复杂性等诸多对立面的辩证综合,对立面相互包含,互为对方存在的条件,并在一定的条件下向对立面转化。它们好像太极的阴阳两极,阴极而阳,阳极而阴,阴中有阳,阳中有阴。

(4) 多维性。“维”是几何学的概念,“点”是零维,“线”是一维,“面”是二维,“体”是三维。思维的多维性,要求对于一个复杂的非线性系统,如果要想比较全面地认识其本质状态,我们就需要多角度、多侧面、多层次地观察与分析。非线性思维所分析的对象是一个复杂的系统,包含多种要素、功能与复杂结构,要全面地认识其产生、变化与发展的原因与规律,思考必须是多维度的。在科学研究中,对复杂问题要从多学科与跨学科的角度来思考与审视,这样会产生多学科协同作用的放大效应,创新出新的知识与方法。因此,非线性思维展现的是一个多维度的、多元的、多层次的思维图景。

(5) 涌现性。“一些小而结实的种子竟能够长成巨大的红杉、日常的雏菊和豆苗这样复杂和独具特色的结构!这些正是涌现现象的体现:复杂的事物是从小而简单的事物中发展而来的。”“在生活的每一个地方,我们都面临着复杂适应系统中的涌现现象——蚁群、神经网络系统、人体免疫系统、因特网和全球经济系统等,在

① MICHAEL R LISSACK. Of chaos and complexity: managerial in sights from a new science [J]. Management Decision, 1997(35/3): 205-215.

这些复杂系统中，整体的行为要比其各个部分的行为复杂得多。"[①]涌现来自系统组分之间、系统与环境之间的非线性相互作用。非线性思维或用非线性的观点看世界，重要的是把握对象的整体涌现性，即整体不等于部分之和，整体具有其组成部分以及部分之和不具有的特性，一旦把整体还原为它的组分，这些特性便不复存在。圣塔菲研究所的朗顿(Langton)认为："诗歌，是在非线性地使用语言，诗意绝不是每一语意单位的简单总和。而科学同样要求不仅仅把整体看作部分之和。"[②]因此，非线性思维反对用分割、孤立的方法来研究和分析问题，仅仅刻画部分和它们之间的线性关系的方法，将不足以抓住系统的本质。从文明发展的角度来讲，在科学的未来将会涌现出更多诗化的东西。

(6) 动态性。非线性思维是一种动态思维，即把思维对象当成动态系统(状态随时间流逝而改变)来识物想事。动态性要求人们懂得非线性系统内部的非平衡、非均匀、不可逆性、自相关、信息反馈、涨落等因素的作用。时间的延续意味着发明，就意味着新形式的创造，就意味着一切新鲜事物连续不断地产生。系统的演化是一个充满起伏跌宕、峰回路转、意外、创造等的复杂动态过程，因此并不存在那种可能被一劳永逸地解决的问题，而存在着的只是一种动态的、演化着的问题解答。非平衡、非均匀意味着开放、差异、流动、竞争与协同，这里我们不能将不平衡、不稳定看成威胁，而应将其看成一种促进积极变化的潜在资源。系统总是处于由不平衡—平衡—新的不平衡—更高层次的平衡的动态平衡之中。涨落意味着指数式放大机制，实现系统质的飞跃。正如老子《道德经》所言："道生一，一生二，二生三，三生万物。万物负阴而抱阳，充气以为和。"这一古老智慧，道出了宇宙动态演化、大自然生生不已的规律，不仅是时间的，也是逻辑的，更是和谐的。

(7) 曲折性。非线性思维不是主观有意制造曲折，而是因为非线性是一种比线性现象更普遍的，不以人的主观愿望而左右的客观存在。从实践的层面上来看，非线性思维建立在这样一个原则上，用毛泽东的语言表达："世界上没有直路，要准备走曲折的路，不要贪便宜。"[③]"事物是往返曲折的，不是径情直遂的。"[④]没有走曲折之路的思想准备，一心只想走直线，是线性思维的典型表现。承认事物发展是曲折

---

① 约翰·霍兰．涌现：从混沌到有序［M］．陈禹，等，译．上海：上海科学技术出版社，2006：3.

② 约翰·霍根．科学的终结［M］．孙雍君，等，译．呼和浩特：远方出版社，1997：297.

③ 毛泽东．关于重庆谈判［M］// 毛泽东．毛泽东选集：第 4 卷．2 版．北京：人民出版社，1964：1163。

④ 毛泽东．论持久战［M］// 毛泽东．毛泽东选集．四卷合订本．北京：人民出版社，1964：476.

复杂的，有准备走曲折之路的自觉性，是非线性思维的典型表现。做学问、发明创造、参军、经商，乃至整个人生，都是在旅行，旅行者总是选择那些幽微灵秀处为目的地。但“曲径通幽”，直径不通幽，如果我们不准备也不善于走曲折之路，就不可能到达所向往的幽微灵秀之地。

(8) 因果关系的复杂性。线性思维的因果关系是无论何时何地，在相同条件下，每一个“因”都会导致相应的“果”，相同的原因总是导致相同的结果，而非线性思维的因果关系则表现得极为复杂，主要有：① 有果无因、有因无果。② 一因多果、多果一因。③ 互为因果，这种关系中充满了随机的互涉和互动，它是循环的和相互关联、相互转化的。结果既是结果又反作用于原因，变成原因的原因，原因既是原因又是结果的结果。④ 小的原因导致戏剧性的后果，大的变化可能对后果没有影响等。真实的世界中，原因与结果的联系往往很模糊、不清晰、不对称，由许多因果的环与网组成，其背后重要的含义是，在非线性的世界中，精确预测在实际中和理论上都是不可能的，完全预测有可能变成一种自我满足或自欺欺人的预言。因此，我们应排除那种对复杂系统的演化进行长期预测的妄想，而坚持一种有限的预测观。

总之，上述非线性思维的基本特征彼此密切联系、互补相关、相辅相成，共同应用于对现实世界的复杂性的考察和认识。其基本特征不仅是客观世界非线性现象在思维层面上的表征，也是非线性科学与理论在哲学、方法论层面上的表述。非线性思维是分析和处理事物的根本方法，线性思维只不过是非线性思维分析和处理问题的高度简化和近似处理。由于通过非线性思维方式所得出的结论更接近于真实的世界图景，从而使之有了广泛的应用，并形成一种跨学科的方法论。这对我国大学管理思维的转换与创新必将具有现实意义与指导作用。

三、非线性科学的哲学意义

非线性科学向人们展示了一幅多元的、多层次统一的世界图景。以往一系列对立范畴，如确定性与随机性、简单性与复杂性、无序性与有序性、线性与非线性等，都在更高的认识层次上，在宇宙演化的历史进程中得到了动态的统一。“这种统一不仅超越了经典科学的单层次的统一性，而且超越了对立面的辩证综合和互斥互补的思想，正走向东方互根互补、相互包含、生生不已、道法自然的圆融境界。”①

① 李曙华．多元的统一性：混沌学的启示［J］．系统辩证学学报，1997(1)．

1. 必然性与偶然性的辩证统一

必然性与偶然性或者说是确定性与不确定性以及概率论与决定论的关系问题是一对古老而常新的本体论范畴，也是科学与哲学长期争论不休的难题。

自然界只有一个，自然现象遵循着不依人们的意志为转移的客观规律。然而，数理科学中却存在着两套描述体系：确定论描述和概率论描述。从牛顿到拉普拉斯到爱因斯坦，描绘的都是完全确定性的科学世界图景，一切事物的运行演化都遵循决定论的规律，运用大量确定性的知识（原理、方法、数据），以确定的数学模型，确定的数值，精确的实验与测量为事物的运动变化提供各种数据和图形。必然的东西被说成是唯一在科学上值得注意的东西，而偶然的东西被说成是对科学无足轻重的东西。牛顿经典力学是近代科学成就的顶峰，它采用机械观的视角，运用一套严谨的数学理论描述世界。牛顿把以培根为代表的经验的和归纳的方法，与以笛卡儿为代表的理性的和演绎的方式结合起来，把开普勒的行星运动经验公式与伽利略的自由落体定律结合起来，总结出对一切天体都有效的物体运动规律，这就使牛顿的宇宙成为一个庞大的按精确的数学规律运转着的机械系统。牛顿线性力学具有决定论的意义，牛顿力学方程 $F=ma$，这个公式反映了决定者（外力 F）与被决定者（物体的加速度 a）之间的关系是线性的正比关系，物体的加速度 a 与物体的质量 m 成反比关系。该方程表明：作为严密的线性因果链，只要已知系统的初始条件，过去和未来都可以准确计算出来。在决定论中，因果关系是一种单值函数关系，即认为只要存在某种原因，就必然导致某种结果。正如牛顿所说：我们已经详尽地解释了的规律可以用来说明各个天体和我们的宇宙的所有活动。这种思想被法国天文学家拉普拉斯发展到了顶峰。他曾夸下海口：只要人们找到一个无所不包的宇宙方程，而且也知道宇宙的一切初始条件和边界条件，那么，宇宙无论过去或将来，一切都昭然若揭。人们称之为拉普拉斯决定论。决定论作为物理学认识的基础，统治了物理学200多年。因此，机械观与严格的决定论密切相关，巨大的宇宙机器完全具有因果性和决定性，即一切发生的东西均有原因，并导致确定的结果；一切东西都可以精确地解释和预言。机械论自然观使人类从古代朴素直观的世界图景转变为牛顿的经典的世界图景，牛顿经典力学所描绘的是一幅静态的、简单可逆的、确定性的、永恒不变的自然图景。

就在牛顿力学的确定性理论取得辉煌成就的同一时期，热力学的发展推动了对气体微观本质的研究。单个分子的运动是随机的，大量气体分子运动的宏观效果却遵循一定的统计规律，须采用概率论描述，从而创立了统计力学。19世纪发展起来的统计力学和概率论开始研究随机性，力图从大量的偶然事件中把握其统计规律性，认为未来的事物受很多偶然因素的影响，因果关系很复杂，一般情形下，根据现有信息不可能完全确定未来事物的结果与进程，这种不确定的随机性是客观世界中大量存在的。但是，随机现象与事物所呈现出的种种不同结果，经过大量的数据统计分析，它们又都有着一定的分布规律。概率论描述同样是深入研究大自然特别是复杂系统行为的必要的知识基础。统计力学特别是量子力学的建立，说明了偶然性是宇宙结构中存在的基本要素，与人们是否无知和所知多少无关，世界图景存在随机性的画面。世界究竟是必然的，还是偶然的？对这一哲学命题，两种描述给出了两种对立分割的自然图景。

19 世纪末 20 世纪初，人们发现牛顿力学不能反映接近光速的高速物体和微观粒子的运动规律，分别代之以爱因斯坦的相对论方程和量子力学中的薛定谔方程，光速 c 和普朗克常数 h 成为牛顿力学的限制，在牛顿的机械论自然观上打开了缺口，使自然图景展现了高速、微观和随机的一面。20 世纪 70 年代的非线性科学混沌理论突破了牛顿力学的框架，预示了新的自然观的诞生。混沌理论发现了确定论牛顿力学蕴涵内在随机性的另一方面，打开了牛顿的机械论自然观封闭已久的随机性视角——由牛顿力学规律所支配的确定性非线性系统，在一定条件下会出现随机行为。与高速、微观对牛顿规律的限制不同，牛顿力学在解决非线性系统出现混沌时遇到的困难，并不能说是牛顿力学对非线性系统的局限，而是我们对它早已蕴涵的本身固有的随机性认识不清和数学求解的限制。因此，混沌动力学的发展，正在缩小确定论与概率论描述体系之间的鸿沟，甚至在两者之间架起了沟通的桥梁。

100 年前，法国科学家庞加莱（Qoinzar H.）研究天体力学时，发现三体引力相互作用能产生惊人的复杂行为，得出了确定性动力系统的某些解有不可预见性的结论；20 世纪 20 年代，德国物理学家范德坡（B. Von der Pol）无意中听到氖灯张弛振荡器的一种“无规则的噪声”，这就是混沌现象，但他没有认识到；1963 年，美国气象学家洛沦兹（Lorenz E.）研究简化对流模型时，发现了这个确定性系统的规则行为，但同时也发现了非周期的无规则行为，认识到了初始条件的微小差别会引起长时间后巨大的气象变化，即“蝴蝶效应”（Butterfly Effect）；20 世纪 70 年代，数学生态学家梅（R. May）用一个基于费尔胡斯特公式的模型研究虫口种群增长，通过改变食物来改变增长率，当增长率超过某个临界值时，种群量混沌（随机）地起伏。这些科学家通过对不同非线性系统进入混沌以及对混沌特性的研究表明：在确定系统中存在着随机现象。

非线性科学的崛起，混沌理论的发现，为建立一个确定性和随机性相统一的世界图景提供了新的条件。确定性和随机性、必然性与偶然性是一对矛盾，在混沌系统中得到了辩证的统一。混沌现象表明：非线性确定性的系统在一定条件下可以呈现随机性；同一个混沌系统既有周期解（确定性），又有非周期混沌解（随机性）；在周期区和周期窗口处是确定性的（周期解），而在其他区域则是随机性的（混沌解）；确定性的周期运动随着参数的变化进入混沌运动；混沌运动又可转化为周期窗口处的周期运动，周期运动在另一周期窗口处，又可转化为混沌运动；吸引域中的轨道都要进入吸引子也是确定的，吸引子内混沌轨道按指数分离却具有典型的随机特征；混沌运动不是完全无规则的，哥尔摩洛夫熵又称测度熵，简称 k 熵，k 为零，系统做确定性运动，k 为大于零的有限数，系统做混沌运动，k 趋于无穷大，系统做完全无规则的随机运动。可见，确定性和随机性共存于同一系统中，在一定条件下可以互相转化，确定性和随机性在混沌中构成了客观存在的一种矛盾统一体，相互包容。正如太极图中“阴中有阳，阳中有阴，阴阳互根，道在其中”。因此，我们不能说世界是确定性的或是随机性的，但我们可以说世界是一幅确定性与随机性辩证统一的自然图景。

在非线性系统思维的场景中，整体协同与对称破缺体现了复杂系统的稳定存在与系统中出现了新的结构状态。新的结构状态意味着系统的不稳定，促使系统越来越远离平衡态，意味着系统出现了新的发展的生长点，如果条件适宜，系统将向新的最终结构状态演化。这时，在某个称作系统稳定性阈值的点上，将会出现分叉现象。在分叉点上，系统究竟会出现什么样的结构模式，出现什么样的状态变化方向，具有很大的偶然性，这是多重选择的一个结果。选择是必要的，选择什么样的结构状态则是偶然的。在这里，体现了必然性与偶然性的辩证统一。

法国哲学家埃德加·莫兰在《复杂性理论与教育问题》一书中指出：“20 世纪认识的最伟大的成就是认识到认识的极限。它所给予我们的最大的确定性是关于不仅在行动里，而且在认识中的不确定性之不可消除性的确定性。”并认为“人类历史过去、今后仍将是一个未知的探险，人类命运既被决定又随机……在历史的进程中存在着经济的、社会的和其他的决定机制，但是这些与无数使这个进程分岔或改道的偶然事变和随机因素发生着不稳定的和不确定的关系”，“如果说生命的出现对应于一些巨分子的漩涡转变为一个新型的组织，后者能够自我重组、自我修复、自我繁殖，并适于从其环境中汲取组织、能量和信息，那么它的发生看来不遵循任何不可避免的必然性。这仍然是一件神秘的事，关于它不断有人制定出新的解说。总而言之，生命曾是只能从偶然性与必然性的混合中产生，我们不能确定混合的比例。”“历史的不确定性与人类历史的内在混沌的特点相连。”[①]因此，莫兰告诫我

① 埃德加·莫兰．复杂性理论与教育问题［M］．陈一壮，译．北京：北京大学出版社，2004：62，141.

们："如果我们保有了和发现了新的确定性的群岛，我们不应忘记我们是在不确定性的海洋中航行。"①

普利高津在《从混沌到有序——人与自然的新对话》一书中说："动力学方程的决定论特点和随机涨落难分难解地连接在一起。这个必然性与偶然性的结合构成了系统的历史。"②正如黑格尔所说："偶然的东西是必然的，必然性自己规定自己为偶然性。"③总之，一切事物的联系和发展包含着必然性与偶然性两个方面，它们互相对立、互相联系、相互包容，并在一定的条件下相互转化，是一种辩证统一的关系。

2. 简单性与复杂性的辩证统一

从科学技术发展的历程看，简单性与线性因果关系、相对封闭的体系、确定性等概念相关，可以表述为经典自然科学对认识对象进行最大程度的抽象和简化处理后所体现出来的性质与规律；复杂性与非线性相互作用、开放体系、不确定性等概念相关，是指不能通过分析和还原得到说明的性质，具备确定的因果律不能预期的行为和不能用线性表达的关系。"简单性对应的是还原论的方法论，而复杂性则对应还原论与整体论的结合。"④非线性科学是研究事物复杂性的理论，它的产生与发展充分说明了客观事物简单性与复杂性的辩证统一关系。

在过去的岁月中，人类一直把简单性思想作为主导思想，努力探究的是物质构成的简单性、运动规律的简单性和科学方法的简单性，简单性曾是科学追求的最高目标，并且在实践中取得了惊人的成就。直到 20 世纪中叶，特别是七八十年代以来，人类才开始探索复杂性，认识到世界的本质并非是简单的，而是人们把它看作简单了，致使一些重要的方面和细节遭到忽视和舍略。如果片面强调事物的简单性，忽视、否认事物的复杂性，就会导致简单化倾向。

现代科学正处在结束"现实世界简单性"信念的阶段。非线性理论正在扭转这种简单化倾向。它认为，复杂性是客观事物的一种基本属性，非线性则是这种复杂性的根源。因为"非线性意味着游戏本身就包括改变游戏规则的方法"⑤。非线性

---

① 埃德加·莫兰．复杂性理论与教育问题［M］．陈一壮，译．北京：北京大学出版社，2004：143-145.

② 伊·普里高津，伊·斯唐热．从混沌到有序：人与自然的新对话［M］．曾庆宏，沈小峰，译．上海：上海译文出版社，2005：14-16.

③ 马克思，恩格斯．马克思恩格斯选集：第 4 卷［M］．2 版．北京：人民出版社，1995：326.

④ 秦书生．复杂性技术观［M］．北京：中国社会科学出版社，2004：33.

⑤ LI T Y，YORKE J A. Period three implies chaos［J］. Am2er Math Monthly，1975，82：985-992.

系统中诸要素的相干耦合效应常常使系统运动发展总是汇合或交叉多种因果过程。例如生物学家告诉我们，蛋白质高度有序的功能是由核酸编码的，而核酸的复制和翻译又是蛋白质催化和表达的，在生命过程中，蛋白质和核酸的这种非线性相互作用和相互联系，表现为互为因果的双向联系。又如，一般说来，大城市的社会效益与经济效益均高于小城市，但城市规模发展过大，会引起生态效益降低，反过来城市社会、经济效益下降，这里非线性关系表现为系统负反馈调节的双向因果关系。而个人的成长、社会的发展等，则是由多种因素的多股力量相互作用的结果。这种互为因果的明显相干效应使得非线性问题很难求解。然而，正是这种互为因果的相干作用导致了线性系统所没有的整体效应，即整体不等于部分的简单和。或者说，若干子系统作为要素结合到一起时，常常并不是简单地堆积起来，它们之间存在着复杂的相干耦合作用，从而系统产生质变，使整体表现出单个要素所不具备的性质与特点。例如，单个零件与整个机器的功能，千百万个神经细胞和人的大脑的性质，社会中单个人的行为和许多人组成的集体或国家的行为等，都有质的区别。在今天，我们不论从哪里看，不管是宏观天体的形成和演化，还是微观领域内几百粒子相互转化、衰变和湮灭；不管是生物的繁衍进化，还是人类社会的绵延发展，到处见到的是不断增加的由非线性相互作用导致的复杂效应。令人激动的多样性、不稳定和不规则的普遍性、难以预测的随机性、“创造历史”的不可逆性、对时间流的高度敏感性、自发的活性、不均匀性、非对称性及反馈、突变、分叉、混沌等现象，由此孕育出大自然的万千气象、人类社会的风云变幻和人们思想的错综复杂。因此，现代科学思维方式必须变革，“人们应当在各个单元的相互作用中了解整体，在宏观的尺度上组成的小单元怎样表现出一致运动。”①这就是要探索事物的复杂性和整体性。

简单性和复杂性是具有相对性的概念。简单性和复杂性并非是界限分明的两个极端，而是可以互相转化的，这样就给我们认识复杂性提供了可能。例如，从传统的几何整形观来看，不规则几何形状是无法处理的复杂性，但引入分形几何后，这种复杂性仅用几个特征量就可以把握，这又是简单的。一种事物未被认识或一个问题未找到解决办法时被当作复杂的，一旦认识或找到解决方法后就成为简单的了。钱学森在评述这种观点时曾说：“有同志认为‘复杂性’只是人们在面对一个新问题、新领域时的初步感受，后来认识了，就不复杂了。从人认识事物的过程来讲，这也是正确的。由浅入深也就由‘复杂’到不复杂。”②当一个本来看起来复杂

① 魏诺．非线性科学基础与应用［M］．北京：科学出版社，2004：66.

② 王寿云，等．开放的复杂巨系统［M］．杭州：浙江科学技术出版社，1996：286.

的事物或现象被认识以后，它就变得相对简单了。这样人类认识世界的水平就不断螺旋上升。这其实就是简单性方式方法与复杂性方式方法之间的差别，也是简单性需要演进到复杂性方法论的依据。

复杂性与简单性是相互联系、相互作用的。根据混沌理论，简单系统可以产生复杂行为，复杂系统可以产生简单行为，耗散系统中的混沌运动是简单与复杂辩证的统一。混沌科学中发现了与“3”有关的许多简单系统，这些简单系统可以产生复杂行为。如，日、月、地三体运动，一直无法求出精确解；生物种群涨落的方程 $x=\mu x_n(1-x_n)$ 中的 μ 超过 3 时，x_n 就出现倍周期分叉混沌。1975 年，美国数学家约克和中国学者李天岩在《周期 3 意味着混沌》的论文中证明：“任何一个系统必然给出其任意长的规则周期 3，同一个系统也必然给出其任意长的规则周期以及完全混沌的循环。”茹厄勒・塔肯斯也证明：只要系统出现 3 个互不相关的频率耦合，就必然形成无穷多个频率的耦合，走向混沌。这些研究深刻揭示了从有序到混沌的演变过程，同时也说明，三维是出现混沌的最低维数。混沌科学中包含的简单与复杂思想与道家“一生二、二生三、三生万物”①的主张不谋而合。另外，不同的复杂系统也可能产生相同的简单行为。费根鲍姆提出了任何复杂的函数在反馈迭代中都收敛于一个常数 4.669 201 609 0；美国科学家芒德勃罗对弯曲的海岸线、漂浮的云彩、起伏蜿蜒的山脉、树、星系等找到了合适的几何学描述方法，于是产生了刻画混沌运动的直观的几何语言——分形理论，那些参差不齐、缠绕交错的复杂形态，尽管千差万别，但它们都遵从分形的规律，即具有无限层次的“自相似性”。正所谓中国古代禅宗所云：“一花一世界，一叶一菩提”，“袖中有乾坤，壶中有日月”。

以上都说明客观事物是简单性和复杂性的辩证统一。简单性与复杂性是相对而言的，在一定的条件下相互转化。简单性是部分，复杂性是整体，复杂性由简单性构成。简单性与复杂性相互包含，简单的决定论系统可以滋生复杂结构，复杂的系统仍然可能遵从简单的规律。正如洛伦兹所讲，在巴西一只蝴蝶拍打几下翅膀，可能引起几周后美国得克萨斯州的一场龙卷风。在确定性的动力学系统中，产生混沌（不可预测性）的潜在可能性蜷伏在每一细节当中。

3. 无序与有序的辩证统一

有序一般是指客观事物或系统构成要素之间有规则的联系、运动和转化。无序则指事物或系统构成要素之间没有规则的联系、运动和转化。在自然界中，晶体空间的有规则排列、行星的绕日运动、DNA 的自复制过程等都是有序现象。但同时在宇宙中也没有一部分不存在无序，无序存在于能量中（表现为热），无序存在于

① 老子・四十二章［M］// 张岱年．中华的智慧．上海：上海人民出版社，1989：18.

亚原子结构中，无序存在于宇宙的偶然起源中，无序存在于恒星的烈焰熊熊的核心中。无所不在的无序不只是与有序对抗，也和后者奇妙地合作以创造组织。有序与无序不可分离，没有绝对的有序，也没有绝对的无序，有序是从无序中走出来的，无序能使有序的层次提升。耗散结构就是一种通过涨落从无序走出来的有序，这是一种新的有序，一种经过提升了的有序。

法国哲学家埃德加·莫兰就有序与无序的关系做了很好的注解："……几乎不需要强调唯一的有序概念的局限性以及唯一的无序概念的局限性。一个严格的决定论的宇宙是一个只有有序性的宇宙，在那里没有变化，没有革新，没有创造。而一个只有无序性的宇宙将不能形成任何组织，因此将不能保持新生事物，从而也不适合于进化和发展。一个绝对被决定的世界和一个绝对随机的世界都是片面的和残缺的，前者不能进化而后者甚至不能产生。"他还认为："以往的决定论观念只把有序性唯一地看作抽象的、客观的和最高的规律，这些规律支配着宇宙的一切事物，并从而构成了这个宇宙的真理。"①"20 世纪的第一次科学革命由波尔兹曼(Boltzmann)的热力学肇始，被量子的发现所推动，进而瓦解了拉普拉斯式的宇宙，深刻地改变了我们对世界的观念。它侵蚀了决定论原则的绝对有效性的基础。它推翻了主宰世界的"秩序"，这个上帝的"完德"的巨大后遗症，而代之以有序和无序之间的两重逻辑性(既互补又对抗)的关系。"②

1986 年 12 月，普里高津在北京师范大学演讲时指出："有序和无序总是同时出现的，这可能是生命出现的规则，也可能是宇宙创立的规则。"③当代非线性科学对混沌的研究深刻地揭示了有序与无序的对立统一。有序来自混沌，又可以产生混沌；混沌来自有序，又可以产生新的有序。有序不是绝对的有序，而是有一定的有序度，它内部包含着产生混沌的条件和根据；混沌也不是绝对的无序，更不是单纯的杂乱，它包含着各种复杂的有序因素。宇宙演化沿着混沌—有序—新的混沌—新的有序……循环往复、周而复始地向前发展。

普里高津的耗散结构理论对"从混沌到有序"的过程做了开拓性的研究，而混沌科学则对有序和无序的对立统一做了详尽的证明。斯特森·肖、拉夫洛克等从信息论、热力学第二定律研究了信息流和熵流的变化，梅(R. May)研究了生物种

① 埃德加·莫兰．复杂思想：自觉的科学［M］．陈一壮，译．北京：北京大学出版社，2001：155，184.

② 埃德加·莫兰．复杂性理论与教育问题［M］．陈一壮，译．北京：北京大学出版社，2004：142.

③ 魏诺．非线性科学基础与应用［M］．北京：北京科学出版社，2004：235.

群的涨落，斯文尼研究了相变，利布沙伯在液氦实验中观察了震荡的周期分叉频谱，惠勒观察了旋转圆柱中的湍流，施文克研究了自然界的流和形等。他们的研究表明，自然界的有序结构是从无序中创生出来的。与此同时，有序也可以走向无序，有序和无序共存于一体。混沌就是有序与无序的统一体。正如我国古人所说："气似质具，而未相离，谓之混沌。"有序存在于无序中，有序往往伴随随机。如梅(R. May)在研究生物种群涨落的 Logistic 方程 $x=\mu x_n(1-x_n)$时发现，代表非线性参量的增长率 μ 操纵着生物种群的涨落。随着 μ 的增长，种群会出现 2，4，8…的倍周期分叉；在 $\mu>3$ 时，出现混沌。即：一个永不落入定态的涨落，其后会突然出现一个像 3 或 7 的齐数有序周期，分叉更快进行；然后再次中断，进入混沌。自相似结构就包含了有序的成分，混沌区内往往有许多周期窗口，说明在混沌区中有序和无序是交织在一起的。用一句流行的话来说就是，在混沌区内，宏观控制和微观搞活有机地结合起来了，有序和无序两种对立的结构可以在混沌中得到统一，而且在一定条件下可以相互转化。在有序和无序共存的混沌现象中，辩证法得到了充分的反映，对立的两极自然、现实、完美地统一在一起。

郝柏林认为，混沌不是简单的无序，它更像不具备周期性和其他明显对称性的有序态。周期态固然有有序性，非周期态也可能具有有序性。非线性科学揭示出在有序和无序两极之间，还存在着一种新的序——混沌序，它是有序中的无序，又是无序中的有序。法默说："这里是一枚有正反面的硬币。一面是有序，其中冒出随机来；仅仅一步之差，另一面即是随机，其中又隐含着有序。"①

混沌的形成机理源于自组织理论，即来自有序的混沌。混沌是宏观无序、微观有序，是有序的不断进化。有序和无序在混沌运动中总是难解难分地联系在一起，它们是一对矛盾，既对立又统一，在系统非线性的作用下，有序和无序相互作用，它们竞争、协同，互相嵌套，无限缠绕，动态地演化发展，形成了迷人的各种形态的奇怪吸引子，创造出一幅幅混沌图景。

人类的认识往往也经历着从混沌到有序，再到新的混沌的过程。人类(包含个人)在其幼年时期，处于混沌未开的蒙昧状态；当人类逐渐走向成熟，认识也进入有序状态；当人们对事物的本质和运动过程有了清晰的认识，洞察人生、社会的真谛时，往往又表现出一种"大智若愚"、"大成若缺"的"难得糊涂"的状态。所谓"难得糊涂"，并不是两眼一抹黑，而正是"吕端大事不糊涂"，是一种更加睿智、大彻大悟的阶段。人们从人生尘世的无序中发现了更深层次的秩序，又从有序现象的起源、发展与演变过程中感悟出偶然性在起作用，这就是非线性动力学混沌状态，体现了

① CHAITIN C J. Information, Randomness and Incompleteness [J]. World Sicentific, 1987: 62.

万事万物是无序与有序的辩证统一。

第二节　从线性到非线性：大学管理思维的延伸

世界的本质是非线性的。非线性观是一种动态的、辩证的与创新的自然观与世界观。现实大学组织管理中的许多失误，可以从线性思维得到解释。而一些成功的大学管理决策的制定与实施，往往源于对事物非线性发展规律的认识与把握。大学管理者只有实现从线性思维到非线性思维的延伸，才能进一步提高大学管理的效率和效益。下面初步结合大学管理的实际，阐释大学管理思维的延伸。

一、从封闭思维走向开放思维

随着人类进步和社会发展，大学逐渐从社会的边缘走向社会的中心，演进成为具备人才培养、科学研究与社会服务等多种职能、多单元、多中心的独特社会组织。大学作为一个复杂的系统并要成为耗散结构，从无序(或低级有序)状态向有序(或高级有序)状态进化，就必须是开放的，与外界进行物质层面与精神层面的交流，不断引进负熵，即不断地引进先进的教育资源，如优秀人才、先进的教育理念和管理方法等，以增进大学发展与创新的活力，这不仅为世界大学的变迁、发展与创新史实所证明，更为我国近20多年大学的改革、发展与创新所证实。随着我国社会、经济实行改革开放政策的战略调整，打破了长期沿袭的封闭状态，各项事业取得了举世瞩目的辉煌成就，我国大学也实现了改革和发展的历史性跨越，尤其令人振奋的是，这种跨越还在继续。但是应该看到，各个大学开放的力度是不平衡的，开放的深度和广度与教育国际化的要求及高等教育作为服务业对世界贸易组织(WTO)所做的承诺还存在较大差距，与社会经济系统的开放程度相比仍存在许多有待改进与加强之处。当前我国“大学人”要进一步解放思想，扩大开放，特别是在教育理念和实践层面上，要坚决克服封闭思想和教育惰性的思想束缚，积极主动参与国际高等教育的合作、交流与竞争。积极化解不利因素，努力变挑战为机遇，以科学发展观指导开放，以开放促改革、促发展，把“引进来”和“走出去”结合起来，全面提高开放水平。在开放观念转变为行动的过程中应处理好以下问题与困惑：① 教学方面，有些大学不积极主动引进、吸收国际、国内先进的教学内容、教学方法和教学手段，而是四平八稳、固步自封，以多年不变的“老面孔”出现，如采用多年不变的课程设计与毕业设计(或论文)题目,并运用过时的教学方法和试验手段从事教学,这怎能培养出符合信息时代要求的创新人才呢? ② 在科学研究和学科建设上,某些大学不是主动与企业、科研单位联合,瞄准科学发展的前沿,也不考虑结合生产实际与社会经济发展的需要,而是"闭门造车",脱离实际,低水平重复研究,这怎能发挥大学在地区、国家和人类社会创新中的先导作用并在创新中推动大学的自身发展呢? ③ 在师资队伍建设中,是积极创造良性的人才流动机制,大胆引进国内外优秀人才,还是"近亲繁殖"或仅靠学校原有的内部人才在职培养;④ 在教育经费来源方面,是依赖政府拨款,还是大力开源、广开渠道筹集社会多方面的资金;⑤ 在校办产业和后勤服务方面,是积极引入市场化竞争机制,还是沿袭计划经济吃"大锅饭"模式。如此等等的问题和现象的深层次中,无不透视着开放观念和行动的有无和强弱。大学在扩大开放过程中务须积极引进负熵,坚决抵制正熵流入。因此需要特别提示的是,大学在与国际社会和国内社会进行物质或精神层面的交流时,无不渗透着思想意识和文化价值观,这中间既有先进的、优秀的内容,也有落后的、糟粕的内容,这就要求"大学人"应以发展的马克思主义观点加以鉴别,充分发挥大学文化的选择与批判功能,一方面大学应以宽容的姿态选择、吸收、融合多元的外来文化,另一方面对阻碍人类社会进步的落后文化和糟粕文化予以坚决抵制、摒弃和批判。以先进的社会主义文化陶冶大学生,培养他们树立正确的世界观、人生观和价值观,成为社会主义建设者和接班人。大量事实表明,哪个大学从封闭思维走向开放思维导致的开放力度大,引入负熵多,哪个学校就充满生机与活力,形成一种有序的、持续发展的状态,反之,学校就不能进步,不能发展,就不能从无序状态(或低级有序状态)进入到有序状态(或高级有序状态)。

二、从简单性思维走向复杂性思维

现代科学正处在结束"现实世界简单性"信念的阶段。简单性思维认为:某种原因只会导致某种结果,整体简单的等于部分之和,整体的规律总可以还原成部分的规律。片面强调事物的简单性,就会导致简单化的倾向与错误的结论。非线性理论正在扭转这种简单化倾向,它认为复杂性是客观事物的一种基本属性,非线性则是复杂性的根源,事物的整体属性不能简单还原成部分的属性,线性叠加原理失效。非线性系统中诸因素的相干耦合效应常常使系统的发展总是汇合或交叉多种因果过程,表现为互为因果的双向甚至多向联系。"复杂性的方法要求我们在思维时,永远不要使概念封闭起来,要粉碎封闭的疆界,在被分割的东西之间重建联系,努力掌握多方面性,考虑到特殊性、地点、时间,又永远不忘记起整合作用的总体。”①

在传统的科层管理中,大学组织机构为了提高效率,按照职能划分为各个专门的部门或专业学科,划分得过细,使得人员和知识分割开来,从而使得个人或部门往往用狭隘且过于简单的观点解释各种事件。如出现教学质量下降问题的时候,就到教学部门和系统去找解决问题的方案。而在现实中,这些问题往往是由于大学盲目扩招、缺乏科学研究、学生就业压力过大、行政部门干预或不配合、社会功利性价值取向等原因造成的,如果只是一味对教师与学生施加压力,要求他们做得更好,那么真正的问题就得不到解决。因此,在复杂的因果网络中,最显而易见的解决方案通常是没有功效的——短期也许有改善,长期只会使事情恶化。

美国著名的教育批评家和改革者弗莱克斯纳认为,大学是一个有机体,是一个复杂的有机体,目标崇高而明确,精神与目标的统一。大学作为一个按照自身规律独立发展的生命有机体,通过其内部各个要素(或子系统)之间及与外部环境之间的非线性相互作用,产生协调和谐的运行机制,来保证大学健康生存和持续发展。其中人才培养、组织变革、文化建设、学术创新、制度创新等管理活动,都受到大学内部与外部多种因素的多股力量相互作用的影响,充满了复杂性与非线性。正是这种复杂的非线性相互作用导致了线性系统所没有的整体效应,即整体不等于部分的简单和。例如,对“教学”的分析不能还原为对“教”的分析和对“学”的分析,而应从教与学的双向互动以及教学与科研、管理等外部因素的相互作用中来把握教学的特点与发展规律;对大学生“德”、“智”、“体”、“美”、“劳”等各项素质的评价也不能代替大学生综合素质与潜能的评价;一所大学的功能也不应简单地看作是人才培养、科学研究、社会服务等的线性叠加;对大学管理中“计划—实施—总结”各阶段的评价不能代替对“管理全过程”的评价等。这启示我们唯有明确大学管理系统的不可还原性,才能避免“先拆解”、“后加减”之类的简单线性思维模式。大学管理系统中的各种要素相互作用、相互联系、相互渗透、相互促进,它们之间不是简单的线性叠加关系,也不是单纯的物理形态的改变,更不是单一的价值形式和形态的增值关系,而是一种复杂的非线性的关系。为了确保一个大学系统的和谐、健康发展,要制定与运用有关的策略、方法与措施,通过有效的管理,形成一种开放的、公平的,既有竞争又有和谐合作的协同机制,整合大学管理中的要素与资源,提高大学管理的整体效果。近年来,伴随着高等教育的改革与发展,大学日益具有系统整

---

① 埃德加·莫兰.复杂思维:自觉的科学[M].陈一壮,译.北京:北京大学出版社,2001:151.

体的多功能性、学科门类的综合性、办学模式的多样性以及投资主体的多样性等特征。随着高等教育内涵、功能的拓展与发展，大学教育管理日益走向复杂化、多元化、弹性化，大学教育管理的形式、机制和评价标准必将突破一种模式、一个标准、一套方案的传统格局。

因此，在大学内部情况和社会环境不断发展变化的情况下，构建和不断完善新的大学教育管理模式，实行多层次、多目标、多模式的管理策略，就必须以非线性理论与思维为指导，从简单性思维向复杂性思维转变。

三、从确定性思维走向随机性思维

非线性思维认为，在系统的演化过程中，伴随着随机涨落，其方向具有不确定性，结果难以预料。大学学术组织的松散联合特征是其结构的表征之一，松散联合体蕴含着情境与行为的不确定性，是大学在运行过程中的表征，它本身并不意味着杂乱无章，相反，看似松散无序现象的背后却蕴含着自组织的有序与逻辑，大学组织的松散联合特征在本质上是确定性与不确定性的统一。从管理的需要出发，联合是其要旨，也是大学发挥整体功能的基础，但同时应充分考虑大学在运行过程中客观存在的松散特征，扬长避短，从注重确定性思维到强调随机性思维。确定性思维视野下是单一的、"一刀切"的刚性管理。在随机性思维视野下是多样化、弹性化的柔性管理。多样化、弹性化管理要求采用个性化或体现差异性的管理策略、方法与模式，同时要求采用权变的管理方式，依据大学所处的内外环境、不同的具体条件与特定情境，随机应变，寻求不同的最合适的管理模式、方案和方法，甚至要求从混乱与无序之中发现或创造出新的管理模式。这种管理方法认识到大学组织的复杂性，试图运用现有的全部知识将环境与设计联系起来，将结构与技术匹配起来，将战略与战术统一起来。所以包含随机思维的"权变观点所要研究的是组织与环境之间的相互关系和各分系统内与各分系统之间的相互关系，以确定关系模式即各变量的形态。权变观点强调的是组织的多变量性，并力图了解组织在变化着的条件下和在特殊环境中运营的情况。"①

弹性化、多样化管理不仅蕴含着灵活、多样，同时孕育着变化与创新。弹性的制度管理与大学组织多元的观念之间相得益彰。传统的科层管理强调必须依靠缜密的计划、明确的目标以及刚性的制度，而松散联合突出的一点就是超越了手段与

① 弗莱蒙特·E·卡斯特，詹姆斯·E·罗森茨韦克．组织与管理：系统方法与权变方法[M]．北京：中国社会科学出版社，2000：141.

目标的单向关系，二者之间不再是一种线性因果决定关系。大学管理目标自身只是一系列不断变化观点的松散联合，加之教学、科研等学术活动中技术的不明确性、非结构性任务以及参与人员的流动性，整个过程呈现出许多的不确定性和随机性，因而手段与目标之间的因果关系是复杂的。伯顿·克拉克在《高等教育系统》一书中指出，由于大学是一个知识的集合体，因此它具有很强的不确定性，学术的成果很难用一个外在的明确的指标来衡量。可能在某一个课题上，我们投入了大量的资金和人力，但是到最后却一无所获；也可能在某一个并不起眼的领域，我们并没有注入过多的资源，但最后却产生了影响人类发展的成果。另外，制度作为实现目标的一种途径，并不是固定不变的，随着技术层面以及参与人员的变化，制度在其中发挥得更多的是文化象征与学术共同体价值规范的功能，管理的运作也更多地依靠组织内部的价值认同和情感归属以及学术权威的号召力。教学活动管理是人才培养的主要途径，大学教学管理大量地是非线性的和不确定的，教学效果的好坏往往取决于具体的时间、场景等随机出现的条件，使得我们既不能对某一个教育结果武断地归因于遗传、环境、教育或主观努力，也不能对一个将出现的教育效果做断然的预测。在教学活动中，教学大纲所标明的显性教学目标，常常在具体的教学活动中，会被教师和学生根据具体情况灵活地加以调整。事实上，及时有效地变通教学目标，做到“因材施教”、“因地施教”和“因时施教”也是教学艺术的重要表现。由显性教学目标构成的收敛吸引子和因“人”、“时”、“地”不同而变动不居的奇异吸引子构成了辩证统一的矛盾关系。对这一矛盾进行处理，则体现了教师和学生的自主性与创造性。这提示我们教学过程难以预设，教师和学生是非线性个体，教学系统是复杂的非线性系统，过去那种在教学中可以“种瓜得瓜，种豆得豆”的线性思维方式远不能适应教学理论与实践的需要。“教有法而无定法”是教学艺术性与随机性的最好诠释。

因此，在充分考虑大学系统的复杂性与非线性的基础上，大学管理思维必须从确定性走向随机性，采用权变的、柔性的与多样化的管理模式。这里需要强调一点，权变是在原则基础上的“权”，否则就是盲目的“权”。一个优秀的管理者应该做到“适其时”、“取其中”、“得其宜”、“合其道”，坚持原则性与灵活性相结合的原则。

四、从经验性思维走向前瞻性思维

非线性思维认为，复杂系统的当前状态不仅依赖于系统的初始状态，而且还与系统未来时刻的信息相关。所谓经验性思维是指用那些已经发生、完结的事物来标测、度量正在发生或将要发生的新事物的思维，这是一种线性思维观。前瞻性思维则是指运用现有的信息、知识和手段，对事物性质的变化或未知情况预先做出推理和判断，用未来趋势、目标与愿景引导现实的一种思维，这是一种非线性思维观。经验性思维是人们知识的线性积累，在知识量的准备过程中往往起到重要作用，这种思维方式在进行预测与决策时，总是先根据过去的经验、情况总结一些规律，企图一劳永逸地解决问题，但是“未来不存在于过去的延长线上”①，当面对极其复杂并且动态性强的事物的时候，经验思维就存在难以适应新情况、解决新问题的不足。这种管理思维，无法适应大学面向不确定的社会自主办学的需要。例如，一项好的政策总是需要相当的时间来收集数据、分析结果并提出相应的立法和行政措施，但是有关的数据常常是零乱的、片面的、甚至是缺失的。结果是，任何政策当它起作用的时候可能就已经过时了。为此，在一个复杂的、非线性的世界中，大学与高等教育管理决策者必须保持一种高度的敏感性，树立前瞻性思维与动态战略管理意识。

大学的和谐持续发展是一种有目的的自组织过程，在这样的过程中将会表现出系统活动与发展的目的性、倾向性以及“它对周围环境作用的‘超前’反映，这种反映表现了过去的‘经验’、被反映的具体环境和未来的可能情况等的联系。”②这种既依据过去又着眼未来思考现实的思维方式将进一步揭示事物与现象间的复杂联系，去解决和处理自然科学与社会科学中不断涌现出来的各种新问题。如在经济学中，目前市场的消费水平不仅取决于以往的经济状况，而且还会受到政府未来经济政策和消费者未来收入预期的影响。大学在面对市场的办学过程中，正是不断受到政治、经济与文化等多种因素的影响，需要充分认识，树立前瞻性思维，妥善应对与处理。

由于大学教育管理通常建立在长期的实践经验基础上，很大程度上具有经验思维形态，这使得高等教育者在面对新情况、新问题的时候容易陷入“向过去求解而不得”的困境，不能及时把握住事物发展趋势，抓住外部环境的变化与受教育者思想变化的端倪，造成大学教育滞后于经济社会发展与受教育者需求的不利局面。解决这种不利局面则要求在立足经验的基础上，增强敏锐性，善于站在时代发展趋势的制高点上，延伸视野，把握未来，进行前瞻性思维。及时预测社会环境的变化可能在受教育者中引起的反映，分析大学管理中可能出现的各种情况，及时抓住倾向性问题的解决，采取积极有效的措施，充分发挥前瞻性思维在教育与管

① 陈颖健，日比野省三．跨世纪的思维方式：打破现状思维的七项原则［M］．北京：科学技术文献出版社，1998：43.

② 武杰．非线性思维与跨学科研究［M］．北京：中国社会科学出版社，2004：238.

理中的作用。前瞻性思维注重战略管理，具有超前性、整体性、长远性、方向性等特点，目的是减少意外的程度，增加可预测性的程度。大学战略思维的特点在于，力图充分强调目标设计中的主体观念和长远预见。然而大学发展战略这样长远的决策，往往受到政治、经济、文化、科技发展、教育政策、生源和就业市场变动等因素的影响，新的事情和出乎意料的未来又使我们重新思考、重新评价和重新策划。因此，要求大学管理者必须高瞻远瞩、审时度势、未雨绸缪，保持一种动态的、柔性的战略思考。但是由于长期受计划经济模式的影响，目前许多高校还不同程度上维持着亦步亦趋的发展模式，凡事根据上级的指示来决定自己的行动，没有预先的自主设计与科学规划，没有预先考虑学校自身的定位，通过发挥自身的优势与特色，来迎接未来发展过程中的机遇和挑战。这种发展思路虽然以紧跟上级教育行政机构的决策变化为中心，但还是常常感到力不从心，造成管理效率不高，资源浪费，更不可能真正开发并形成自己独特的优势与核心竞争力。如在推进高等教育大众化过程中，一些大学为了迎合上级号召，不讲条件、不讲特色，盲目扩招，什么专业都想办，搞“大而全”，结果造成管理无序，教学质量下降。有的大学办什么专业，开哪些课程，设有哪些理论与实践环节，只凭经验办事，很少考虑社会经济的发展与人才市场需求，导致学生不能学以致用，产生就业困难。总之，经验思维是一种线性思维模式，在这样的思维模式指导下，必然出现等上级指示，靠文件精神，要解决办法等现象，并且往往囿于用现实任务的完成与否来评价教育管理的成功与否，使得教育管理工作拘泥于现实，简单地复制现状。前瞻性思维遵循人的全面发展和社会发展规律，侧重于对现实问题的主动引导，而不是简单的跟随解决，这就使得大学教育管理不满足于现状，不拘泥于现实，不简单地拿过去的经验进行临摹、复制，而是立足现实，面向未来，着眼发展，追求卓越，通过对社会发展规律、高等教育管理规律、学术发展规律和人才培养规律的前瞻性研究和把握来引导现实，从而全面提升大学教育管理效能，促进大学的持续和谐发展。

五、从零和思维走向共赢思维

所谓零和，是博弈论里的一个概念，意思是双方博弈，一方得益必然意味着另一方吃亏，一方得益多少，另一方就吃亏多少。之所以称为“零和”，是因为将胜负双方的“得”与“失”相加，总数为零，即如果获胜算为 1 分，而输为 −1 分，那么这两人得分之和就是：1＋(−1)＝0。在零和博弈中，双方是没有合作机会的，相互之间是一种“你死我活”的线性关系。在零和博弈的视野中，世界是一个封闭的系统，财富、资源、机遇都是有限的，个别人、个别地区和个别国家财富的增加必然意味着对其他人、其他地区和国家的掠夺。

20世纪人类在经历了两次世界大战、经济的高速增长、全球化以及日益严重的环境污染之后,"零和"观念正逐渐被"双赢"观念所取代。人们开始认识到"利己"不一定要建立在"损人"的基础上。通过有效合作,互利、互惠的结局是可能出现的。传统的观念中,合作与竞争是对立的,是两种不能同时并存的状态。而在现代社会这种观念已经遇到了挑战,对于社会、政治、经济等交往活动来说,你的成功并不需要他人的失败,通过整合竞争与合作,可能实现双赢。这就要求人们树立双赢的价值观与思维方式,双方本着互惠、互利、公正、公平的原则,认识到每一方的资源与能力都是有限的,没有任何一方能长期拥有全部绝对的优势,单纯依靠自己的力量则很难把握事物进程的全局与主动权,因此需要实现双方优势互补,共同发展,在双赢的基础上,实现合作伙伴利益乃至全社会利益的多赢和共赢。从人类追求共同发展、和谐共处的目标看,双赢应是我们永远诠释不尽、追求不完的永恒课题,是与我们的事业和生命写在一起的管理哲学。

竞争是市场经济永恒的规律,然而竞争的战略和手段却是多样的。在经济全球化、区域经济一体化的大趋势下,许多跨国公司组成的战略联盟创造出的共同经济效益,充分显示了双赢战略的优越性,不仅为管理学科开辟了新的一页,也为人类共同繁荣、和谐共处展示了一幅美好的图景。所谓战略联盟(Strategic Alliances)是指两个或两个以上的企业依据对整个世界市场的预期目标和企业自身总体经营目标的意愿,通过某种契约而结成的优势互补、风险共担、要素(物资、人才、信息等)双向或多向流动、组织结合松散、彼此相对独立、在统一的目标下各自发挥特长的一种新型经营模式。这种全新的联合企业组织模式,引起了企业界广泛的关注与效仿,也引起了学术界的高度关切和研究,其原因是它既打破了传统的竞争规则,对企业与企业之间的交往与关联产生了巨大的影响与冲击,也为人与人之间的交往、组织与组织之间的交往从理论和实践上实现既竞争又合作以巨大的启示。战略联盟通过灵活的组织、有效的渠道、实现要素的流动与共享,双方彼此联系、共同工作、分担风险、发挥各自的优势、互惠互利、相辅相成,进而实现文化价值观的融合,使系统产生 $1+1>2$ 的协同创造效应。因此,从这个意义上可以说,战略联盟、双赢战略与哈肯的协同学原理的基本精神是完全一致的,当今世界,竞争与合作、互利共赢已经成为社会各界的共识,并成为推动社会政治经济和谐持续发展的必然选择。

现代大学已从社会的边缘走向社会的中心,必须承担起应尽的社会责任,与社会共命运、共同发展。埃德加·莫兰在《复杂性理论与教育问题》一书中深刻而明确地指出:"对在21世纪将继续增强的全球化的发展的认识,对于每个人和全体人将日益变得不可避免的对于地球本征的承认，应该成为教育的一个主要题目。”“必须指示标志着 20 世纪的全球危机的复杂性，表明全体人类今后面临同样的生存死亡的问题，大家生活在同一命运共同体之中。”[①]“教育应该有助于不仅形成关于‘地球是我们共同的祖国’的意识，而且使得这个意识转变为实现地球公民籍的意志。”[②]他从全球复杂性的视野审视，对未来教育提出的原则既是对人类和平发展主题的响应，也是对教育思维方式改变的呼唤。因此，我国大学在深化体制改革的过程中，必须在对内、对外关系上都要树立全局、整体的观念与意识，在实现培养人才、科学研究与社会服务职能的过程中，必须处理好竞争与合作有机统一的辩证关系，摒弃零和思维模式，以双赢的战略思维指导其行动。应该深刻地认识到，不仅大学系统内部人与人之间及各个子系统之间需要引入竞争与合作机制，大学与政府、企业、社会其他组织及大学之间也应通过竞争与合作实现物质、人才及信息等资源的交换与交流，达到双赢与共赢的结果，唯其如此，大学才能与各方面形成良性的互动、优化地配置各种资源，从而提升核心竞争力。

总之，大学作为一个培养社会有用人才的最高层次的教育机构，在人类社会发生深刻变革的当今时代，应树立非线性思维观，更好地完成保存、传播、丰富世界优秀文化遗产的使命与引领社会进步、发展的重大责任，为构建一个和谐持续发展的社会与世界，实现人与人、人与社会、人与自然的互利共赢，贡献出自己的智慧和力量。

① 埃德加·莫兰．复杂性理论与教育问题［M］．陈一壮，译．北京：北京大学出版社，2004：8.
② 埃德加·莫兰．复杂性理论与教育问题［M］．陈一壮，译．北京：北京大学出版社，2004：10.

第三章 用非线性的观点看大学文化的演变、冲突与和谐

从非线性思维角度看，文化是“由知识、本领、规则、规范、禁忌、策略、信仰、观念、价值、神化的整体构成，它代代相传，在每个人身上再生，控制着社会的存在和维系着心理的和社会的复杂性”①。“文化，在总体意义上从个人↔社会↔族类之间的相互作用中涌现，又重新连接这些相互作用和给予它们以价值”②，“文化是一种统一性与多样性的双重现象”③。大学是一种社会文化机构，大学所从事的知识保存、传递、创新与应用是一种文化活动，大学的演进与发展过程也就是大学文化的变迁与发展的过程。开放性与包容性的特征体现了大学是一个多元文化的结合体，大学健康有序地发展离不开多元文化之间既冲突又和谐互补、共生共荣的非线性相互作用，和谐是“和而不同”，百花齐放才是春。大学和谐文化的形成永远是一个动态的过程，这是一个从和谐到不和谐再到新的和谐的循环演进的过程。因此，大学文化的和谐总是相对的，寻求和谐是一个不断化解不和谐因素的过程。本章将对大学文化与大学管理的关系、大学理念的非线性演变、大学精神的和谐意蕴与培育以及大学教师多元文化的冲突与和谐等问题做一探讨。

第一节 大学文化与大学管理

一、大学文化的内涵

教育是文化的一个重要组成部分，教育是文化的一种表现形式。大学属于文

① 埃德加·莫兰．复杂性理论与教育问题［M］．陈一壮，译．北京：北京大学出版社，2004：42．
② 埃德加·莫兰．复杂性理论与教育问题［M］．陈一壮，译．北京：北京大学出版社，2004：85．
③ 埃德加·莫兰．复杂性理论与教育问题［M］．陈一壮，译．北京：北京大学出版社，2004：43．

化领域，其基本功能是文化的传承与创新。对大学的管理，从某种意义上说，就是对文化与知识的管理。从文化学的角度看，大学文化是从属于社会主体文化的亚文化，它依附于主体文化，衍生于主体文化，与社会主体文化既有密切的联系，又有自己的特殊性与异质性。从大学的基本属性或基本职能理解，大学文化是由一个特殊的社会群体——“大学人”在对知识进行传承、研究、创新和应用的过程中，形成的一种与大众文化或其他社会文化既相联系又相区别的文化系统；是在大学长期的历史发展过程中积淀而成的大学精神、大学理念、价值取向、思维方式和行为规范。从广义来说，大学文化是通过一代代师生的传承和创造，为大学所积累的物质成果和精神成果的总和，包括物质文化、制度文化与精神文化。狭义的大学文化则特指大学的精神文化，即大学理念与大学精神。就广义的大学文化而言，大学的教育教学过程，实质上是一个有目的、有计划的文化传承过程。所谓教书育人、管理育人、服务育人、环境育人，说到底都是文化育人。因此，在一定意义上可以说大学即文化。本书论及的“大学文化”是就狭义的文化而言的。

二、大学文化是大学管理的灵魂

大学作为一个自由追求学问、探索真理的场所，它不但被赋予了传授知识、培养人才的职责，而且担负着创新与应用知识、推动人类文明进步的神圣使命。大学理念（Idea of University）通常是指人们心目中的大学是什么样的，也就是要回答大学是什么？大学为何而立？大学为谁而立？怎么办好大学？等有关大学的性质、职能与运作等基本问题。英文“idea”有观念、理想、理性认识和信念等层面上的意思，因此，大学理念与大学理想、大学精神、大学追求等概念是相通的。大学理念蕴涵着大学的办学思想、发展方向、战略目标、运营策略、社会责任以及人们对理想大学模式的系统构想。大学理念是一个上位性、综合性的高等教育哲学概念，是一种反映大学本质特征和规律的基本教育信念，是引发或构建其他教育理念的基础理念或元理念。大学精神是在某种大学理念的支配下，对大学的生存起决定作用的思想导向。大学精神是大学理念的核心，是一所大学在长期的教育实践中积淀而成的、稳定的、共同的追求、理想和信念，它是大学生命力的源泉，是大学文化的精髓和核心之所在，是大学的灵魂。它滋养着大学人的理想与人格，孕育着大学人的精神与智慧，以此为大学人树立价值坐标，并从根本上导引着社会的进步。大学精神是一所大学赖以生存和发展的精神支柱。一所大学如果没有自己的精神支柱，就等于没有灵魂，就会失去凝聚力和生命力。大学管理应该将大学精神建设放在首位。大学理念与大学精神是一个在历史和不同的社会情境中流动、变化和发展着的概念，不同时期、不同社会的不同学者有着不同的注解。因此，建构与培育符合时代特征、适应社会需要与遵循大学自身办学规律的大学理念与大学精神，将对大学的有效管理、建立与完善相应的体制与机制、促进大学和谐持续发展提供精神动力、理论支持与方向指导。因此，从这个意义上说，大学文化是大学管理的灵魂。

三、大学文化建设是大学管理的首要内容

大学管理的首要任务之一就是大学文化的建设与培育。大学的管理工作主要围绕教学与科学研究而展开。在大学的知识殿堂里，师生怀着对科学理想，对“真”、“善”、“美”的向往与追求，认真钻研，教学相长，进行着各种形式的教学活动以及科学研究和实验。在这些环节中，不仅实现了知识的传授、发现和创新，也实现了大学精神的培育和升华。如世人景仰的世界著名高等学府牛津大学，就是通过上千年出色的教学和科学研究活动，积淀了典雅的书卷气息和浓郁的学术氛围，凝练了典型的牛津大学精神。大学的教学工作是一项具有创造性的工作。受教育者都是具有潜能和个性的活生生的有机体，因而培养人才的教学工作尤其需要具备创新精神。学校在教学思想、人才培养模式、课程体系、教学管理等方面应努力贯穿创新的理念。如教学管理方面，为鼓励学生大胆创新，应在专业教学计划中设立创新学分模块。作为教学活动主体之一的大学教师，则是大学精神的主要传播者和创造者，是建设大学精神的主体力量。因此，一方面，学校要加强师德教育和教风建设，培育教师积极的敬业精神和高度的教育责任感。作为教师本人，应将高度的责任心贯穿于教学过程，牢记自己肩负着传授知识、启迪心灵、铸造人格的重任，积极运用创造性思维去激发学生的思想火花，努力培养学生的创新精神和实践能力。另一方面，要创建良好的师生关系。现代教学理论认为，教师和学生都是教学活动的主体，因而民主平等是创建良好师生关系的基石。在教学过程中，教师应充分发扬教学民主，关爱每一位学生的成长，尽量用积极正面的言行去影响感染学生。作为学生，在充分尊重教师的基础上，应积极主动地与教师探讨学问，开展合作研究，构建积极互动的师生关系。同时，教风与学风建设是教学工作的一项重要内容，也是大学管理的重要内容。优良教风与学风对学生个体的健康成长起着潜移默化的作用，是保证教育质量的重要前提。要针对新形势下学生的思想实际，加强大学生思想政治工作、文化素质教育及心理健康教育，营造健康向上的校园文化，弘扬努力学习、刻苦拼搏的进取精神，引导学生树立正确的人生观、价值观、学习观、成才观和就业观。努力构建民主、宽松、开放、和谐的学术环境；弘扬与培育

追求高深学问、探求真理、严谨治学的精神；营造以人为本、鼓励创新、宽容失败的学术氛围；建立学术自由与学术责任相结合的机制；完善支持大学教师从事教学、科研活动的服务体系，促进学术思想的全面繁荣，以培育优良的教风、学风。浓郁的学术科研氛围和严谨而有活力的教学活动，无疑是大学文化建设的重要体现。因此，大学文化建设的内涵与外延成了检验大学水平、办学质量、学术水平和管理水平的重要尺度。

第二节　大学理念的非线性演变

大学的起源，在中西历史上，可以追溯到先秦与古希腊，现代大学之直接源头则是欧洲中古世纪的大学。“历史在前进，但不是像一条河流那样正面直行，而是由于内部的革新或创造或者外部的事件或变故而曲折行进。”[①]中古大学经过了八九百年的非线性演变，形成了不同的风貌和不同的风格，这主要就是由于大学在社会历史发展的不同时期，确立了不同的大学理念，展现着不同的时代精神，并在实践中探索与选择办学理念。

一、西方大学理念的嬗变：人—知识—社会之间的非线性和谐

在公元1100年左右，首先在意大利产生了近代意义上的萨拉尔诺大学、波隆那大学，然后迅速地传播到法国、英国，巴黎大学、牛津大学、剑桥大学等很快兴办起来，它们有“母大学”之称，以后这种大学的模式又向德国、美国传播。大学理念伴随着中世纪大学的产生而得以萌发，并随着社会的不断发展而发展。对西方大学理念演变问题的研究，实际上是对西方大学发展历程中，有关大学的基本性质、办学功能、社会责任、理想模式等认识演变过程的考察。从大学的价值取向来看，大学理念经历了个人本位、知识本位、社会本位到三者和谐统一的变化过程，后一阶段的大学理念都是对前一阶段的扩展与深化，不同的大学理念之间的差异反映了不同时期、不同国家政治、经济、文化、科技水平的差异，更主要反映了不同教育哲学思想的差异，呈现出时空的非均匀性与非线性。具体体现为以下大学理念模式：

---

① 埃德加·莫兰．复杂性理论与教育问题［M］．陈一壮，译．北京：北京大学出版社，2004：62.

1. 英国纽曼的人文主义大学理念

人文主义(Humanism,又译人本主义)是贯穿西方哲学史的一个重要流派。从古希腊的人本主义到现代人文主义又称人本主义的 2 000 多年的漫长历史中,它经历了理性人文主义和非理性人文主义两个大的发展阶段或思想模式。在早期的理性人文主义哲学思想的影响下,产生了人文主义的大学理念。19 世纪英国维多利亚时代著名的神学家、教育家、文学家和语言学家约翰·亨利·纽曼(John Henry Newman)是主张这一大学理念的里程碑式的代表人物,他的《大学的理想》(*The Idea of a University*)一书是高等教育理论的一本经典著作。此时大学的职能单一,他认为"大学是一个传授普遍知识的场所"(a stadium generale ,or school of universal learning)①,大学的教育应通过传授普遍知识培养学生的优秀智力,使学生成为具有发达智力、情趣高雅、举止高贵、注重礼节、公正、客观等优秀品格的绅士。他对功利主义、科学主义色彩的大学教育提出批评,声称教育应回到古代雅典去,回到亚里士多德那里。在他看来,发展科学是科研机构的职能而不是大学的职能,大学的职能在于教学,在于培养学生。纽曼在牛津大学学习工作近 30 年,他的大学理念成为英国中世纪以来的古典大学,主要以牛津大学和剑桥大学为代表的大学办学理念。这两所古典大学当时主要是培养世俗社会和教会的领导人,即绅士(Gentlemen)。而这些人物被看作社会的精英,社会的进步主要取决于精英的素质和品质,其中以教养和人格最为重要。所以这种大学理念认为,大学应该是一个教育机构,是一个教化机构,它的使命和重要目标不在于对学生进行知识和技能的训练,不在于学识和才能的获得,而在于人的德行、情操和教养的养成。大学对人的陶冶价值高于传播知识的价值,通过陶冶使人的灵魂得到净化,人性的品质得到升华。为达到这一教育目的,大学设置自由学科,实施普通教育和博雅教育(Liberal Education),反对专业教育和专业训练。这种理性人文主义的教育理念的形成,可称为大学理念发展的第一阶段。在今天,这一理念虽已不是大学理念的主流,但它在某些国家,特别是在英国传统大学中仍得到较多保存。

纽曼的大学理念把大学看成是"教学"的场所,是培育"人才"的机构。除培养绅士外,还包含有以下内容:① 大学应提倡通识教育,即普通教育、人文教育。所谓通识教育,它不同于商业或职业教育。而通识教育相对于专业教育而言,纽曼坚守自由教育的理念和培养通才的传统,主张不要把学生限定于特定的专业范围而要培养通才。② 大学应向学生传授普遍的完整的知识,他认为,把所有知识荟萃

① NEWMAN JOHN HENRY CARDINAL . The Idea of a University:Defined and Illustrated [M]. Chicago :Loyola University Press,1987:464.

在一个名字之下才成为大学。大学是所有知识和智力发展的王国,应吸纳人类所有艺术、科学、历史和哲学方面的知识,并使其适得其所。[①] ③ "大学应该吸引每一种学生,如果将某些知识领域排除在大学之外,那些渴求学习这些知识的学生自然也就被排除在外了"[②]。由于知识的题材本身是精密统一的,知识的所有分支都是相互联系的,"没有一门科学或两门科学或一个科学领域,甚至所有的世俗科学可以构成整个真理"[③]。把任何一门科学排除在大学课程之外,都会造成大学教育的缺陷。在大学内,知识之间不存在高低贵贱之分,"没有任何一门知识可以因为它的太大或太小,太遥远或太细致,太散漫或太具体而不去关心它"[④]。

2. 德国洪堡的新人文主义大学理念

17、18世纪,由于科学革命的巨大成就,人文主义精神得以弘扬,人的主体地位得以肯定,几百年来反对宗教神学的斗争取得了胜利,然而封建专制的枷锁还没有打破,人性的张扬仍然受到限制。启蒙思想家们提出了"天赋人权"和"自由、平等、博爱"的口号,向封建专制制度宣战。这个时期的人文主义被称为人道主义或新人文主义,它与理性有了更密切的关系,开始着眼建立一种新型的人际关系,尽可能让每个人的个性和能力都得到自由而充分的发展。在这种理性主义支配下,认为大学的本质是研究高深学问,探求和传播真理,培养学生的理性和探索精神,与社会发展保持着一定距离,是远离社会的象牙之塔。德国新人文主义教育家威廉·冯·洪堡(Von Humboldt)创办了柏林大学,他一方面捍卫传统的大学理念,一方面把自然科学教育和科学研究引入大学,扩大了大学的职能,即大学具有发展科学和培养人才的双重职能,确立了"教学与科研相结合"的大学理念。这一时期形成的大学理念,可看作大学理念演变的第二阶段。然而,柏林大学的理念仍然是纯学术研究,在研究中培养学生成为有教养的完人。柏林大学遵循学术自由和学术自治原则,提倡学习自由、研究自由,反对外部力量的干涉。洪堡在人才培养价值观上提倡个人本位论,教育满足个人需要,他认为,"每一个人的最高与最终目的

---

① NEWMAN JOHN HENRY CARDINAL. The Idea of a University: Defined and Illustrated [M]. Chicago: Loyola University Press, 1987: 437.

② NEWMAN JOHN HENRY CARDINAL. The Idea of a University: Defined and Illustrated [M]. Chicago: Loyola University Press, 1987: 39.

③ NEWMAN JOHN HENRY CARDINAL. The Idea of a University: Defined and Illustrated [M]. Chicago: Loyola University Press, 1987: 90.

④ NEWMAN JOHN HENRY CARDINAL. The Idea of a University: Defined and Illustrated [M]. Chicago: Loyola University Press, 1987: 436.

就是对其力量的个性特点进行最高和最均匀的培养”①，教育是人的自身目的，也是人的最高价值体现，作为个体的人是教育的中心，教育应该使人性得到完美的发展。大学教育的目标不在于为某一职业做准备，而在于培养人完善的个性，即“教育是个人状况全面和谐的发展，是人的个性、特性的一种整体发展”②。

洪堡和纽曼都是理性主义者，信奉以知识(学问)为中心的科学理性，提倡培养绅士与完人，都反对功利主义大学理念，反对外部力量干涉，遵循大学的内部逻辑，美国高等教育家布鲁贝克(John S. Brubacher)将之称为“认识论”理念。所不同的是，纽曼反对大学从事科学研究；洪堡认为，大学既要培养人才，又要发展科学，应成为具有研究性质的高等学术机构。柏林大学的传统理念对欧洲乃至世界各国大学的发展和近代化都产生了极为重要的影响。

3. 美国教育家多元化的大学理念

(1) 威斯康星理念：社会本位主义。

社会本位主义大学理念是一种工具主义或功利主义的教育哲学。其实质是一种工具理性，又称为技术理性，归根结底是科学主义和技术至上主义。美国是一个实用主义盛行的国家，其高等教育必然弥漫着实用主义的精神。到了 20 世纪初期，当美国成为强大的工业化国家时，在美国兴起了对大学应该是什么样的大辩论，争论的焦点是大学是为人才培养(教学)而立，还是为发展科学(科学研究)而立？这时出现了第三种见解，这可以看作是大学理念演变的第三阶段。早在 1862 年，美国颁布了《莫雷尔法案》，提倡发展农业和工程技术教育，培养工农业方面的高级人才，使高等教育与社会经济发展紧密结合起来，开了高等教育直接为社会发展服务的先河，也就是明确表达了大学还应该是一个社会服务机构。20 世纪初，《莫雷尔法案》的实用主义精神被威斯康星大学校长范·海斯(Charles Richard Van Hise)发扬光大。他的大学理念由麦卡锡(Charles Mecarthy)总结以《威斯康星理念》(*Wisconsin Idea*)为书名于 1912 年正式出版。范·海斯认为大学有三个方面的任务：“一是把学生培养成为有知识、能工作的公民；二是发展知识；三是把知识传播给广大人民和为全州社会经济、政治服务。”③布鲁贝克将之称为“政治论”理念。该理念在办学方向上表现为社会本位主义，使社会服务成为大学一项新

① 威廉·冯·洪堡．论国家的作用［M］．林荣远，冯兴元，译．北京：中国社会科学出版社，1998：30.

② 李工真．德意志大学与德意志现代化［M］// 中国大学人文启示录：第一卷．武汉：华中理工大学出版社，1996：52.

③ 刘宝存．大学理念的传统与变革［M］．北京：教育科学出版社，2004：178.

的重要职能,也使功利主义(或工具主义)的大学理念得到广泛传播,一时“威斯康星理念”声名鹊起,美国和世界许多大学纷纷开始仿效威斯康星大学的做法。

从19世纪末到20世纪30年代,随着知识在社会发展中所起作用的不断增强,以“威斯康星理念”为指导,强调社会服务与教学、科研三者均为大学职能的美国大学模式,开始显示勃勃生机。从此,大学不再是独立于世外的“象牙塔”,而“越来越经常地被喻为‘服务站’”。与此同时,大学理念中,实用主义与理性主义两大流派形成并存与对峙状态,追求知识究竟是目的还是手段?大学存在的哲学基础究竟是认识论的还是政治论的?争论由此开始。“实用主义、政治论的哲学思想在美国大学理念中越来越占主导地位,而对大学理念的阐述,已不再以某一人的观点为准则了。教育的价值取向则以追求个人价值和社会价值的结合为目标。”①

(2) 赫钦斯的大学理念:自由教育与批判中心。

罗伯特·赫钦斯(Robert M. Hutchins,1899-1977)是美国著名教育家,他认为自由教育和批判中心是大学理念的精髓,即大学应该实行自由教育,成为独立思想与批判的中心。赫钦斯指出:“大学是人格完整的象征,保存文明的机构,探究学术的社团,是智者之家。”②因此,他主张自由教育。一方面,大学中各个学科的相对独立要求实行自由教育来加强大学的凝聚力,这是由自由教育培养的人与人互相交流的功用决定的;另一方面,自由教育可以很好地保证大学教育的质量,自由教育能使美国大学的个性教育与共性教育相结合,从而使个性教育走上正轨。他认为教育意味着教学,教学意味着知识,知识是真理,真理在任何地方都是相同的,因此,教育在任何地方应当都是相同的。关键是要正确地理解教育,理解教育的目的,那就是将它理解为智力的培养,永恒的学习,即自由教育。什么是永恒的学习?即学习那些多少世纪以来的经典名著,而这些名著是普通教育必不可少的组成部分。因此赫钦斯主张开设“经典巨著”课程(百本名著计划)。同时,他认为大学存在的假设基础是:在一个国家中应该有一个组织,其目的在于对各种最重要的智性问题进行深入的思考。它的目的是引导整个教育体系,探讨理论和实践工作者所面临的理论和实践问题。它是一个思考的社团。在赫钦斯看来,似乎所有大学都具有一种强烈而严肃的使命,这就是思考。大学是独立思想的中心,既然它是一个思想中心,一个独立思想的中心,那么它也是一个批判的中心。

(3) 弗莱克斯纳的大学理念:“有机体”与学问的中心。

---

① 约翰·S·布鲁贝克. 高等教育哲学[M]. 王承绪,等,译. 杭州:浙江教育出版社,1987:16.

② 赫钦斯. 教育现势与前瞻[M]. 姚柏春,译. 香港:今日世界出版社,1976:110.

在美国的一些州立大学开展为社会服务的时候，由于过分强调为社会提供工业、农业、商业服务的实用性，因而与传统的教育性、学术性的大学理念发生了严重冲突。在这种背景下，美国著名的高等教育思想家亚伯拉罕·弗莱克斯纳（Adraham Flexner）于1930年发表了他的代表作《美国、英国、德国的大学》，书中，他以犀利的笔锋反对把大学作为服务机构或者说反对强化大学的服务功能，对大学低水平的社会服务进行了抨击。他认为，服务功能应该由那些低级教育机构去完成，大学本身不应该是这样的。他提出了他的"现代大学理念"，其主要观点有：① "真正的大学是一个有机体（Organism），目标崇高而明确，精神与目标的统一。"[①]"大学是由相同的理念或理想，而非由行政力量，所形成的富有生命力的有机体。"[②]② 弗莱克斯纳认为大学是学问的中心，致力于保存知识。大学的职能甚至是跨国界的，学者和科学家们主要关心四件事：保存知识和观念，解释知识和观念，追求真理，训练学生以"继承事业"。由此出发，他对美、英、德大学的某些特点和问题做了大量的批判性分析。他的批评主要涉及两点，即"大学现在尚未触及的事"和"大学不应涉足的事"。他认为，不管社会如何变化，任何情况下，大学都有对于知识和思想保存的责任。根据社会发展的要求，教学、科研都应是大学的重要职能，但"社会服务"职能则应有限度，他认为"大学的职能是增进知识和培养人才，社会服务的合同和责任如果超出一定的范围，对大学是有害的，而对社会也是有害的。"[③]③ 在人才培养方面，他认为"美国对文明的贡献并不取决于整个民众，而是取决于少数有天赋、真诚、具有凝聚作用的人。"[④]因而，大学教育就是培养这种精英型人才。

弗莱克斯纳对大学应不应该成为服务机构提出的挑战，当然没有被所有大学接受，但对当时美国大学教育的实用主义和工具主义日益狂热的状况，无疑是一个忠告。同时他的挑战使人们对大学的服务应该以什么作基础，以什么作为标准进行深入思考。在市场经济日益影响大学的今天，对大学如何按自身逻辑规律健康发展，也具有启发性的指导意义。

（4）科尔的大学理念："多元化巨型大学"与"服务站"。

---

① FLEXNEE ABRAHAM. Universities: American, English, German. Now York, etc [M]. London: Oxford University Press, 1930: 178-179.

② FLEXNEE ABRAHAM. Universities: American, English, German. Now York, etc [M]. London: Oxford University Press, 1930: 231.

③ FLEXNEE ABRAHAM. Universities: American, English, German. Now York, etc [M]. London: Oxford University Press, 1930: 149.

④ FLEXNEE ABRAHAM. Universities: American, English, German. Now York, etc [M]. London: Oxford University Press, 1930: 144-145.

二战以后，大学在世界各国都有迅猛的发展，而美国发展最快。美国的大学不但在量上居世界之冠，在质上其一流学府，如哈佛、耶鲁、芝加哥等，与欧洲任何大学相比都毫不逊色，甚或更为过之。前加州大学的校长克拉克·科尔(Clark Kerr)，著有《大学的功用》(*The Uses of the University*)一书。他既继承了德国大学重研究的传统，也继承了英国大学重教学的传统，从而形成了自己重教学与科研、服务社会的大学理念和独特风格。他认为现代大学是一种"多元化巨型大学"(Multiversity)，"多元化巨型大学不是一个固定的、统一的机构。它不是一个社群，而是若干个社群——本科生社群和研究生社群；人文主义社群、社会科学家和自然科学家社群。多元化巨型大学的界限很模糊，它延伸开来，牵涉到历届校友、议员、农场主、实业家——他们同这些内部的一个或多个社群相关联。作为一所学校，它要回顾过去，展望未来，并经常同现在发生矛盾。它服服帖帖地几乎奴隶般地服务社会——它也批评社会，有时不留情面。"[①]他认为现代大学是一种多元的机构，有多重目标，多个权力中心，为不同的顾客服务。大学已成为"知识工业"(Knowledge Industry)之重地。学术与市场已经结合，大学已自觉不自觉地成为社会的"服务站"(Service Station)。这种大学的理念与纽曼、弗莱克斯纳的构想已相差甚远。纽曼心目中的大学只是一个"乡村"，弗莱克斯纳的大学只是一个"市镇"，而当代的大学则是一个五光十色的"城市"[②]。这就是科尔对当代美国居领导地位之大学的生动有力的描述。

克拉克·科尔的"多元化巨型大学"理念体现了以下观点：① 它反映了美国现代大学的现实，适应了多元化社会对大学的多元化需求。② 表明了美国的现代大学职能模式与结构层次的多样性与复杂性，是一个错综复杂的网络。如美国任何一所相当规模的研究型大学都设有文理学院或本科学院(Liberal Arts College)，也有被译成博雅学院。博雅(Liberal Arts)是指古典人文的，传承下来的学科及科学，如哲学、宗教、文学、艺术以及数学、物理等。其目的是培养与教化出知识基础要博、素养要雅的本科生。第二部分设有专业学院(Professional Schools)，它涉及工商管理学、医学、工程学、法学、建筑学、行政学等，为各行各业培养高素质人员。第三部分设有研究生院(Graduate School)，培养各方面开创性研究人员。从管理层面看，有行政管理机构；有教学、科研、试验室等管理系统，并延伸至校办产业、大学科技园区；有图书资料、生活服务等后勤保障系统，其中生活服务延伸至社会化服务系统。③ 它反映了大学职能的动态性，即大学随社会需求的变化而适应之，

---

① 克拉克·科尔．大学的功用[M]．陈学飞，刘新芝，译．南昌：江西教育出版社，1993：12.

② 克拉克·科尔．大学的功用[M]．陈学飞，刘新芝，译．南昌：江西教育出版社，1993：5.

这在很大程度上反映了20世纪60年代以来出现的许多大学观。

4. 20世纪60年代以后的大学理念

20世纪60年代以后出现了各式各样的大学理念，如G. 约翰逊(G. Johnson)等人的相互作用大学理念(Interactive University)、D. M. 约翰逊(Daniel M. Johnson)等人的都市大学理念(Metropolitan University)、W. K. 卡明斯(William K Cummings)等人的服务型大学理念(Service University)、伯顿·克拉克(Burton R. Clark)等人的创业型大学理念(Entrepreneurial University)、安梭尼·史密斯(Anthony Smith)等人的后现代大学理念(Postmodern University)、约翰·波登(John Bowden)等人的学习型大学理念(Learning University)等。不同学者从各自不同的观点出发，见仁见智，在理想的大学层面上对大学理念进行了多方面的探索。相互作用大学理念、都市大学理念、服务型大学理念和创业型大学理念，基本上都强调大学为地方社会经济发展服务，大学应与社会建立一种伙伴关系。后现代大学理念则对制度化的大学理念提出质疑，要求大学在人才培养方面提高灵活性。学习型大学理念认为大学的目的只有一个，就是学习(Learning)，教学是个体的学习，科研是人类的学习，服务是社区特定目的的学习，因此，大学是学习型的大学，大学的模式不再是起初的教学型大学，也不是后来的研究型大学，而应走向学习型大学。大学理念上群雄并起的局面，一方面表明有关大学理念的探讨日益活跃，另一方面也表明人们对大学的认识分歧在加大。①

自二战结束至20世纪70年代，西方主要发达国家开始了高等教育大众化的进程，20世纪70年代至20世纪末，以美国为代表的一些西方主要发达国家已经实现了高等教育的普及化。“与19世纪相比，无论是在高等教育的入口、类型与层次，还是在高等教育的出口、办学形态与体制方面，20世纪西方的高等教育都呈现出缤纷多彩的特色。”②与之相应，现代大学理念所具有的多元性、开放性、终身性、平等性、民主性、完整性、系统性等特征，不仅在内涵上具有与古典大学理念诸多相异之处，还因其多元性的特征，使得以往用某一国的大学理念代表世界高等教育发展总体状况的做法难以涵盖各国不同的大学理念。为此，有研究者分别对20世纪美、英、法、德四个国家高等教育的发展进行研究，从而概括出这四个西方发达国家大学理念的演进特点，具体表述为：“以美国为代表的大学理念——向学术性与终身教育演进；以英国为代表的大学理念——向古今结合、创新开放演进；以法国为代表的大学理念——向冲破束缚、贴近实际演进；以德国为代表的

① 刘宝存．大学理念的传统与变革[M]. 北京：教育科学出版社，2004：81.

② 罗伯特·H·赫钦斯．美国高等教育[M]. 汪利兵，译．杭州：浙江教育出版社，2001：42.

大学理念——向自主自治、功能各异演进。”①

上面介绍了大学发展史上涌现的教育家们大学理念的核心观点，其演变的阶段性划分是大致的。这些大学理念伴随着中世纪大学的产生而得以萌发，并伴随着社会的发展，人类的进步，在相互争论、矛盾、交融中不断发展。不同大学理念之间的关系并非简单的“线性”关系，不能以“相同”或“相异”来简单地划分，它们之间往往既有相同点，又有相异处；既有相互矛盾的一面，又有统一的一面，是一种“非线性”的复杂关系。随着时代的发展，大学的价值观经历了由追求个人本位（基本价值或主要价值在于促进个人知识与理智的发展，达到个性之完善）、知识本位（基本价值在于知识创新，学术探求，科学研究）、社会本位（主要价值在于为社会培养各种专门人才，促进国家政治、经济和社会发展）到追求三者的和谐统一的过程。由此可见，西方大学理念的发展是对人—知识—社会之间非线性关系的越来越深切的认识与把握。大学的功能多样化，人才培养的目标多样化，大学的模式多样化，追求个人、知识、社会的和谐发展将成为现代大学教育的价值取向。

二、我国大学理念的非线性发展历程

大学理念一直是中外教育思想家们永恒的话题，我国拥有悠久的历史和灿烂的文化，有着探索高深学问的传统，在历史上曾出现过稷下学宫、太学和书院等探索高深学问的机构，但是，这些机构都不是今天意义上的大学。中国真正意义上的大学和大学理念萌发于清朝末期，深受西方大学和大学理念的影响。在 100 多年的沧桑曲折中，我国的教育家们提出了许多有价值的教育理念，并探索、发展着大学教育理念。

1. 我国古代传统的大学理念

我国现代意义上的大学的产生，是 19 世纪末期接受西方影响的结果，它与中国古代的高等教育机构并没有继承或渊源关系。但是，大学这种机构从一开始便与中国民族文化、教育传统有着密切联系，是根植于传统文化这一土壤中发展壮大起来的。

我国历史上远至 2 300 年前就有过稷下学宫的“兼容各派、百家争鸣”的学术殿堂。战国后期的《学记》中提出“建国君民，教学为先”的儒家办学思想。儒家经典《大学》反映了我国先秦时期大学办学的经验，是我国最早系统研究大学理念的开山之作。《大学》开宗明义：“大学之道，在明明德，在新民，在止于至善”，阐明了

① 徐同文．20 世纪西方主要发达国家大学理念的演进［J］．教育研究，2003(4)．

"大学"的任务在于"明明德",即把人天生的善良德性发扬光大;"大学"的第二项任务是"新民",即修己立人,推己及人,化民成俗,更新民众;"大学"的第三项任务在于"止于至善","至善"即善的最高境界,即永恒的、绝对的真理。"大学"之道不仅成为我国古代大学发展的指导思想,而且也高度概括了大学理念的核心内容。《大学》明确地提出了传统大学的办学目的、大学应有的学术操守与社会责任。为了达到"至善"的最高境界,从理论与实践相结合出发,提出了格物、致知、诚意、正心、修身、齐家、治国、平天下的践行大学之道。

在漫长的封建社会里,我国传统的大学存在着两种基本形态:一是科举制度及其相应的教育机构:翰林院,国子监,太学;二是由民间的学术大师主持的书院。前者始建于隋朝,完善于宋朝,以"学而优则仕"为目标。后者刚开始时只是一种藏书楼或学者们讨论学术问题的场所,后来才逐步发展成为一种特殊的教学机构,在一定程度上享有脆弱的学术自由。作为长期在书院讲学的儒家大师朱熹,一方面他的学说与新兴的独立自主的书院紧密相连,另一方面也正是他的学说为在科举制度中使用正统的儒家经典提供了基础。我国传统的大学理念与我国传统的教育哲学思想是一脉相承的。我国传统教育哲学思想的核心是"天人合一",比较注重人与环境之间的关系,强调要把作为"个体"的人置于社会环境之中,人人都要遵守国家制定的规范。所以,不管是科举制度中的翰林院、国子监、太学,还是由民间学术大师主持的、有一定学术自由的书院,他们的办学理念都是以对皇帝的效忠和恪守儒家经典为前提的。

2. 我国近代大学理念的萌发

中国高等教育近代化意义大学的出现,这一历史性变革的外部诱因是晚清所受到外国列强的一次又一次打击,特别是1895年中日甲午战争失败,迫使清政府认识到这样一个事实,即为实现现代化,我国与日本几乎同时起步,而日本之所以变成强国,主要是日本引进了欧洲近代教育、文化和先进的科学技术。在这样历史背景的触发下,清朝政府不得不敞开锁国之门,大兴洋务、西文、西艺,接受"中学为体,西学为用"的主张,于1895年在天津创办了北洋大学(现在的天津大学),1896年又在上海创办了南洋公学(现在的上海交通大学),这标志着我国大学走上近代化的开端,也是我国古代意义的高等教育转向近代意义的高等教育一次质的飞跃。在这一时期,出现了一些直接或间接研讨大学理念的著作与文件。如1902年康有为撰写的《大同书》中辟专章论述大同世界的大学,认为"凡大学皆专门之学,实验之学"[①],这是国人对大学性质比较早的阐述。1904年清政府颁布的《奏定大学堂

① 陈学恂. 中国近代教育文选[M]. 北京:人民教育出版社,1983:118.

章程》规定："大学堂内设分科大学堂，为教授各科理法，俾将来可施诸实用之所；通儒院为研究各科学精深意蕴，以备著书、制器之所。"①正是在这些论述的基础上，到了民国时期，才有了以蔡元培、梅贻琦为代表的一批教育思想家借鉴欧美大学理念，并结合中国实际情况提出了比较系统、深刻的大学理念。

(1) 孙中山倡导的大学理念：博学、审问、慎思、明辨、笃行。

伟大的革命先行者孙中山先生领导的辛亥革命推翻了中国长达几千年的封建王朝，在创办中山大学时倡导的大学理念，其特点是坚持传统文化与革命精神的有机结合，既有继承，又有创新。具体地说，孙中山先生的大学理念主要是"博学、审问、慎思、明辨、笃行"。"博学之，审问之，慎思之，明辨之，笃行之"是《中庸》中的一句名言，孙中山先生在创办中山大学时亲笔题写了以上十个大字作为校训，把它视为立大志者学习和成才的必由之路，充分说明他对我国传统文化的独到见解。在这十个字中，"博学"是最基本的要求，不仅要"学"，还要"博学"，按照现在的理解，就是获取多方面的知识，扩大知识面，打好宽广的学科专业基础。"审问"体现的是一种追求真理、探研科学、实事求是的科学精神，要求做学问不仅要学，还要多问几个为什么，只有不断地质疑与提问，才能发掘出真理，获得真知。"慎思"和"明辨"是对学习方法的一种要求，核心是要培养独立思考的能力，科学的思维方法和准确的判断、分析、解决问题的能力，这是把学到的知识和学问内化为自己的素质的关键，使自己成为一个有真才实学的人。"笃行"有两层意思，一是指广博的学识只有付诸实施才能转化为客观现实，二是指要有坚持不懈、持之以恒的钻研精神。

(2) 蔡元培倡导的大学理念：思想自由、兼容并包。

蔡元培先生 1917 年至 1927 年间担任北京大学校长，他早年留学德国，深受洪堡新人文主义大学理念的影响。他从"大学者，研究高深学问者也"②这个基本理念出发，提出了"思想自由、兼容并包"的大学理念。他认为，大学是研究高深学问的机关，而学问的发展，必须集众家众派之所长，允许思想自由、竞相争辩。1918 年，他在《北京大学月刊》发刊词中详细地解释了他的这一大学理念。他说："大学者，'囊括大典，网罗众家'之学府也。《礼记·中庸》曰：'万物并育而不相害，道并行而不相悖'，足以形容之。如人身然，官体之有左右也，呼吸之有出入也，骨肉之有刚柔也，若相反而实相成。各国大学，哲学之唯心论与唯物论，文学、美术之理想派与写实派，计学之干涉论与放任论，伦理学之动机论与功利论，宇宙论之乐天观

① 璩鑫圭，唐良炎．中国近代教育史资料汇编·学制演变［M］．上海：上海教育出版社，1991：339.

② 高平叔．蔡元培教育文选［M］．北京：人民教育出版社，1980：22.

与厌世观，常樊然并峙于其中，此思想自由之通则，而大学之所以为大也。”[①]因此，“对于各家学说，依各国大学通例，循思想自由原则，兼容并包。无论何种学派，苟其言之成理，持之有故，尚未达自然淘汰之命运，即使彼此相反，也听他们自由发展。”[②]在这里，蔡元培显然受德国大学特别是洪堡的大学理念的影响，认为大学是学者的社团，是各种学术思想交汇的场所。大学的学术活动应享有学术自由，而不应受任何宗教或政党的拘束。正是本着这种精神，蔡元培聘请教员只问学问、能力，不问思想派别，他既大胆邀请陈独秀、胡适、李大钊、鲁迅、钱玄同等有学问的新派人物，又聘用辜鸿铭、刘师培、黄侃、黄节、陈汉章等思想保守但学问高深的学者，在北大形成了各学派各抒己见、学术民主、百家争鸣的新局面。正是这种办学思想孕育出了一个新的北大，代代北大人又薪火相传，形成了生生不息的自由民主之北大精神。

（3）梅贻琦倡导的大学理念：通才教育、教授治校。

梅贻琦先生 1931 年至 1948 年长期担任清华大学校长，他在清华大学任职期间积极倡导以“通才教育，教授治校”为核心的大学理念，成绩斐然。他认为，大学应该培养“通识为本，专识为末”的通才。在《工业化的前途与人才问题》一文中，他精辟地指出：“大学教育毕竟与其他程度的学校教育不同，它的最大目的原在培植通才；文、理、法、工、农等等学院所要培植的是这几个方面的通才，甚至于两个方面以上的综合的通才。它的最大的效用，确乎是不在养成一批一批限于一种专门学术的专家或高等匠人。”[③]他在《大学一解》中写道：“通识，一般生活之准备也，专识，特种事业之准备也，通识之用，不止润身而已，亦所以自通于人也，信如此论，则通识为本，而专识为末，社会所需要者，通才为大，而专家次之，以无通才为基础之专家临民，其结果不为新民，而为扰民。此通专并重未为恰当之说也。”[④]他认为要造就通才，大学工学院必须添设有关通识的课程，而减少专攻技术的课程。真正工业的组织人才，对于心理学、社会学、伦理学，以至于一切的人文科学、文化背景，都应该有充分的了解 。他还深刻地指出：“所谓大学者，非谓有大楼之谓也，有大师之谓也。”[⑤]他认为一个大学之所以为大学，全在于有没有好教授。《清华学校组织大纲》是梅贻琦先生主持起草的，这个《大纲》详细地规定了校长、评议会、教授会、

---

① 蔡元培．蔡元培全集：第三卷［M］．北京：中华书局，1984：221.

② 高平叔．蔡元培教育文选［M］．北京：人民教育出版社，1980：224.

③ 黄延复，刘述理．梅贻琦教育论著选［M］．北京：人民教育出版社，1993：184.

④ 黄延复，刘述理．梅贻琦教育论著选［M］．北京：人民教育出版社，1993：105-106.

⑤ 黄延复，刘述理．梅贻琦教育论著选［M］．北京：人民教育出版社，1993：10.

教务长、学系及学系主任、行政部门的职责，充分地反映出他的“教授治校”的大学理念。

(4) 张伯苓倡导的大学理念：允公允能、日新月异。

张伯苓先生 1904 年创办南开学校，1919 年至 1948 年长期担任南开大学校长，颇有建树。张伯苓通过考察欧美国家大学教育的发展状况，结合中国的实际，为南开提出了“允公允能，日新月异”的校训。面对当时中国在世界中所处的形势，张伯苓认为中国需要既能适应国际形势需要，又能领导全民族发展的领袖，而南开大学就要造就这样的人才。张伯苓希望通过大学教育，使学生养成适应社会的习惯，增强在社会上做事的能力，这些习惯与能力的训练最终归结为“公能”二字。“目的在培养学生爱国爱群众之公德，与夫服务社会之能力”，“允公允能，足以治民族之大病，造建国之人才。”[①]张伯苓是具有世界眼光的教育家，他一生中五去日本，四游美国，二登欧陆。特别是 20 世纪 20 年代末的第二次欧美之行，他感到要以教育促成中国“现代化”，培养的学生若没有开拓素质，没有创造力，便不可思议。他从教育适应现代社会和科技进步的需要出发，看到了社会发展对人才素质的新要求，提出南开大学的发展要“日新月异”。体现了教育从知识传授向素质教育转化的历史趋向，是有前瞻性的。他还深刻地指出南开学校系因国难而产生，故其办学目的旨在痛矫时弊，育才救国，培养救国建国人才，以雪国耻，以图自强。

(5) 竺可桢倡导的大学理念：求是和牺牲的精神。

竺可祯从 1936 年至 1949 年担任浙江大学校长 13 年。浙江大学从其前身求是书院创立时起，就形成了一种“学生不浮躁，做事很勤奋”的朴实学风。为了弘扬求是精神，他在 1938 年 11 月召开的校务会议上，提出以“求是”作为浙大的校训。他说，“求是”二字的意思，就是明代王守仁所说的“君子之学，惟求其是”。“我校求是精神，即只知是非，不顾利害。诸葛亮之‘成败利顿，非所逆睹；鞠躬尽瘁，死而后已’，即此意也。”[②]他希望每个从浙大毕业的学生都具备这种精神，他说：“科学之精神在于不顾利害以求真理，祛除成见以就理智，乃实事求是，知之为知之，不知为不知。”[③]“浙大学风以求是、不分党派门户、维护学术标准为向来传统之要点，故希望大家要保持此项精神。”[④]他认为求是的路径，就如同《中庸》中所说，就是“博学

---

① 张伯苓．四十年南开学校之回顾[M]// 张伯苓教育言论选集．天津：南开大学出版社，1984.

② 竺可祯．竺可祯日记[M]. 北京：人民教育出版社，1984：506-507.

③ 竺可祯．竺可祯日记[M]. 北京：人民教育出版社，1984：509.

④ 竺可祯．竺可祯日记[M]. 北京：人民教育出版社，1984：942.

之，审问之，慎思之，明辨之，笃行之”。他自己以身作则，在学术上一丝不苟。1939年2月4日，竺可祯对一年级新生作了《求是精神与牺牲精神》的讲演，指出“求是”精神，在当时的历史条件下，就是奋斗精神、牺牲精神、革命精神。著名国学家马一浮作的《浙江大学校歌》有“国有成均，在浙之滨。昔言求是，实启而求真”一句，即是说浙江大学之精神，发挥校训“求是”二字之真谛。①

3. 新中国成立后我国大学理念在曲折中前进

1949年中华人民共和国的成立，揭开了中国历史的新篇章。在中国共产党的领导下，中国开始探索既适合社会主义政治经济制度又符合大学发展规律的大学理念。几十年来，中国对大学理念的探索历程是迂回曲折的。

新中国成立后，由于政治上的原因，我国高等教育转向移植、借鉴前苏联高等教育模式。在前苏联，高等教育作为上层建筑，是无产阶级专政的工具，强调高等教育要为社会政治服务。在很长一段时间里，我国高等教育的政治作用被不恰当地夸大，给高等教育的发展造成了巨大损害。由于把教育看作是政治工具，因此，大学就必然被当成政府职能部门，对高等学校实行高度集中统一的计划管理。高等学校在招生、专业和课程设置、人事安排、学籍管理等方面完全听从于政府的行政命令，大学自身没有什么自主权。另外，前苏联的高等教育体系强调有计划按比例发展。建国初期，我国根据这一基本原则进行了大规模的高等院校调整，确立了高度分化的专门教育体系，在迅速培养社会主义经济文化发展所需要的实用人才等方面，确实发挥了作用，但由此也带来了一系列问题，如办学思想僵化，专业划分过多过细，在教育内容上过分重视工程教育和科技教育，对人文和社会科学教育重视不够等。

1966年5月至1976年10月的“文化大革命”，使党、国家和人民遭到建国以来最严重的曲折和损失，教育事业同样遭受到最严重的破坏，教育思想和理论陷入了最严重的混乱，给中国大学教育的发展造成了无法弥补的损失。大学教育远远地背离了大学之道，大学的规律与传统遭到严重破坏。文革期间，提出“教育是无产阶级专政的工具”，夸大了教育的阶级性，认为大学首先要办成无产阶级政治大学，这实际上表达了当时的大学理念，即地地道道的政治论理念，而且是一种变了形的政治论理念，这种理念使中国大学遭受了史无前例的灾难。大学的入学资格是相当于初中以上文化程度，或不受年龄和文化程度限制的有丰富经验的工人、贫下中农即可，高考零分也可以上大学，大学变成了“大学就是大家都来学”的荒唐。“文化大革命”，使人性发生了扭曲，人的价值和尊严遭到了践踏，学术自由与学术

① 浙江大学校史编写组．浙江大学简史：第一，二卷［M］．杭州：浙江大学出版社，1996：69．

传统荡然无存，自由、求真、创新的大学精神离我们远去了。

改革开放以后，对外打开了学术交流之门，对内改善了学术的政治环境，中国高等教育也进入了发展的新阶段。20多年来，吸取了过去的经验教训，致力于高等教育体制和办学模式的改革，提出了建设有中国特色的社会主义高等教育体系的宏伟构想。在此时期，我国高等教育所取得的成就超过了以往的任何时期，高等教育改革已经触及到从宏观到微观的各个层面，这些改革，都是在力图逐步摆脱前苏联教育模式的束缚，大胆学习和借鉴西方高等教育经验，重新确立我们自己的大学理念。但是，几十年来业已形成的高等教育体制和办学模式毕竟根深蒂固，短期内难以有大的突破。当前，高等教育在面向市场经济的新形势下，又遇到了一系列新的问题，产生了许多急功近利的短期行为。大学多了时髦、功利和浮躁，少了昔日的古典、深沉和宁静；多了迎合、顺从和趋炎，少了过去的超越、独立和批判。诸多从事和关注高等教育事业的人都在思索这样一个问题，中国的大学应该树立怎样的理念才能使大学真正担当起自身的使命，重新找寻到自身的价值？近几年，高教界对大学理念的认识与探讨见仁见智，不一而足。如一些学者从社会需要、时代发展及高等教育改革等现实角度做了阐释，提出大学理念要突出教育性、学术性、社会性、服务性、自主性、国际性、创造性等，要注意把握好几个视野：全球视野、发展视野、多元视野，即处理好国际与本土、传统与革新、单一与多元的关系等。

如上所述，我国对大学理念的探索，从《大学》的“大学之道”到孙中山先生倡导传统文化与革命精神相结合的大学理念到蔡元培、张伯苓、梅贻琦和竺可桢等新一代大师在我国传播欧美的大学理念，再到1949年以后对中国式社会主义大学理念的探索，经历了一个漫长的、非线性的过程。在这个漫长的、曲折的发展过程中，其中一些大学理念是优秀文化的沉淀，经受了历史的锤炼，实践证明其基本内涵反映了教育的本质、大学的办学规律，这是我们今天应当珍视和继承的一项十分宝贵的精神财富。

三、我国大学办学理念的冲突与协调

上述种种大学理念都涉及到大学的本质属性、大学的价值与功能、大学与社会之间的互动关系等问题，具体地说，每一种理念均是围绕以下非线性关系展开的：学术与政治、学术与经济、学术与社会、求真与求用、自由与限制、传承与创新、科学教育与人文教育等。从理论上说，大学理念引导着大学实践，然而大学的办学实践却涉及多种因素与矛盾，充满了非线性与复杂性，远非教育家们的理念模型那样简单。毕竟大学是人类进步与社会变迁的产物，并伴随着人类与社会的演进而发展。

从现实情况看，一种大学理念，可能会影响许多大学的办学理念，一所大学的办学理念也往往是多种大学理念共同作用的结果。对大学理念、职能及与外部的关系的理解、看法、态度和处理方式不同，所确立的办学理念也就不同。一般而言，大学办学理念的正确选择需要考虑多个方面：考虑国情与社会性质；考虑大学的本质属性与自身发展规律；考虑大学所处的层次与自身定位；考虑古今中外大学理念的精髓及其大学发展中的经验教训；考虑当代高等教育发展的共同背景和趋势等。笔者认为，在大学的办学实践中要着重处理好以下关系或协调好以下矛盾：

1. 学术与政治的冲突与协调

学术与政治关系的实质是大学与政府的关系，也是大学独立性与对政府依附性之间的矛盾统一关系，涉及到大学的本质属性、功能、方向及其运作等问题，即学术自由、学术自治与政府控制、管理的平衡。

从高等教育哲学层面来看，有"认识论"理念与"政治论"理念之分，它们各执一端，既有合理性的一面，也有局限性的一面。就"认识论"理念而言，它强调了内因是事物存在与发展变化的依据，这就是说大学的存在与发展，首先必须符合其内部演变的逻辑，遵循大学学术性的运行规律，即大学学术自由、学术自治与教授治校。如果无视这一点，则必然给大学带来危害，这是其合理性的一面。但是决不能把大学的内部力量作用夸大，从根本上忽视大学存在和发展的外部条件，否定大学必要的社会服务职能。这种理念的选择，使大学成了象牙塔，变得封闭和保守，严重脱离社会需要，从而导致大学衰落。就"政治论"理念而言，大学的存在与发展是社会需求的产物，社会导向是必然的，大学只有不断适应与满足社会发展的合理需要，与外部环境交流、互动，承担起为社会服务、促进社会发展的职能，大学自身才能持续发展。但是社会导向与要求不是毫无限度的，决不能片面强调大学的社会服务而取代大学的学术性本质，导致大学受外部力量制约过大，工具性过强，大学自身发展的内在规律和内部力量得不到多少体现，从而使大学失去生机与活力，影响大学的健康发展，甚至出现灾难性的后果。因此，重要的是在大学办学的实践过程中，在两种理念之间找到一种平衡，不能把两者对立起来，不能顾此失彼。

从大学与政府的关系看，政府对大学来说扮演着双重角色。一方面政府作为公共事务的管理者，包括大学在内的一切社会组织必然受到政府的控制。特别是近年来，大学已经从社会的边缘走向社会中心，大学在国家、社会生活中起着越来越重要的作用。政府对大学不可能放任自流，也不可能把大学完全交给学者自己管理，必然对大学提出各种要求与规范。这也是当今世界高等教育改革中，各国政府探求的一种趋势。正如布鲁贝克所形容："高等教育越卷入社会的事务中就越有必要用政治的观点来看待它。就像战争意义太重大，不能完全交给将军一样。”①另一方面，作为大学的举办者，政府提供了大学相当的经费资助。无论在哪个国家，政府举办的大学都占绝大多数，即使民间举办的大学也或多或少从政府那里得到各种资助，因此，政府总是倾向控制大学。政府毕竟有自身考虑的出发点，举办大学的目的在于要其为社会提供服务，政府的投入要求大学做出高效率的回报，这样政府通常都是按统一法规、统一指标去衡量所有大学。政府的这种思维可能对大学学术自由与学术自治的根基形成干预，与基于长远性、基础性的学术活动有时会相互冲突，与不断试验、探索、创新的学术活动的多样性、自由性、自主性是不相容的，也是与大学办学的独立性、教师治学的独立性、学生学习的独立性相矛盾的。

上面所反映的政府控制（或管理）与大学的自治、独立自主办学所形成的矛盾冲突，其实质与根源是不同大学办学理念对大学的性质与使命的不同看法，这在世界范围内，从19世纪以来就困扰着大学，至今仍然是一个十分棘手的问题，在大学的发展中也是一个两难的问题。中国大学由于长期处于计划经济管理之下，政府控制大学的色彩表现得尤为明显，如何处理与协调学术与政治之间的关系，更是深化体制改革的过程中需要认真探索的重大课题。处理与协调这一矛盾的症结在于政府与大学都要换位思考，对大学的性质与职能有一个全面、正确的认识。大学的学术自治、独立性是由大学人才培养、发展科学、为社会服务的职能和宗旨所决定的，它既是社会发展长远利益的需要，也是大学求得自身生存与发展的需要。因此，对我国大学与政府关系而言，需要找到双方的平衡点，依据《高等教育法》、《教师法》的规定和精神办事，既坚持社会主义的办学方向，贯彻党和国家的教育方针，又依照大学的学术与教育的办学规律，扩大大学自主权，繁荣和发展学术事业，为社会主义现代化建设服务。

2. 学术与经济的冲突与协调

学术与经济关系的实质是大学学术性追求与功利性追求之间的关系。在大学理念形成与发展的过程中，这两种理念一直在大学的职能定位上存在着争论与分歧。纽曼把大学视为传播普遍知识的场所，洪堡把大学视为从事科学研究的机构，弗莱克斯纳把大学视为研究高深学问的机构，因而他们都极力主张大学有绝对的学术自由，把大学办成为追求学术与真理的学术机构。这种把大学功能作为纯学术追求的唯理性主义观念受到了来自实用主义盛行的美国的《莫雷尔法案》和“威斯康星理念”的挑战，该大学理念主张大学直接为社会经济发展服务，成为社会服

① 约翰·S·布鲁贝克．高等教育哲学［M］．王承绪，等，译．杭州：浙江教育出版社，2001：32．

务机构，一时“威斯康星理念”成为社会服务办学模式的代名词。从此，社会服务成为与教学、科研并列的大学职能之一，这是有积极意义的，然而，社会服务职能的出现冲击着传统的大学价值观念，功利主义与实用主义等价值观念逐渐成为在美国大学中占主导地位的办学理念，致使不少大学背离了传统职能，脱离正轨。

上述两种大学办学理念之争不仅影响着美国大学，也一直在影响着世界各国大学。人类进入21世纪的今天，在经济全球化带动大学教育国际化的背景下，随着知识经济时代的到来，知识已处于政治、经济的中心位置并起支配作用，它制约着经济、文化、科技以及产业结构的发展方向和水平，并成为第一产业。因此，为充分发挥知识这一独特优势对社会多方面的影响，社会和市场必然对大学这个“知识库”提出许多新的要求。如果说在以往的时间里，大学可以与社会与市场保持一种若即若离的关系，那么在知识经济条件以及与此相联结的市场经济条件下，则是不可能的。一方面，社会和市场对知识的依赖这一基本需求的扩大，使得社会与市场无论在大学情愿还是不情愿之中，都必然把大学纳入其活动之中。对大学的社会服务功能有着更新、更高、更广的要求。大学既要培养国家需要的各种专业人才，满足社会与市场对人才质量、规格的要求，又要承接国家与企业提出的课题，创建大学科技园，建设校办产业，成为“产、学、研”联合体的重要方面，并成为国家知识创新工程的主力军。因此，为了实现上述发展科技、繁荣经济的任务，良好的大学外部经济关系是其必备基础，对每个大学来说获得社会经费的支持，都成为十分重要的事情。在市场经济条件下，大学身处多重而复杂的外部经济关系之中，与外部经济关系不同关联主体之间的交易关系，不仅影响大学的生存方式，而且影响大学的战略目标体系、认知环境及所拥有的发展条件。这种大学与外部的经济关系是直接建立在利益关系基础之上的，这一点要比政府作为举办者与大学间所形成的利益关系更为复杂。由此引发出大学办学理念的许多矛盾性。第一是价值思维取向的矛盾。大学的学术活动是依据学科或知识的内在逻辑系统之规律而发展的，而经济活动是以实用的利益为原则的。在坚持大学学术追求的理念看来，过分强调应用和经济效益的功利性研究往往没有多少学术价值，而市场一方则认为远离现实的大学学术研究缺乏实用性和经济价值。同时，由于大学的学术研究往往具有长期性和不可预测性，不同于市场利益集团所要求的短期性和成功性（或见效性）特点，因此，具有风险或短期内不能获得效益的基础性学术研究通常不受市场经济的欢迎。第二是价值追求取向的矛盾。一方面，来自社会和市场（如公司、企业等）的对大学的资金支持都是希望为投资者服务而获得功利效益；另一方面，大学办产业，开发科学园区，其直接目的亦是为了获得经济效益，这些附加的条件往往对大学自身学术活动的健康发展构成威胁。学术性与教育性是大学的本质属性，学术是大学的一种精神，即追求真理、以真理为归的精神；学术是一种过程，即探究、辨明真理和传播真理的过程；学术是一种成果，即在认识世界、改造世界与世界和谐相处中创造的知识成果与人才成果；学术也是一种人格，即大学人、治学者主体的独立人格与献身精神。因此，在办学的实践过程中，当功利性追求与学术性追求发生矛盾时，应毫不犹豫地选择学术而放弃功利，将二者主次地位处理好、平衡好、协调好。第三是大学外部经济关系两面性的矛盾。面对市场经济凸显大学经济服务功能的同时，也给这种功能如何正确发挥提出了许多新的理论和实践问题。例如，如何掌握好大力发展高等教育，扩大大学招生规模，而不出现过度教育，导致大学教育质量下降、大学生就业困难等新的教育与社会问题。大学在为社会培养所需人才的同时，应充分利用人才与知识优势为社会服务，兴办大学科学园区、校办产业，引入市场机制，生产、开发、推广科技产品特别是高科技产品参与国内外市场竞争，为繁荣和发展社会主义市场经济做出贡献，但决不能把教育与学术为根基的大学等同于物质生产的企业，提出教育产业化或盲目引入市场机制而冲击大学的正常学术活动。值得一提的是，在市场经济负面作用和功利过度追求的影响下，当前大学内出现了学术腐败、学术泡沫等现象。在这些现象的背后，深刻地反映着大学的学术追求与功利追求的矛盾，如得不到正确的处理，势必阻碍大学健康发展并导致正确的大学理念和大学精神的失落。

在上述这些矛盾冲突中，如何选择正确的办学理念，协调与平衡好学术追求与功利追求的关系？以什么样的途径保持大学与市场经济之间的关系？这些都需要大学人在办学的实践中选择、树立正确的办学理念，掌握好大学的人才培养、学术研究的本体功能与社会服务扩展的经济功能之间的平衡尺度，同时还需建立、健全相应的体制与机制加以支持与保障。

3. 科学教育与人文教育的冲突与整合

科学教育与人文教育的关系是大学办学理念在教育内容上的反映。人文主义理念和人本主义理念多强调普通教育与人文教育，反对专业教育和训练，而社会本位主义理念、功利主义理念和工具主义理念则多重视科学教育和专业教育、职业教育，它们之间存在着对立与分歧。从大学发展史上看，近代以前的大学教育大多为人文教育，而近代以后，特别是现代，大学教育中科学教育占主导地位，大学中也开设一定的人文教育学科课程，但比例很小。原因是工业革命与科技的迅猛发展大大促进了人类现代化的进程，科学教育的加强有其历史必然性。但是过分的科学主义取向，以科技为万能、以科技为万物尺度的观点，则直接影响专门人才的整体素质，也容易使科学的发展迷失方向。实践证明，科技只有为人类的发展造福才显其价值，它不能解决其本身带来的诸多问题。科学在其发展中必须体现人文的关怀与人文的精神，但是当今的大学教育中却出现了人文教育与科学教育的割裂，乃至社会呈现出对科学技术的过分青睐与对人文的过分冷漠，从而导致物质与精神的失衡，人类文明的危机日益显露。工业革命以来，科技与人文的失衡导致人的片面发展，几乎成了西方学者所称为的“单面人”(One Dimensional Man)，成为没有精神生活和情感生活的单纯技术性和功利性的动物。单纯的科技追求带来环境污染、生态失衡、精神危机、犯罪率上升等一系列的全球性的“社会病”。世界各国的有识之士已经认识到，工业革命与科技革命是把“双刃剑”(Two-Sided Sword)，它可以为人类造福，创造巨大的物质利益，但是如果人类不能理智地利用它，则会带来巨大的负面效应，甚至可以毁灭人类。因而，人类社会的可持续发展问题和教育上的完整人格教养问题成为当今人们关注的焦点，科技教育与人文教育的整合已成为世界许多大学教育的新理念。

美国科学史专家乔治·萨顿指出：科学文化与人文文化并不必然是矛盾的，而是具有相通性或相容性的。他提出了两种文化的整合思想，他说：“科学是我们精神的中枢，也是我们文明的中枢，它是我们智慧的力量和健康的源泉，然而不是唯一源泉，无论它多么重要，它都是绝对不充分的。”①“科学和学术的每一门类都既同自然有关，又同人文有关。如果你指出科学对人文的深刻涵义，科学研究就变成了人们所创造的最好的人道主义工具，如果你排除了这种意义，单纯为了传授知识和提供专业训练而教授科学知识，那么学习科学就失去一切教育价值了。”②这种具有代表性的文化整合观，对高等教育是富有建设性意义的。我国的高等教育从一定意义上可以分为古代的人文教育阶段，近百年的科学教育阶段，特别是新中国建立以来，实行过窄的专门化教育，大学的基础教育，尤其是人文教育不足。近年来我国正在发展、推进科学教育与人文教育的并重与整合，促进这一转化的动因是社会经济、科技进步日益强化了人在社会发展中的主体地位和作用。现代社会处于经济、科技与文化迅速发展而又高度综合、渗透、交叉的时代，人类遇到的已不再是单纯的科技或经济问题，高科技的发展越来越与社会的政治、经济、文化以及环境密切相关。科学教育与人文教育的整合，既反映了社会发展和进步的迫切需要，又反映了培养和造就全面发展的、能在未来社会中起中坚作用的人的教育功能的要求。我国大学教育所培养的人不仅应具有广博高深的知识，掌握和运用科技的能力，懂得管理和决策的智慧，更要有人之为人的人文素养和人文精神，成为能够创造幸福生活、服务社群的人。这种人应是科学教育和人文教育整合培养

① 乔治·萨顿．科学史与新人文主义［M］．陈恒六，等，译．北京：华夏出版社，1989：124.

② 贝尔纳．科学的社会功能［M］．陈体芳，译．北京：商务印书馆，1982：39.

出的现代意义上完整的人。

以上三种关系的协调、平衡与和谐,从一定程度上反映了大学如何确立与选择办学理念的共性问题。建构我国的大学理念,必须根植于我国的实际,总结百年来我国高等教育,尤其是新中国成立以来高等教育发展的经验教训,同时大胆学习借鉴国外经验,从而形成我们自己的特色。我们可把它概括为:崇尚学术,追求真理;办学自主,适度调控;以人为本,体现公平;创新知识,服务社会;民族精神,国际视野;面向未来,持续发展。

第三节　大学精神的和谐意蕴与培育

埃德加·莫兰说:"人类精神是在大脑—文化的关系中产生和强化的一种涌现(Emergence)。精神一旦涌现出来,它就干预大脑的运作和反馈作用于它。因此一个三元联立的圆环存在于大脑↔精神↔文化之间,其中每一项对于另外任一项都是必要的。精神是文化引起的大脑的涌现,而文化没有大脑也将不能存在。"[①] 大学精神是一所大学在某种大学理念的支配下,所拥有的相对稳定的群体心理定势和精神状态,是一所大学在长期的教育实践中积淀的最富典型意义的精神特征,是一所大学整体面貌、水平、特色及凝聚力、感召力和生命力的涌现;大学精神是大学优良传统文化的结晶,是大学历久弥新的动力和源泉。大学精神可以说是一所大学的灵魂所在,它是无形的,是以大学为主体的思想、情感、作风相统一的对大学生存与发展具有巨大影响力的精神。本节将对大学精神的和谐意蕴及其培育做一探讨。

一、大学精神的和谐意蕴

1. 自由独立的精神:追求和而不同的思想境界

真正的大学应该是探索真理和自由成长的最佳处所。自由与独立是相辅相成的,独立是自由的前提条件。追求真理不仅需要自由的环境和氛围,更需要独立的精神品质。独立思考,不为世俗所困扰,不为压力所屈服,不向任何权威低头,乃是通向真理之路径。自由独立的精神价值体现在两个方面。从知识与学术的层面上

---

① 埃德加·莫兰. 复杂性理论与教育问题[M]. 陈一壮,译. 北京:北京大学出版社,2004:39.

看，大学是探索真理的机构，大学的本质在于发现真理和发展真理，而追求真理首先需要自由的环境与氛围，自由是催生真理的土壤，大学的精髓是学术自由。大学应该是学者的乐园，应该是他们没有任何约束的、以自己的方式发展精神和智力的场所。自由独立的意义不仅体现在“知识与学术的层面”，对人才培养更具有其重要意义。自由与独立是人的终极价值追求，个性的独立与自由是人性的解放，是“以人为本”精神的体现。特别是在当今知识经济时代，社会所需要的是具有独立个性与品格、身心和谐发展的人，因此，现代大学更应秉承“自由独立”之精髓，倾心培养个性独立、人格健康和谐的一代新人。

自由精神是大学精神的核心，也是大学得以产生和发展的根基。自由精神主要体现在以下三个方面：一是思想自由。它表征着大学是各种观念自由发展的场所。“思想自由是公民凭借自我独立思考而产生理论、学说、观点、信仰、主张等抽象思维结论的自由。”[①]可见，思想自由是一种内心活动的自由，是一种理性的解放，思想自由为学者提供了广阔的思维空间。二是言论自由。它表征着大学是自由表达思想、观念的场所，为学者创造自由发表言论的良好氛围。“大学必须承认教员在校外即对于其教授学科范围之外之各种问题，有发表言论的权利。其自由和责任应与一般的人民一样享有负担。”[②]三是学术自由。它表征大学是探讨高深学问的场所。“在学术问题上，应该允许有不同的见解，允许有不同的研究方法，还要允许人们通过认识的深化不断去修正错误，这就是学术自由的本质所在。历史已经证明，越是开展学术争鸣，就越能促进学术繁荣。反之，用某种特定的意识形态去禁锢人们的思想，就难免要阻碍学术的发展，甚至会扼杀先进的学术思想。”[③]这就是说，学术自由的意义在于给予学者探索真理、攀登科学高峰的勇气，激发学者追求真理的灵感与求知的欲望，它是大学生机与活力的象征。人们常常把各种学术思想与争论比作“百花齐放才是满园春色，一花独放不是春”。各种学术思想的争论将在寻求真理、认识真理的过程中获得“满园春色”的和谐发展与繁荣。

2. 宽容博大的精神：体现对多元化个性的关怀

宽容精神是大学的一种理性选择与智慧，是发展大学的一种价值观，是繁荣大学的方法论，是大学应有的一种文化品格。其一，大学的宽容精神能在其活动中反映出人类文化的多样性，折射出学习与研究人类价值的广博性，使大学人用特有的方式把握更多的人类文化遗产和创造更多的文化价值，使大学的思想文化发展视

① 甄树青．论表达自由［M］．北京：社会科学文献出版社，2000：99.

② 杨东平．大学精神［M］．沈阳：辽海出版社，2000：182.

③ 喻岳春．20世纪中国高等教育发展历史的若干启示［J］．高等教育研究，1999(3).

野不闭塞、不偏狭，更开放、自由和民主。其二，大学的宽容精神体现着大学对人的多元化个性的关怀，使师生们在校园文明的荫翳下尽情地享有独特的自我追求，使人性的弘扬具有较大的自由性与丰富性。其三，大学的宽容精神是指大学要在自己的活动中折射出师生对追求“真”、“善”、“美”的一种复杂性与长期性的理解，并在这种理解中尊重民主与自由，允许批判，维护竞争，为大学人提供宽松自由的认识环境，以教师崇高的职责践行学术无禁区、科学无国界的诺言。其四，大学的宽容精神也要求充分尊重大学人对生活的各种理解与多种价值选择，丰富多样的校园生活氛围给个体以强烈的文化熏陶感、自主选择感、时代创新感。大学的宽容精神，就是要使大学生活的主体在开拓视野、创造生活和追求“真”、“善”、“美”的过程中拥有充分的胆魄、尊严、自由、机会与权益，从而在多方面增强大学的合力。

要做到宽容，就必须博大。没有博大的胸怀，就不可能有宽容的气度。我国著名教育家蔡元培在《北京大学月刊》发刊词中给大学下了这样的定义，“大学者，‘囊括大典，网罗众家’之学府也”，并用“万物并育而不相害，道并行而不相悖”来形容大学应有的这一境界[①]。正因如此，他在就任北大校长、主持北大校务的实践中，奠定和熔铸了北大“兼容并蓄、学术独立、思想自由”的大学精神，并彪炳史册。邓小平同志高瞻远瞩，提出“教育要面向现代化、面向世界、面向未来”，正是这种博大开放的现代教育观的经典概括。

3. 求真务实的精神：构筑“真”、“善”、“美”和谐的基点

追求真理是大学的传统，也是大学的本质。可以说，大学为真理而生。从中世纪开始，高扬真理的大旗，播种人类的文明之火，弘扬人类的智慧之光，一直是大学的追求。大学成为人们追求真理的中心；大学成为一个推动探索，使各种发现得到不断完善和证实的地方；大学成为一个学者和学生共同组成的追求真理的社团。哈佛大学的校训“与柏拉图为友，与亚里士多德为友，更要与真理为友”，就是大学追求真理的典型写照。

追求真理不仅是一种目标，也是一种思维方式。追求真理需要的是一种怀疑的思维、求异的思维、批判的思维，不唯书，不唯上，只唯实，不为现成的结论所束缚。正是这种追求真理的精神和思维方式，赋予了大学永葆生机的活力和蓬勃向前的动力。

务实的核心是实事求是。首先要以事实为依据，面对现实，而且事实依据应确凿和精确，以求得事物的真实面貌与结果。也就是说，要以观察与试验得到的事实为出发点，注重实际而不崇尚空谈；注重明晰而确切的知识，反对不着边际的抽象

---

① 蔡元培．蔡元培全集：第三卷［M］．北京：中华书局，1984：221．

议论和摇摆不定的争论;注重有事实根据的知识,反对不切实际的空想和玄思。其次,求实意味着有用和实效,推崇能有效改造自然、安定社会秩序、有利于人类美好现实生活的科学知识,反对无实际效果的高谈阔论和抽象思辨。总之,求实是使人求真、臻美、至善的基点。它不仅为人类的精神发展提供了无限的可能性,把人合乎逻辑地导向善,使人摆脱乌托邦式的幻想,积极投身于人类社会持续发展的实践中去,而且为大学精神的弘扬,为大学的健康和谐持续发展提供动力。

4. 与时俱进的精神:保持与时代的脉搏和谐共振

大学的生存与人类社会的发展息息相连,大学要把握时代的脉搏,与时俱进,不断创新。克拉克·科尔认为:"每个国家,当其变得具有影响力时,都趋向于在其所处的世界上发展居领导地位的智力机构—— 希腊、意大利的城市、法国、西班牙、英国、德国,以及现在的美国都是如此。伟大的大学是在历史上伟大政治实体的伟大时期发展起来的。今天,教育与一个国家的质量更加不可分割。"①大学,作为时代的智者,能够感应并预见到社会潮流的前奏,从而成为推动社会潮流的先行者与创造者,并最终弹奏出时代的最强音。

创新是与时俱进的核心思想。大学的创新精神,一是指向科学研究,它鼓励人们开拓科学这个无禁区、无止境的疆界;二是指向社会发展,以新思想、新知识、新制度导引社会,改造社会,推动社会进步,促进社会和谐发展;三是指向人才培养,把培养具有开拓创新精神的人作为根本任务;四是指向大学自身,鼓励大学人进行文化的积聚与交流、传承与创新,加强文化纵向的积累和横向的联系,广泛吸收异域新质文化作为补充养料,从而迸射出创新的火花。所以,大学要创新,必然要走开放之路,在广泛选择、吸取多元文化的同时,保持自身文化特色,不断超越,保持与时代的脉搏和谐共振,形成创新性的大学精神。

5. 明德弘法的精神:维护自律与他律的和谐

大学是传承文明发展文化之重地,大学是文明的表征,是社会道德之楷模。大学的终极价值在于培养高素质的人,这一点,古今中外的思想家、教育家已形成共识。爱因斯坦指出:"只教给人一种专门知识、技术是不够的,专门知识和技术虽然使人成为有用的机器,但不能给他一个和谐人格。最重要的是人要借着教育得到对事物及人生价值的了解与感觉,人必须对从事于道德性质的美和善有亲切的感觉,对人类的各种动机、各种期望、各种痛苦有了解,才能和别的个人和社会有合适的关系。"②大学应该永远以此为宗旨:学生离开学校时是一个和谐的人,而不是一

① 克拉克·科尔. 大学的功用[M]. 陈学飞,译. 南昌:江西教育出版社,1993:63.

② 刁配萼. 教育文化学[M]. 南京:江苏教育出版社,1992:75-76.

个专家。

大学具有高雅的文化品位和卓尔不群的精神气质，能够抵御社会的各种歪风邪气，坚守自己的精神领地。大学不仅以自身纯洁而高尚的德性潜移默化地影响着一代又一代的学人，而且以积极的姿态投入到社会的改造当中去，指引着社会道德的发展方向。而在时代的变迁中，大学的道德精神就更为彰显。当年浙江大学校长竺可桢在战时西迁途中对学生说："乱世道德堕落，历史上均是，但大学犹如海上灯塔，吾人不能于此时降落道德标准。切记：异日逢有作弊机会是否能涅而不淄、度而不磷，此乃现代教育试金石也。"[①]大学的道德精神源于人类整体的道德精神，是人类道德精神中的精华，所以，大学应是社会中最具有德性和理性的一族。

在当今时代，大学不但要明德，还要弘法。社会以人为本，也就是以德为本，而德需要法的保障，法是德的底线。社会越发展，也就越复杂，也就越需要法的规范。特别是在当今中国的大学，培养学生法的意识、法的观念、法的精神更是当务之需。不仅要使学生学习领悟本国的法律，还要在与世界的交流中精通国际法。大学在人才培养的过程中，明德弘法是大学教育的内在要求，也是一种大学的精神，其实质在于维护自律与他律的和谐。

6. 理性批判的精神：张扬公平、正义与良知

大学是一个充满理性和批判精神的场所，用心呵护和极力弘扬批判的思考力是大学精神活力的一种表现。美国著名高等教育学者弗莱克斯纳说："大学不是一个风向标，对社会每一流行风尚都做出反应。大学必须经常给予社会一些东西，这些东西并不是社会所想要的(Wants)，而是社会所需要的(Needs)。"[②]大学不仅传递文化，更重要的是选择、批判、创新和超越文化，批判性、前瞻性和引导性是文化自觉精神的基本特征。在信息时代、多元文化时代，大学文化自觉集中体现在理性批判精神。联合国教科文组织 1998 年在巴黎总部举行的世界高等教育大会上，要求高等学校要培养学生的批判性思维和创造力，使学生能够以批判精神思考和分析社会问题，高等院校及其师生应当完全独立和充分负责地就伦理、文化和社会问题坦率地发表意见，通过不断分析社会、经济、文化和政治趋势，增强批判功能和前瞻功能并成为预测、警报和预防的中心。诚如竺可桢任浙大校长时所言："大学是社会之光，不应随波逐流。"[③]大学理性批判精神有利于消除市场经济

① 杨东平．大学精神［M］．沈阳：辽海出版社，2000：46.

② 亚伯拉罕·弗莱克斯纳．现代大学：美英德大学研究［M］．徐辉，陈晓菲，译．杭州：浙江教育出版社，2001：4.

③ 竺可桢．竺可桢日记［M］．北京：人民教育出版社，1984：18.

使人“物化”的危险，建构独立自主、契约自由、公平竞争、诚实守信、和谐共赢等经济理性，张扬平等、正义、良知、慈善等人文理性；有利于消除权力崇拜，形成平等权利观，从而提升法理精神和民主意识；有利于消除耻言理想、消解价值、躲避崇高等社会文化的庸俗化倾向，重建理性的文化意识、人文意识；有利于整合社会价值观，统一信仰，重建价值世界的理性和谐秩序，增强民族凝聚力与向心力。大学是知识、思想、理性精神的诞生之所，是为民主社会树立知识标准与思想标准的圣地。大学的理性批判精神既是大学本质的一种显现，也是社会价值的一种内在要求。它不仅关乎大学的命运，而且关乎人类的命运。

二、我国大学精神的培育需要协调好三种关系

大学的发展和大学精神的发展是一个相互依存、相互促进的互动过程。大学精神的培育与提升，能够促进、推动大学的繁荣壮大；大学的繁荣发展也会引导、锤炼大学精神的完善并不断更新和升华。在我国高等教育走向大众化、国际化的背景下，我国大学在理想与现实、继承与创新、适应与超越的矛盾平衡中呼唤符合时代特征的现代大学精神。笔者认为，在我国大学精神培育中，既应反映民族及学校的优良传统，又应符合当代社会发展的需要；既应具有鲜明共性，又应是每个学校在其建设和发展过程中的特色体现。主要是协调好以下三种关系：

1. 共性与个性的关系

大学精神博大精深，内涵丰富。其普遍内涵，如自由、民主，科学、人文，批判、创新等精神是所有大学生命力的源泉，是大学文化的核心，但具体到每一所大学，由于特定的历史传统、社会环境、学校目标等方面的差异，它又有其独特的表现，如北京大学的“兼容并包，思想自由”精神，清华大学的“自强不息、厚德载物”精神。大学要办出自己的特色，就要着力培育自己的大学精神。而没有个性的大学精神，也就没有生命力。因此，一所大学特有的大学精神，既是该校一代又一代师生员工在长期的教学和生活实践中积淀的思想精华，是学校生存与发展思想的高度概括和总结，又要体现出大学功能的总体目标，是普遍要求与个性特色的统一。

2. 继承与创新的关系

继承、创新、发展，是大学精神形成和完善的源泉和动力。大学精神的形成既是一种历史的积淀，又是一个不断创新的过程。首先，大学精神需要继承本校的优秀传统，大力弘扬优良传统。其次，大学应不断根据时代要求与社会需要，提出新的办学思想，不断丰富、创新大学精神的内涵。随着知识经济时代的来临，知识、信息在社会经济发展和人们的日常生活中日益重要，大学精神应充分体现时代特征

和创新精神。只有创新，才能保证大学跟上时代发展的步伐。大学精神要在继承的基础之上创新，在创新中加以丰富和发展，继承、创新与发展有机统一，才能使大学精神真正成为传统精神和时代精神的体现。

3. 适应与超越的关系

不同时期大学精神的发展总是深深地印上那个时代的印记，可以说，大学精神的形成，是学校与社会互动的产物，是知识与社会碰撞的结晶。当前，信息化、市场化、全球化的发展对全球政治、经济、文化带来深刻的影响，这些都对大学提出了新的挑战，大学应适应社会，培育具有时代特征的大学精神，只有这样才能更好地发挥它的功能。随着社会主义市场经济体制的逐步完善，我国大学文化也深深地打上了市场经济的印记。然而，大学对其所面临的社会政治、经济、文化等环境不仅要适应，更应不断超越社会现实，保持自己的独立性和批判性，孕育和产生最新的思想，对社会发展起一种引领作用。因此，可以说大学精神既是社会主流文化的产物，又是社会主流文化的先导者和先进文化的创造者；既是时代精神的精华，也是整个社会文明的高级形式，并且是具有独特气质的精神成果。

第四节　我国大学教师多元文化的冲突与和谐

大学教师是大学理念与大学精神的倡导者、传播者与实践者。大学教师文化既蕴含着大学理念，又体现了大学精神，是大学教师群体在围绕大学教学、科研、社会服务等活动中形成和发展起来的教育理念、思维方式、价值趋向、职业意识、态度倾向和行为方式等。它是大学文化的重要载体，深刻地影响着大学的方方面面。《大学文化研究述评及探究思路》一文在梳理了100多篇关于大学文化研究的论文的基础上指出："我国学者们从不同角度对大学文化进行了探讨，取得了令人欣喜的成果。然而从已发表的文献看，不少作者把对大学文化的研究归结为提出几种特征，总结几条规律，界定几个范畴，梳理几条观点，澄清几点看法，而不是深入探讨大学文化所具有的丰富内涵及其表现方式，没有注意分析有形与无形的规则是如何影响教学、科研活动的。"并认为"研究文化首先要研究大学文化的载体，不能就文化谈文化，而是先要找出文化的表征。"①基于上述提示，笔者从我国大学教师的实际情况考察，就大学文化的一个重要文化载体——大学教师文化进行探研，分

① 张建新. 大学文化研究述评及探究思路[J]. 中国大学教学，2005(3).

析其类型、内在冲突与和谐机制。这对丰富和发展大学文化有现实意义和理论意义。

一、大学教师文化的类型

从我国大学多层次、多单元、多功能的组织结构视野观察，以及从教师承担的角色及其特有的价值观念和表现的行为分析，我国大学教师文化一般有以下几种类型：

1. 教学型教师文化

工作在大学院、系、教研室等组织形式中的教学型教师承担着各类学科的教学任务，向学生传授知识，指导其应用知识与创造知识，以完成教学任务、提高教学质量和效果为宗旨。由于学科门类众多和相对独立，他们习惯与喜欢在自己的学科领域内自主教学、自我管理、弹性化工作，独立地从事教学，重视教学方法，强调教学技能，其中有些人认为只善于搞科研而拙于教学的教师不是优秀的教师。他们主张学术自由、学术民主，不希望管理人员过分干预他们教学范围内的业务。对重视科研轻视教学的做法，特别是对以论文数量为标准来评定职称，认为是不正确和不公正的，因而有抵触情绪；对大学内出现的“官本位”现象十分反感。面对现实生活中出现的学术与功利及学术与权力之间的不和谐现象，他们时常处在困惑与矛盾之中。

2. 科研型教师文化

科研型教师主要工作在大学内各类学科的研究所，承担着各种课题的研究任务，其中有些人善于科研而拙于教学或轻视教学。他们强调学术自由、学术民主、弹性制工作，尊重学术权威。常常抱怨管理人员不精通业务，而却占领了属于他们的权力领地，因而对“官本位”和“长官意志”所表现出的行政权力有对立情绪和不满。他们在科研受到重视和奖励时表现出从事科研工作的优越感，在功利与学术矛盾的选择及学术权力与行政权力的冲突中，他们和教学型教师一样，亦时常处于困惑和矛盾的境况。

3. 管理型教师文化

管理型教师工作在学校行政、教学、科研等管理岗位上，他们之中有的是专职管理人员，有的是从教师中抽调去的，可统称他们为管理型教师。他们强调制度化、规范化、程序化的运作，尊重和维护行政权威，由于大学组织的松散结合特性和学术权威的客观存在，而使得管理人员权力有限，因而他们时常感到工作难以展开，并对学术人员的独立性格和自由、自主的工作风范不够理解，因而对学术自由和学术民主时有一定的抵触情绪。其中有些管理人员对责、权、利认识偏差，长官意识浓厚，服务意识淡薄。

4. 思政型教师文化

思政型教师主要工作在党委领导的思想政治工作系统内，他们以贯彻党的教育方针和各项政策，把握学校的社会主义办学方向，作为工作目的和宗旨，运用形势政策教育和德育教育等手段，做广大学生的思想工作，指导学生树立正确的人生观、世界观和价值观。他们时常抱怨行政和学术单位不重视思想政治工作，对重视教学、科研的学术氛围时有抵触情绪，在学术与政治的矛盾中时常感到不平衡。

5. 经济型教师文化

近年来我国大学内出现的校办产业与后勤服务商业化组织是我国从计划经济体制向市场经济体制转变过程中，大学内部管理体制机制改革的产物。一些教师参与到这类组织中，从事经营管理活动。这种组织强调按商业化、市场化模式运作，其思维意识、价值观和行为规范倾向以经济效益和利润为表征的功利。这种以经济利益为表征的文化影响着许多大学教师，他们常常把自己的教学、科研及管理工作与经济利益紧密挂起钩来，表现为一种以功利为特征的经济型大学教师文化。

6. 混合型教师文化

这是以上两种或多种不同文化混合形成的一种文化。该类型文化的大学教师身兼两项或多项工作，其中有代表性的通常有以下两类：① 教学科研“兼顾”型；② 教学、行政“双挑”型（或行政科研“双挑”型）。他们承担着两方面任务，其价值观念、思想意识和行为规范表现出两种文化兼而有之的特点。由于他们同时掌握着两种资源而处于优越的地位，表现出某种“权威”的态势，影响着大学的教学、科研和管理的方方面面。

综上可见，由于我国大学的变革、发展所形成的多层次、多单元、多功能的组织结构，从而产生了大学教师的多种文化形式，它们相互渗透、相互影响、相互冲突、相互交融，构成了一个网状分布的多元文化，如图 3-1 所示。

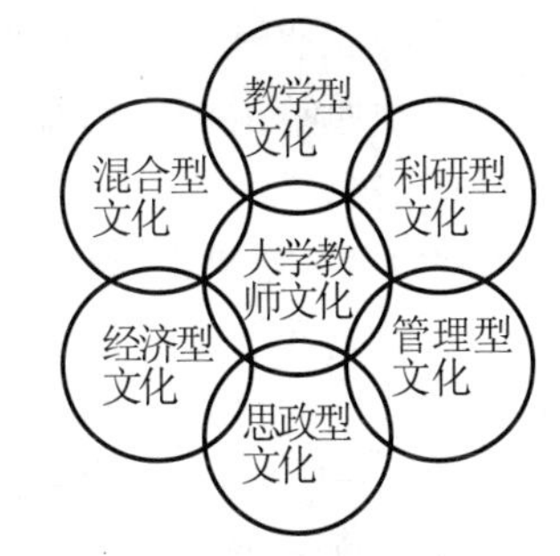

图 3-1　大学教师的多元文化

二、大学教师多元文化面临的冲突与选择

在上述复杂多样的大学教师文化类型的背后，深刻反映了两大基本矛盾与冲突，即学术性与功利性的冲突，官本位与学术本位的冲突。这两种矛盾如不能得到

正确处理，势必阻碍大学的健康发展。

1. 学术性与功利性的冲突

一般情况下，大学教师的学术追求与功利追求（或功利获得）是不矛盾的，也就是人们常说的"一分耕耘，一分收获"。但是如果不能正确理解和处理二者的关系，将会产生尖锐的矛盾冲突。解决好学术性与功利性的矛盾，需要真正理解学术和功利的真谛，以及对二者关系的把握要有一个度。

大学的教育不仅是向学生传授知识，培养他们成为专门人才的教育，还是一种学术性较强的教育，即以学术研究为途径的一种教育。教育性与学术性的统一是大学的本质属性。学术是大学的一种精神，即追求真理，以真理为归的精神；学术也是一种人格，即治学者主体的独立人格与献身精神；学术是一种过程，即探研、辨明真理和传播真理的过程；学术是一种成果，即在认识世界、改造世界、与世界和谐相处中创造的知识成果。从这个意义上说，大学不仅要开展科学研究和科学活动，培养学生应用知识、发现新知识、创造新知识，培养学生的科学态度、创新能力和探索精神，而且要在教学、学生管理、思想政治工作等各个环节增加研究因素和内容，把研究引入到培养学生的全过程，使学生处处接受学术气氛的熏陶，习得科学的思维方式与研究方法，学会认知，学会做事，学会做人，从而养成较高的文化素养和良好的道德品质，塑造出健康的人格。对于大学教师而言，既要以学者的优良品格和学术造诣培养学生、影响学生，更要有志于学术，树立为学术而献身的精神，这乃是大学教师职业赋予的崇高使命。

功利通常指物质利益。人类社会的生存和发展离不开对功利的追求，这也是人性的追求之一，大学教师亦不例外，只不过存在一个社会功利、集体功利与个体功利的关系，需要正确认识和适度处理罢了。

在计划经济"左"的时期是不能言及个人功利的，对教师只讲"安贫乐道"，其实质是只谈精神，不讲物质，使精神失去存的基础，陷入"精神万能"的虚假境地。更有甚之，在大学里把"学术追求"与"功利主义"划上等号，谁想成名成家，则会遭到批判。这种思维与现象既是对精神与物质唯物辩证关系的否定，也是对大学教师职业使命和社会地位的否定，因此极大地挫伤了广大教师的积极性与创造性。改革开放以来，引入的市场机制其实是利益竞争机制，在高等学校实行的以结构工资制为核心的"多劳多得，以量计酬，优质优配"的激励机制，在很大程度上也是以功利为杠杆的。事实表明，这种工资制既有激励作用，还具有约束和调节功能，调动了广大教师的积极性。但是，我们也不能不看到市场机制也会带来负效应的一面，当前大学内出现的"学术泡沫"、"学历泡沫"、"学位泡沫"等现象，其背后深处反映了对功利追求的膨胀，以至牺牲学术之道、教育之道。因此，要避免学术性与功利性之间的矛盾冲突，需要协调好二者之间的匹配关系，使之保持一个合适的度，既不能不讲功利，也不能使功利超越合理的限度。从客观上说，需要从政策上提供学术与功利相对称的措施，营造一个学术追求与功利追求相协调的和谐氛围。对个体而言存在以下选择：① 以学术追求为目标，兼顾功利性的满足，当两者发生矛盾冲突时会毫不犹豫地选择学术而牺牲功利。② 选择功利为目标，学术只是一种谋利的手段和工具，当两者发生矛盾冲突时，则毫不犹豫地维护功利而牺牲学术。③ 以国家和人类的整体利益为目标，将个人的学术追求与功利追求融入到集体与社会发展之中，培养与树立为社会进步和人类发展做贡献的价值观和行为规范。我们希望第一种、第三种选择的人越多越好，第二种选择的人越少越好，这样我国大学的学术研究必将呈现出一派繁荣、和谐的景象。

2. 官本位与学术本位的冲突

官本位与学术本位的冲突，就是人们常常提到的大学行政权力与学术权力之争，这是国内外大学长期存在的一种普遍现象，相关的研究殊多，在此不做展开，仅就当前我国大学内出现的"官本位"现象所透视的官本位与学术本位的矛盾冲突，提一些看法。

当今大学内"官本位"现象的主要表现为：① 以官为中心的等级权力制度似乎比机关还严，从校长、副校长、领导班子成员，到正、副处长，再到正、副科长，一级级等级森严，不好越雷池一步，不仅坐车、用房、办公用品和校内工资等都有严格的级别规定，而且职称评定、获得科研课题、带研究生等也是带官衔的优先(这其中有些人只是挂名，并不参与实际工作)。② 近年来，许多大学教师纷纷走上学校行政领导岗位，其中一些人获得一官半职后，教授、副教授职称便轻易获得，另一些人取得官位后，本不应属于他的职称，却带上教授、副教授头衔(有名无实)，无形中地位、身分都抬高了，于是居高临下，盛气凌人，难怪校园内流传着顺口溜，称这些人："一朝权在手，便把令来行。昨日是同事，如今陌生人。""官威"如此之高，一方面引起了教师们的反感，另一方面却吸引了一些教师想混个一官半职，而不是想一心一意钻研业务、搞教学、搞科研。上述现象凸显出大学行政权力过强，学术权力过弱，淡化与污染着大学的学术气氛，影响着教师献身学术事业的积极性，其实质是从一个侧面深刻地反映着"官本位"与"学术本位"的矛盾冲突。

造成大学出现"官本位"现象的原因是比较复杂的，既有我国历史上和社会上"官本位"思想的影响，也有现实利益的驱动。处理好官本位与学术本位矛盾的关键在于对这一问题有一个正确的认识与选择。其一，应全面准确理解大学既是一个培养高级人才的教育行政组织，又是一个以各门学科专业为基本单元组成的学术组织，客观上存在着两种不同性质的权力，即行政权力和学术权力。行政权力是行政组织机构和行政管理人员所拥有和行使的管理权力，是一种制度形式的表达方式。学术权力是专业组织和专业人员对专业活动的管理权，通过学术控制与影响的方式表达。两者实施权力的机制是不同的，不应混淆，既不可相互取代，也不可片面凸显某一方面权力；它们既存在矛盾冲突又相互联系、相互依存、相互支持，都是维持学校有序运行的重要力量。处理二者关系应当做出的选择是运用政策、制度、规则加以协调与制衡，建立两种权力平衡、相互配合、各司其职的有效体制与机制，并在实践中不断完善与发展这种体制与机制。其二，应全面理解与认识大学的管理主体与客体及人对人的管理是相对的、交互的、循环的。学校中的每个成员、每个组织，既要参加管理，又要接受管理，都处于管理与被管理体系中，任何一项管理，教学、科研、人事、财务、后勤服务等，都是一种双向管理，决不存在只有上对下的管理。其三，应正确认识大学行政权力的作用是为学术（教学科研）事业提供公平的服务，而不是强力控制与干预。在新公共行政发展的历程中起核心作用的弗雷德里克森（H. George Fredenrickson）教授认为："传统的公共行政追求下面两个问题的答案：我们如何以现有的资源提供更多更好的服务（效率）？我们如何以花费最少来维持服务的水准（经济）？新公共行政加上另一个问题：这种服务能促进社会公平吗？"[①]大学作为以学术为途径培养高级人才的公共事业单位，难道不应该为学术和教育的繁荣提供更多、更好的服务与公平吗？

三、大学教师多元文化整合与和谐机制的建构

什么是"文化整合"？一般来说，"所谓文化整合，是指各种不同的文化要素或型式相互适应、协调从而成为一个有机整体的过程"[②]。上面所揭示的大学教师多元文化及其有关的价值观冲突的现象给我们的启示是：文化冲突与整合是紧密联系在一起的，没有冲突就无所谓整合，冲突可导致负效应，表现为人心涣散，产生"内摩擦"、"内耗"等不和谐现象；反之，冲突经过整合会产生凝聚人心、相互支持、合作的协同力量。正如系统科学指出的，世界上的事物都是以系统方式存在的，构成系统的各部分相互联系和相互作用，必然产生某种效应，表现为系统的整体功能不等于部分功能的直接相加之和。这种不满足整体是部分之和有两种可能：一是整体大于部分之和；二是整体小于部分之和。后者的出现即为系统的各部分之间

① 乔治·弗雷德里克森．公共行政的精神［M］．张成福，等，译．北京：中国人民大学出版社，2003：3.

② 郑金洲．教育文化学［M］．北京：人民教育出版社，2000：95.

力量相互抵消产生的负效应导致的。对于大学教师文化这个系统而言，如何降低负效应，增加正效应呢？我们认为，根本途径是对多种类型的文化进行整合，形成一种动态的、稳定协调的和谐文化机制，也就是在大学教师文化的培育与建设过程中，将一个基础（大学精神）、一个战略目标（共同愿景）、三个条件（政策、制度、规则）、三种手段（学习、沟通、协商）的八个要素有机地结合与运用，建构一个大学教师文化整合与和谐的机制，如图 3-2 所示，这是一个多因素相互嵌套、相互支持、相互配合的运作方式。

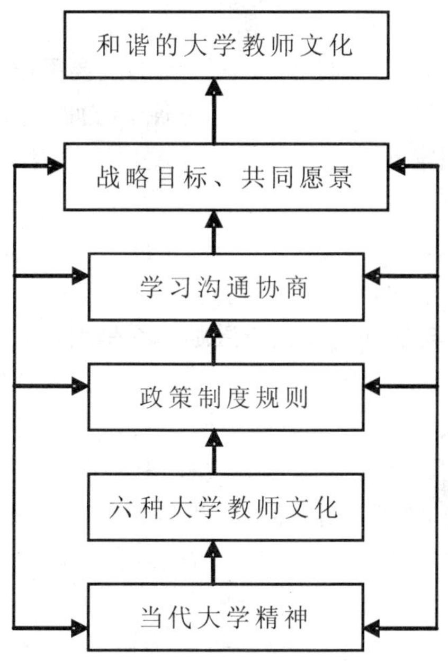

图 3-2　我国大学教师多元文化整合与和谐机制的建构

1. 大学精神是大学教师文化整合的基础

大学精神是反映大学历史传统、特征面貌的一种精神文化形态，它既体现办学方向和办学理念，又体现师生员工的价值追求，并且融一个民族的优秀文化传统与时代精神于一体，集一所学校长期的文化积淀与当代追求于一身，具有鲜明时代个性特征。上节已经提到大学精神包含着自由独立的精神、宽容博大的精神、求真务实的精神、与时俱进的精神、明德弘法的精神、理性批判的精神等基本内容，体现着和谐的意蕴，这是所有大学文化的核心。但具体到每一所大学又有自己的特色和个性，即特有的大学精神，这是该校生存与发展思想的高度概括和总结，是普遍要求与个性特色的统一，是为广大师生所认同的一种群体意识，它需要全体师生在实践中创造，要坚持从群众中来、到群众中去。应积极倡导、大力践行，使大学精神真正内化为师生员工的精神和价值观，形成学校的凝聚力和向心力。

2. 发挥战略目标、共同愿景对大学教师文化整合的导向作用

大学应制定出未来的战略发展目标，描绘出师生员工的共同愿景。一个好的战略目标是激励师生员工进取心、决胜心的思想源泉，是引导全体成员自觉超越客观和人为局限的主体性动力。一个好的共同愿景不仅是学校未来的形象和表征，包含着学校对教职工的希望和激励，引发全体成员对未来学校发展的美好憧憬，而且能塑造广大教师并使他们充满活力朝一个共同目标努力。

3. 学习、沟通与协商是大学教师文化整合的主要手段

大学教师文化包括思想观念和意识形态各个方面，具有感情色彩，包括深邃的内心活动。学习党和国家的教育政策与法规，学习、切磋大学精神的培育与学校战略目标、共同愿景的实现是提高广大教师思想境界的主要方法，沟通与协商可以达到成员之间、成员与组织之间、组织与组织之间信息的交流与情感的联系，产生更多理解与信任，从而促进彼此在公正平等的规则下相互竞争与合作。

4. 发挥制度、政策与规则的约束与激励作用是大学教师文化整合的重要条件

一个学校政策、制度、规则的制定，既要考虑到国家、社会发展对学校的要求，又要紧密结合学校的实际；既要考虑到学校发展的总体利益，又要满足单位和个人的合理、合法要求。政策、制度与规则通过管理运作，其出发点与落脚点是为大学教育与学术的繁荣服务，为广大教师的发展提供一个公平、公正的竞争环境与平台。主张公平的理论家认为："公平是维持社会群体团结的黏合剂，不公平感会加剧社会的不信任；可以预料，不公平会导致政体合法性下降。"①对于大学这个学术民主、学术自由氛围最浓厚的地方，这一点尤为重要。公平的政策，合情合理的制度与规则，明确提倡什么，鼓励什么，限制什么，反对什么，责、权、利明确而统一，既是约束，又是激励，从而调动广大教师的主动性、积极性和创造性。

上述的大学精神、战略目标、共同愿景、政策、制度、规则、学习、沟通、协商等要素是一个相互嵌套、相互交叉的综合集成系统，在大学文化的建设过程中应充分发挥它们各自的特点和相互支持、相互配合的效应，以及它们的综合集成作用，从而构建一个动态的、和谐的大学教师文化机制，营造出一个以大学精神为核心的多元和谐的大学教师文化。

---

① 乔治·弗雷德里克森．公共行政的精神［M］．张成福，等，译．北京：中国人民大学出版社，2003：99．

第四章　用非线性的观点看大学组织的变革与和谐

人类社会从最原始的种群、部落，发展到现在非常复杂的各种组织形式，走过了漫长的一段历史。大学是西方文明中最古老的组织之一，数百年来，它从根本上维持着自身的基本组织形式，以其独特的精神气质生存和发展着。随着时代的变迁与社会的发展，大学与社会环境的关系越来越紧密，大学规模在不断扩大，功能在进一步的扩展，学科的分化与整合走向更深层次，这对大学组织的变革与管理提出了新的课题。组织管理理论范式的转换，其实质是反映了管理思维从线性走向非线性。如何从非线性思维观来认识我国大学组织的特性，并对我国大学组织变革的机制与组织管理整合方式进行分析与探讨，是对日益复杂的我国大学组织进行和谐管理研究的重要方面。

第一节　组织管理理论范式的转换

美国哲学家、科学史学家、麻省理工学院教授托马斯·库恩强调科学发展过程中范式(Paradigm)所起的作用。所谓范式是在某个时代人类共有的对事物的见解、思维方式及思维框架的总称。库恩在《科学革命的结构》一书中写到："我选择这个术语，意欲提示出某些实际科学实验的公认范例——它们包括定律、理论、应用和仪器在一起——为特定的连贯的科学研究的传统提供模型。"①"以共同范式为基础进行研究的人，都承诺同样的规则和标准从事科学实践。"②范式随时代的变迁在不断地变化着，称为范式演变。根据库恩的观点，事物的发展不是在相同的思维框架内连续地发展，而是在不断改变思维框架(范式演变)的情况下向前发展。

① 托马斯·库恩．科学革命的结构 [M]. 金吾伦，胡新和，译．北京：北京大学出版社，2003：9.

② 托马斯·库恩．科学革命的结构 [M]. 金吾伦，胡新和，译．北京：北京大学出版社，2003：10.

他指出:“一种范式通过革命向另一种范式的过度,便是成熟科学通常的发展模式。”[①]因此,当旧的范式变得日益不能解释新的或新发现的事实时,能用更加令人满意的方法来说明那些事实的范式就取代它。社会科学研究通常总是从自然科学中借用有关概念、方法与范式。在组织管理理论的研究中,人们在分析组织现象时,常常从不同的理论角度、层面来解释组织的管理行为,对社会及环境所给予组织管理行为的限制做不同的假设,由此形成了组织管理理论范式。20 世纪下半叶以来,由于来自组织及其管理的复杂性问题的挑战,组织管理理论范式正在经历从确定性范式转向不确定性范式和复杂性范式。

一、组织概念的延伸

对于组织的概念,不同的学科研究中有多种表述。如路易斯·A·艾伦(Louis A. Allen)将正式的组织定义为:“为了使人们能够最有效地工作去实现目标而进行明确责任、授予权力和建立关系的过程。”[②]切斯特·巴拉德(Chester Barnard)将一个正式的组织定义为:“有意识地协调两个或多个人的活动或力量的系统。”[③]根据巴拉德的定义,组织的 3 个要素是:共同的目的,服务的意愿和沟通。贝塔朗菲提出的一般系统论,强调组织是一个开放系统。基于系统论观点的组织理论不仅特别强调组织中各个子系统及其相互关系,而且还明确指出组织与外部环境的相互关系,即组织从外界接受资源、能量和信息,经过转化后又将生成物输送到外界去。纵观多数学者对组织的定义,似乎都强调把组织作为现存事物的存在,它是事物内部(及其与外部)按照一定结构与功能关系构成的方式和体系。当今,随着经济全球化的迅猛发展,科学技术日新月异,组织的内部结构与外部环境在不断地变化,组织的概念也在不断地延伸,认为组织是一种过程性的演化体系,指事物朝着空间上、时间上或功能上的有序组织结构方向演化的过程体系。这种情况,往往又称为“组织化”。组织或组织化的结果是将分层性、结构性、过程性、复杂性、反馈、有序等概念联系起来。

---

① 托马斯·库恩. 科学革命的结构 [M]. 金吾伦,胡新和,译. 北京:北京大学出版社,2003:11.

② LOUIS A ALLEN. Management and Organization [M]. New York: McGraw-Hill Book Company, 1958: 57.

③ CHESTER BARNARD. The Functions of the Executive [M]. Cambridge: Harvard University Press, 1968: 73.

组织或组织化，是一个连续统一体，意味着多种组织过程。

(1) 组织的分层化或结构化过程。组织分层是指按照一定的标准将人们区分为高低不同的等级序列，而结构化既说明组织系统整体和构成的结构，又喻示着在组织演化过程中，后继结构比先前结构更有秩序或更具有弹性、灵活性的结构状态。

(2) 组织的演化过程。组织化意味着组织从无序、混沌向有序结构方向演化，或从低有序结构向高有序结构方向演化。在这一过程中，既有旧结构的瓦解，也有新结构的诞生，组织系统的这种有序状态不是僵化不变的，而是在变动中的适应。组织的演化方式包括：① 开放系统，加强物质、能量与信息的输入，使得自组织过程得以产生；② 激励系统内部子系统的非线性相互作用，通过竞争、合作，推动系统产生新的模式和功能；③ 通过循环耦合，突变渐变途径，使得系统得以维持自组织并且发展演化多样性，增强有序程度和关联程度，通过自相似构建和寻求混沌的临界点或临界域，将系统的演化推进到最大的复杂性可能空间，创造演化有序发展的良机。

(3) 组织复杂性增长的过程。组织化既意味着组织层次上的纵向复杂性或同一水平组织层次上的横向复杂性的增加，也意味着随组织分支机构的增加而出现的区位复杂性的增加。从某种意义上说，组织复杂性的增长标志着组织结构和功能的提升，也喻示着组织及其管理的复杂性增加。

(4) 组织化是一个非线性反馈的过程。组织化的结果构筑了一个非线性反馈网络系统，这个由行为主体——人组成的网络系统通过分层化或结构化过程实现了组织化，各个行为主体按照一定的组织规则相互作用、相互影响彼此的行为，通过非线性反馈来修正或改进自我行为，进而改善整个网络系统的行为。因而，组织系统是一个非线性反馈的过程。

可见，随着组织及其环境复杂性的增加，组织管理理论把组织视为一个有生命、动态、演化、自我进化的自组织系统，是一个不断与外界环境发生作用的自组织过程，其秩序的形成是一种自发的行为。

二、组织管理理论范式的转向

在知识经济社会，组织发展过程中的不确定性和组织经营环境的不稳定性，使得愈来愈多的管理学家倾向于将组织系统理解为一个开放的有机体，一个非线性系统或复杂性系统，因而应用非线性理论或复杂性理论研究组织变革与发展问题，解决和解释组织变革与发展过程中出现的新问题和新现象，就成为组织管理理论范式发展的一个显著特征。

1. 复杂性范式的提出

从组织变革的思维观上看,"由牛顿的科学和笛卡儿的哲学所形成的机械论思维主导了我们的整个想法、我们的组织性质乃至西方工业社会的结构,其影响之深没有人能完全体会和认识,而且还迅速向全球扩散。这种思维甚至认为宇宙乃至其中万物,无论物理、生物或社会层面,都可以化简为类似钟表的机械运动,各个组成零件均以精准可测的线性因果律相互作用。如果我们能完全解析个别零件及其作用,即可据以重建世界及其中万物……"①与自然科学长期受牛顿力学的影响一样,传统组织管理范式的研究也长期受牛顿机械论范式的影响。

在这种线性的机械论思维观影响下,"科学管理之父"弗雷德里克·W·泰勒于1911年发表了《科学管理原理》一书,它表明组织及其管理就像一架运行良好的机器,原因与结果之间的联系是简单的、明晰的、线性的,从而为规则化的、可预测的组织及其管理活动提供了前提。科学管理理论认为,如果能找到预先就存在那里的确定的理性技术和方法,组织就可以更好地实现目标。科学管理对组织及管理的规定性、确定性以及预测和控制的追求,已经成为一种管理学研究中的普遍心态或价值取向。按照这种观点,传统组织理论"首先就是注意管理人员的职能,然后再研究这些职能,并从纷繁复杂的管理实践中探求出基本规律,以期对这些职能进一步详加剖析。"②也可以说,"从现代的观点看,目标、决策、计划、领导、监督、控制是管理的一个全过程,是在一定的组织架构下进行的。"③

韦伯(Weber)的科层制(Bureaucracy)理论也基本上遵循了这种思维方式,其典型特征为:组织建立在对权力和理性法规的信念上,通过相应的规则组织活动;层级式的管理结构和等级制度;在一般原则和知识控制下的基于专家和书面文件的管理。

此后,组织管理理论经历了几代的演化,从人际关系理论(包括梅约对非正式组织的发现、赫茨伯格的激励理论、麦克雷格的人性假设等),到巴拉德的组织协作理论,以及西蒙的决策理论,都力图找到影响组织士气和工作效率的某种确定性因素和稳定的、清晰的因果关系,然后通过对这种因素和关系的操作来控制组织

---

① DEE W HOCK. Birth of the Chaordic Age [M]. San Francisco, California: BerrettKoehler, November 1999:51-52.

② HAROLD KOONTZ. The Managemen Theory of Jungle Revised [J]. Academy of Management Journal, 1980, 5(2):175-187.

③ 芮明杰. 管理学:现代的观点 [M]. 上海:上海人民出版社, 1999:前言.

行为。

综上可见,传统组织理论的思维基础来自牛顿力学和笛卡儿思维,强调理性、确定性、秩序、线性、还原性。认为追求真理就是寻求确定性,事物的存在都遵循某种规律,研究的任务就是要发现这些规律;认为秩序是客观规律的体现,是事物存在的基本方式;认为线性和严密的逻辑既是事物本身所固有的,也是我们对待事物的科学的方式。这种机械论的管理思维,在外部市场变化相对平稳,组织可以准确把握市场需求的时代,也许可以有效地组织安排内部的生产作业,但是在现代信息社会,组织的外部环境是复杂、瞬息万变和不确定的,要求组织快速反应、灵活应变,因而传统组织理论所遵循的机械论思维观在组织管理运作中的不足就暴露出来。

20 世纪下半叶,随着协同论(The Synergetics)、耗散结构理论(Dissipative Structure)、突变论(Mutants)、分维论(Dimensions Theory)、分型论(Fractal Theory)、超循环论(The Hypercycle)、混沌论(Chaos Theory)和模糊论(Fuzzy Theory)等非线性理论的问世,人们逐步发现,在非线性旗帜下开展的复杂性范式的各项研究,对整个管理科学所产生的震撼丝毫不亚于 20 世纪初的科学管理和人际关系学说。20 世纪 90 年代以来,有关客观世界的规律性、历史发展的必然性、知识的客观真理性以及各种决定论(Determinism)的思想观念都遇到了挑战;人们越来越认识到随机性(Randomness)、偶然性(Happenstance)、主体性(Subjectivity)在组织及其管理中的作用,组织及其管理本身就是一个复杂的演化系统,包括了许多的变量和参数,它们之间的相互关系构成了一幅非线性的图像,认为传统的、"科学的"认知方式和管理模式需要改变。传统组织理论注重管理的理性面而忽视管理中的非理性因素,导致组织生态环境恶化、资源日渐枯竭,组织之间经济纷争和利益争夺加剧,组织内部冲突不断,过度控制而导致组织内的人为管理制度异化。这一切不和谐的根源在于传统组织理论所赖以建立的理性主义和机械论范式。通过对传统组织理论的反思与批判,组织理论新范式旨在追求一种和谐管理的思想,极力倡导在管理过程中建立起组织与世界、组织与组织、组织与员工之间的和谐关系。因此,库恩指出:"只要范式所提供的工具能解决它所规定的问题,科学就进展得最快,可以最深入地合理利用这些工具。理由是清楚的:科学像制造业一样——更换工具是一种浪费,只能留到需要的时候再进行。危机的意义就在于它可以指示更换工具的时机已经到来。"①

① THOMAS S KUHU. The Structure of Scientific Revolution [M]. 2nd ed. Chicage, Illinois: The University of Chicago Press, 1970: 67.

埃德加·莫兰在质疑西方社会传统的哲学、社会学及科学观时提出了“复杂思维范式”,这一独特思想体系旨在于批判西方割裂、简约各门学科的传统思维模式,通过阐述现实的复杂性,寻求建立一种能将各种知识融通的、既蕴含又分离的复杂思维模式。彼得·F·德鲁克认为,知识经济时代是一个“非连续性时代”(The Age of Discontinuity),要想成功,就不得不学会与这个非理性、不确定的环境相处,那就是要进行组织的变革与创新。传统组织理论范式所遵循的认识和行为模式已无法应对后工业社会中人性的复杂多样性、组织运作中的不确定性和组织管理的非线性等人类文明的新内涵。复杂性系统是不能用传统理论与方法解释其行为的系统,“复杂性必须用复杂性的方法来研究”①。因而,组织管理学研究需要创造一种支持和培育创造性的环境,需要通过打破固有的范式,引进变化,追求一种多元的、多维的、不确定的、非平衡的状态,组织管理理论的复杂性范式由此应运而生。

2. 多元化的复杂性范式

由于不同的管理学家站在不同的立场、采用不同的研究方法研究不同组织的复杂性问题,而且其他学科关于复杂性问题的研究也对管理学的研究有极大的影响,因此组织及其管理的复杂性范式并没有一个统一的范式,而呈现出多元化的特征。下面选取一些有代表性的做一介绍。

美国著名组织管理学家卡尔·E·维克的“松散连接的系统”②和麦克尔·D·科恩、詹姆斯·G·马奇、约翰·P·威尔森等人的“有组织的无序状态”(Organized Anarchy)和“组织选择的垃圾箱模式”③,向人们揭示了组织的非线性、复杂性与混沌状态。

美籍日本管理学家、麦肯锡公司咨询顾问大前研一最突出的观点是他认为,按日本方式制定的战略集中表现为非理性与非线性。他指出:“现实世界中的现象和事件不一定都与线性模型相吻合。因此,分步法肯定无法可靠地做到在将特定情形分解成连续的各部分后,还能再将分开的各部分以理想的方式重新组合起来。其实,人脑才是非线性思维的终极工具。真正的战略思考与依赖于线性思维的传统运作系统有着本质的不同。当然,它与完全依赖直觉、排除所有解剖和分析的方

① 苗东升.论复杂性[J].自然辩证法通讯,2000(6).

② KARL E WEICK. An Appreciation of Social Context: One Legacy of Gerald Salancik [J]. Administrative Science Quarterly, 1996, 41(4): 563-573.

③ MICHAEL D COHEN, JAMES G MARCH, JOHAN P OLSEN. A Garbage Can Model of Organizational Choice [J]. Administrative Science Quarterly, 1972, 17(1): 1-25.

式也完全不同。”①

法国南巴黎大学(Paris-Sub University in France)复杂性理论研究专家波纳鲍和美国战略合作集团(The Strategic Alignment Group)主席、管理学家梅耶从复杂性系统理论入手,把组织系统看成是一个蜂群系统(Swarm System)。所谓的蜂群系统是一个有生命的、会思考的有机系统,系统本身具有自组织的特性。如果把组织看成是一个蜂群系统,已有的战略模式就不再适用,需要寻求的是一个在不确定条件下组织生存与发展的新战略。这时的战略模式就是一种非线性的混沌战略模式。

英国组织伦理学家拉尔夫·D·斯泰西论证了组织系统与混沌战略之间的关系,探讨了企业应付混沌的组织形式,提出未来的组织是能够控制的混沌组织,即战略网络。在此基础上,他进一步研究了组织复杂性与创造性的问题。他指出,组织是一个复杂的演化系统,这个系统是在稳定区域、不稳定区域和混沌边缘等三种区域中运行的。当运行在稳定区域时,组织的短期行为是可以预测的;当运行在不稳定区域时,无论是长期还是短期,组织行为都是不可预测的;当运行在混沌边缘时,组织行为是不可预测的,但不稳定性会局限在有限的边界内。在这里,我们可以看到拉尔夫·D·斯泰西反映出一个观点,那就是管理学具备局部预测的功能,而不是具备整体预测的功能,这实质上是对传统管理学认为管理具有整体预测观点的一种修正。

美国马萨诸塞州大学管理学教授戴维·L·利维指出,混沌战略就是要把组织看成是一个动态的、复杂的系统,因而管理学就失去了预测的功能,长期的战略计划、规划成为不可能。取而代之的是,管理者需要用组织的愿景(Vision)和政策(Policy)来影响组织的自组织的方式,从而使组织结构得到优化,使组织结构成为有活力的系统。

管理学家萨克曼指出,新时代的组织文化充满了冲突与复杂性,从多种层次上分析了组织文化的复杂性问题。美国系统科学家约翰·N·沃菲尔德与墨西哥管理学家洛克萨纳·卡登纳斯提出了交互式管理(Interactive Management)的理论与方法,提出了一种在复杂性环境下进行决策的分析方法。正如蝴蝶效应(Butterfly Effect)会引起风暴,组织及其管理活动中的初始测量所不可避免的误差和计算中舍去的尾数在迭代中放大,还有各种分叉、扰动与涨落等。这一切使得未来是如此的不确定,又不可预言(Unpredictability)。也许这印证了两千年前古希腊哲学家苏格拉底的智语:“我知道我不知道。”

① KENICHI OHMAE. The mind of the Strategist [M]. New York: Free Press, 1982: 61.

美国加州大学洛杉矶分校教授比尔·麦克尔维研究了企业组织群的协同进化问题。美国德克萨斯州立大学(University of Texas)行政与政治经济学教授道格拉斯研究了应用混沌理论来理解公共事业组织的复杂行为,根据混沌理论的"内随机性"原理提出了组织管理的"松—紧"(Loser-Closer)原理。

20世纪下半叶组织管理理论比较公认的研究热点还体现在"权威理论"(Guru Theory)、"全面质量管理"(Total Quality Management)、"企业流程再造"(Business Process Reengineering)、"学习型组织"(Learning Organization)、"战略联盟"(Strategic Alliances)和"标杆管理"(Benchmarking)等上。这些理论更加注重组织及其管理的过程,而不是管理的职能与目的;更加注重研究组织的生态系统及其演化;更加注重研究复杂性组织系统的不确定性、复杂性与非线性。

以上管理理论与方法从多角度对组织管理中的复杂性问题进行了研究与探讨,为我们展示了一幅丰富多彩的、多元的组织研究前沿图景。它们在思维方法上由追求机械性思维、结果思维、还原思维与线性思维转变到强调整体思维、过程思维、演化论思维、关系思维、有机性思维、创新思维与非线性思维。用这些新的世界观来看待组织及其管理问题是组织管理理论复杂性范式的最突出特点。

三、组织结构的发展与创新

组织结构,指"组织内各构成部分及各部分之间所确立的关系形式"①。在组织的构成成分相同的情况下,不同的组织结构可产生不同的组织功能,呈现出不同的组织形态。一个组织生命力的强弱往往与它的组织结构有直接的关系。随着信息技术与经济全球化的不断发展,知识经济的浪潮正扑面而来,冲击着组织管理的每一个角落,组织管理理论范式在转向复杂性范式的同时,组织结构也面临着全新的挑战,亟待创新。因此,构建在动态、复杂环境下,更具灵活性与适应性的组织结构新模式,是时代发展与组织竞争力提升的必然要求。

1. 基本的组织结构模式

基本组织结构主要有三类:

(1) 直线职能式。直线职能结构是在综合直线结构和职能结构基础上形成的一种组织结构形式。所谓"直线",是指组织中存在着自上而下的垂直领导而形成的一条直线指挥链。特点是:统一指挥,分工明确,层级管理,效率导向。如大学

① 弗里蒙特·E·卡斯特,詹姆斯·E·罗森茨韦克. 组织与管理:系统方法与权变方法[M]. 李柱流,刘有锦,苏沃涛,译. 北京:中国社会科学出版社,1985:232.

行政组织中,校长—院长—系主任就是这样一条直线指挥链。所谓"职能",是指集中组织中从事相同或相似工作的人,建立起承担某方面管理职能的部门,职能机构和职能管理人员,他们是直线指挥机构和指挥人员的参谋机构和助手,只对下级机构和人员的工作提出建议,进行业务指导,没有决策权。如大学的教务处、科研处、人事处等。直线职能式组织结构,既保持了直线的统一指挥,领导者集中权力,又设立了承担具体管理职能的部门,发挥其专门化管理的作用。这是目前我国大学普遍采用的组织结构形式。

(2) 事业部式。它的最大特点是,总部和下属各单位(事业部)都有真正的职权。下属的事业部是一个自治性单位,其负责人对本部门的各类具体事项负责。如大学某科研项目的开展:可将某科研项目分解为若干子项目,子项目下又有若干研究小组;每个子项目自成系统,每一子项目的负责人实际上就是一个"部门经理",负责与该子项目相关的一切事务,如人员调配、工作分配、财务管理等,在该子项目的研究范围内享有自治权。这种组织结构形式的缺点是:由于各部门独立运作,各部门都有自己的职能机构,各部门都要做一些相同的行政事务性工作,造成资源浪费;各事业部之间存在协调问题;各事业部都以本部门的利益为重,全局和整体观念欠缺。

(3) 矩阵式。所谓矩阵结构,就是在原有的纵向系统的基础上,又建立一种横向的系统,两者结合而形成的一种结构。它能加强部门之间、组织之间的协作,把垂直联系和水平联系较好地结合起来,是既讲分工又讲协作的一种组织结构形式。矩阵组织结构又称规划项目结构,它是同时进行若干项目管理的一种最常见的组织结构形式。当项目规模较小时,组建一个独立的项目组就会造成浪费;当一个单位同时进行若干个项目时,就难有足够的力量保证为每个项目成立一个项目组。在这两种情况下,就必须考虑其他的项目管理的组织结构形式。矩阵结构组织正是适应这一需要而产生的。矩阵式的特点是:以解决问题为目标,以任务、工作为中心,组织间的信息交流以横向为主,纵向为辅。大学跨学科、跨单位的研究项目中经常采用这种组织结构模式。

以上三种一般组织结构模式基于泰勒"分工带来效率"的理论基础,表现出科层性、理性化、控制性、稳定性与封闭性等特征,对在稳定的环境中运作以及机械性效率的提高有明显的效果,但是也表现出种种弊端:过分强调分工,忽视整合,高度专业化的部门难以应付市场竞争和顾客需求变化带来的经营危机;管理层次过多,阻碍信息交流,信息交流以单向为主,跨职能协调较为困难,造成决策迟缓;权力过于集中,使得组织变革迟缓,等级森严的"官僚体制"扼杀人的个性与创造性,员工的主动性、积极性难以发挥,工作难以创新。随着现代社会的迅猛发展和知识经济的到来,组织的外部环境也越来越复杂与不确定,传统的组织结构已很难适应基于以“3C”(顾客、竞争和变化)为特征的三股力量,需要变革与创新。

2. 发展中的组织结构创新

为了克服基本组织结构的弊端,适应现代社会发展的需要,国内外一直在探索组织结构的创新,主要有以下几种形式:

(1)扁平化组织结构。扁平化结构是一种通过减少管理层次、压缩职能机构、裁减冗余人员而建立起来的一种紧凑而富有弹性的新型团体组织,它具有灵活、敏捷、快速、高效的优点。其典型特征是:① 围绕工作流程而不是部门职能来建立组织结构;② 纵向管理层次简化;③ 组织资源和能力侧重于基层;④ 顾客需求驱动。扁平化组织的竞争优势在于不但降低了组织管理的协调成本,同时还大大提高了组织对市场和顾客的反应速度及满足市场与用户需要的能力。信息技术的发展,使组织中中层管理人员上通下达高层管理者意图的“放大器”功能和收集加工大量底层信息的“过滤器”功能,在很大程度上可以被现代技术所提供的大容量通讯技术所替代。因此,扁平化组织是知识经济时代独具特色的组织结构创新。

(2)网络组织结构。网络结构是指以信息技术为工作平台,通过网络上的结点以及各结点之间的立体连接和信息沟通方式,将组织的若干构成单元连结成网的一种交叉功能强、富有弹性、灵活性高、递阶层次少的结构。在此结构中,结点是各研究小组、工作站、课题组或项目计划团队,各结点之间的关系是平等的、非刚性的。纵横交错的网络使组织得以进行全方位的信息沟通,提高了组织机构的应变能力和创新能力。如浙江大学以校内许多高水平的学术机构(结点)为核心,在它们周围建立了大批组织网络,包括合办学院(城市学院、宁波理工学院、软件学院),与企业界、金融界、政府合办研究机构(科技中心、推广中心),通过教授及其研究团队创办新型企业,并且以孵化器、科技园等形式与社会进行人员、信息的输入与输出联系。畅通、快捷、全方位的信息交流与合作提高了大学学术创新能力与社会服务能力。

(3)虚拟组织结构。顾名思义,虚拟组织并不是真正意义上的组织,但它却有组织的大部分功能。其特点是:① 依赖网络技术的应用和发展;② 以一个清晰明确的目标集合为工作中心;③ 组织内的研究人员以自己的核心优势结成伙伴关系和联盟;④ 在研究人员互信基础上开展合作。虚拟组织结构打破了地域限制,实现了资源共享和共同目标下的远距离合作。目前,许多科研组织特别是国外一些依托于大学的科研组织采用虚拟组织结构取得了很大成功。例如,加拿大微电子能源技术网络中心即由22所大学、32家公司和4所科研机构(国家级、省级)组成;网络中心设有一个董事会、一个管理中心(依托多伦多大学),还设有协调委员会、商业发展和企业咨询委员会；22 所大学依地理位置组成 9 个大学协调中心，每个中心设一名协调人；所有的研究计划均受协调委员会的监督和指导；董事会对网络中心负全部责任；商业发展和企业咨询委员会就长期研究方向和技术转让活动向董事会提出建议；管理中心由计划执行董事领导，对网络中心进行管理；计划执行董事同时又是协调委员会和指导委员会的主席。该中心的成功运作，充分体现了虚拟组织结构的强大生命力。其成功经验包括：形成了企业关联度大的微电子技术科研计划；培养了一批高素质的人才（在 1999～2002 三年间共培训了 126 名硕士生和 101 名博士生），为微电子产业的发展做出了贡献；提高了企业参与度和对中心的资金投入；整合了大学、企业和政府的资源和力量。中心充分发挥了各个组织成员的优势，形成了全国范围内的多层次科研计划体系，产生了科研活动的副产品。

(4) 团队组织结构。团队是指知识和才能互补并为共同目标而工作的人员的集合，建立以团队为单位的组织结构来进行决策和解决实际问题可以提高效率。它具有如下特征：① 有明确的目标，如从事新产品开发研究、新工艺流程研究、市场调查等。② 团队的成员按才能互补的原则自由组成，不同个性、不同专业和能力背景的人员组合在一起，有利于不同观点的交流和碰撞，从而加速决策的形成或问题的解决。③ 团队成员地位平等，只有工作分工的不同，没有上下级之分和轻重之别。④ 团队是一个智能互补、信息共享、责任共担的集体，团队的利益和集体的绩效至上，个人价值只有融于团队价值之中才能得到实现。团队的形式一般有部门内的工作团队、跨部门团队和为特殊任务设计的团队如质量改进团队、成本控制团队、服务创新团队等。⑤ 团队具有高度的弹性，即为保证团队任务的实现，采用适当的领导方式。⑥ 建立团队文化，充分运用肯定与欣赏的积极态度进行士气的鼓励，以培育有强烈的向心力、既竞争又合作的团队精神。目前，许多大学中创建了各种学术创新团队，整合资源、优势互补，充分调动了学术人员的积极性，创造出许多有价值的科研与教学成果。

以上类型的组织结构相互联系、相互渗透，表现为扁平化、灵活性、开放性、创新性等特点，在知识经济背景下，呈现出强大的生命力。此外，基本的组织结构虽然有其弊端，但也有其存在的合理性，在特定的时空与问题上还将发挥积极的作用。因此，在实际的应用中要根据组织及其环境的不同性质、特点，具体问题具体分析，选择最佳的组织结构模式，尽量将基本组织结构与创新组织结构的长处结合起来，尽量克服两者的缺点，在实践中创造出更好、更新的组织结构。上述组织管理理论范式的转换以及组织结构的创新，虽然是针对一般组织而言，但也与大学运作特点有不谋而合之处，对我国大学组织的管理与变革亦有重要的启示与借鉴意义。大学组织的结构设计，既要从时代的发展、组织管理思维范式的转换出发加以设计，还必须从大学的权力运行加以考虑，因为权力是组织结构联系的“血液”，权力与职责的划分是保障大学组织各组成部分有序运行的前提。这方面的内容将在下一章做详细论述。

第二节　非线性视角下大学的组织特性

随着大学职能的拓展、组织规模的膨胀、内部结构的复杂化以及与社会联系的广泛深入，大学的管理活动变得日益复杂和难以把握，深入分析现代大学的组织特性，准确把握大学组织的一般特征，是我们进行管理创新、组织创新的重要基础和依据。自从 20 世纪 60 年代组织管理理论被自觉地运用到大学管理研究领域以来，研究者一直在探讨大学的管理如何与其组织特性相适应，以有效地实现组织目标。威廉・H・考利从科学管理的角度研究大学，提出科层组织对于增强大学的功能、抵抗内外威胁是必要的；约翰・克森将大学与政府、企业的管理进行比较，阐明了它们在目的、原理、价值观念等方面的重大差异；迈克尔・科恩和詹姆斯・马奇把大学描绘成一种“有组织的无序状态”，认为大学的管理程序并非严格遵循科层逻辑或者民主逻辑；托尼・比彻论述了由特定的知识群所组成的学科文化之间的差异及其对大学组织的影响；维克多・鲍德里奇认为大学组织的独特之处表现为“具有模糊而纷争的目标系统，服务于其需求影响到决策过程的顾客，多方面的非常规技术，高度的专业化和相互割裂的专业人员队伍，对外部环境越来越脆弱”；彼得・布劳则指出了科层化与学术组织的矛盾，大学教师间尽管存在等级以及对学术事物的影响不同，但却不存在彼此监督的层级关系。伯顿・克拉克比较系统地分析了大学组织，对大学组织特性的研究做出了重要贡献，他认为大学是围绕学科和行政单位组成的矩阵型组织，其基本组织单位是从学科出发并围绕学科发展起来的集工作、信念、权力各种形态为一体的综合机构。“知识是人们赖以开展工作的基本材料；教学和研究是制作和操作这些材料的基本活动；这些任务分成许多相互联系但却独立自主的专业；这种任务的划分促使控制权分散；最后，目的必然是模糊的，广义概括的目标可以起到使基层操作部门具体目标合法化的作用。”[①]依据上述的各种观点，从非线性的视角分析，可以从以下几个方面来认

---

① 迟景明．现代大学的组织特性与管理创新［J］．大连理工大学学报：社会科学版，2002(6)．

识和理解大学组织的主要特性。

一、复杂性与矛盾性并存

从某种意义上可以说，作为社会子系统的大学是我们迄今看到的最复杂的社会组织。大学组织的复杂性主要表现在以下几方面：

(1) 功能的复杂性。伴随着社会的发展与时代的进步，大学在现代社会中的重要性与日俱增，社会环境对大学的制约和要求并非是单一的，而是多样的，因此大学日趋具有系统整体的多功能性。大学通过人才培养、科学研究、社会服务功能所表现出的政治功能、经济功能与文化功能等在变化的环境与形势下，其内涵与外延在不断的拓展与延伸，各种功能呈现出相互联系、相互制约的复杂的非线性关系。

(2) 结构的复杂性。大学组织功能的复杂性导致大学组织系统结构的复杂性。大学是以学科为基础，围绕多种功能发展起来的集劳动分工、信念形成、权责利分配于一体的，既有学术性质，又有科层性质的综合机构。从层次上看，设有校—院、处—系、室、所；从功能上看，设有行政机构、教学机构、科研机构、后勤服务机构以及对外联络机构等。大学内部组织种类繁多，结构层次多，各部门、各学科之间相互影响与制约，构成一个复杂的网状体系。同时，大学组织既有制度化的正式组织又存在非制度化的非正式组织，不能忽视的是这种非正式组织对大学各级组织的影响作用甚大。此外，大学组织的权力结构也是复杂的，通常是一个行政权力、教授个人权力、教授组织权力、教师（讲师、助教）权力、学生权力等并存的多元复杂权力结构。

(3) 成员的复杂性。大学组织系统的微观组分是人（成员），人本身就是开放的复杂系统。大学组织成员分布在不同的学科与部门中，其知识结构、文化价值观念与行为方式表现为多元性与复杂性。在实现创新知识和培养人才这两项大学的主要使命的过程中，其主要成员是广大教师、学生与科研人员，他们所从事的学术活动是一种复杂的脑力劳动，因而只有由掌握了复杂劳动能力的人才能担任，这些人是“一群对自己的专业知识和思想有一种庄严的敬意、不肯屈服于知识之外的压力并严肃追求科学、具有独立人格并以科学为是非准绳的知识分子”①。由于劳动的性质和对知识的占有，使他们更具有强烈的自主意识、批判精神、民主参与、独立和自由的个性。

---

① 眭依凡．改造社会：未来大学新职能［J］．上海高教研究，1995(3)．

(4) 活动的复杂性。大学功能、结构与人员的复杂性决定了大学活动的复杂性。大学的主要活动就是对高深知识进行选择、保存、传承、批判、创新与应用，它以人力资源的开发，人力资本的提升和知识资本的积累、增殖为宗旨进行组织定位，使其活动构成不是社会化的"一般劳动"，而是具有探索性、不确定性、不可预测性、长期性、艰巨性、创造性，以及既有个体性又有群体性特征的极为复杂的智力劳动与科学劳动。

(5) 与社会联系的复杂性。大学组织是一个开放的系统，与外部社会环境之间的相互联系与相互作用是通过人员、物质、知识、信息等交流与交换来实现的。大学教育的对象来源于社会，大学培养大量高素质人才，最后又回归于社会；大学的科研成果转化为生产力，促进社会经济的发展，服务于社会。随着我国《高等教育法》的落实，依法自主办学的大学已成为动态和自组织的独立事业法人单位。大学已从社会的边缘走向社会的中心，不仅大学的物质、文化建设是国家、社会与地方城市现代化建设的一部分，而且大学的事业也是国家事业的重要组成部分，大学只有主动地适应社会发展的需要，服务社会，积极支持国家与地方的发展与建设，才能获得政府与社会的支持与帮助，获取稀缺的社会资源(资金、物资、学生等) 并在学校内部进行合理配置而生存、发展。我国正处在计划经济向社会主义市场经济转轨的时期，改革开放向纵深发展，社会政治、经济、文化环境正在发生全面与深刻的变化，因此大学与社会的联系也日益复杂，表现出不确定性与复杂性。

上述大学组织的复杂性导致了大学组织内部充满许多矛盾及冲突。研究与分析大学组织运行过程中的矛盾性，有助于我们全面、客观、深入地认识大学组织及正确处理大学发展中的特殊矛盾，从而针对性地引导大学选择正确的改革和发展方向。

大学组织的矛盾性主要体现在：第一，社会的现实要求与大学自身发展的逻辑规律及本质属性的矛盾；第二，行政权力与学术权力的矛盾；第三，大学多元文化的矛盾；第四，大学科学教育与人文教育的矛盾；第五，大学自主办学与政府控制的矛盾；第六，人才培养的数量与质量的矛盾；第七，教学与科研的矛盾；第八，通才教育与专业教育的矛盾等。这些矛盾相互渗透、相互交叉。对我国大学而言，笔者认为，当前主要矛盾是学术性与功利性、学术本位与官本位的矛盾。

大学的复杂性导致了大学的矛盾性，大学的矛盾性反过来又加剧了大学的复杂性。非线性相互作用则是大学复杂性与矛盾性背后更深刻的内在根据，导致大学资源投入与产出的非相关性、效能的不确定性、组织自发的变迁等一系列现象。总之，大学是一个非线性的、复杂的矛盾统一体。

二、多样性与统一性并存

伯顿·克拉克(Burton R. Clark) 在他的《高等教育系统》一书中，录引了法国著名教育社会学家埃米尔·涂尔干(Emile Durkheim) 如下一段话:"很少能找到一种机构，既是那么统一，又是那么多样；无论它用什么伪装都可以认出；但是，没有一个地方，它和任何其他机构完全相同。这种统一性和多样性构成大学是中世纪生活的自发产物的最后证明；因为只有活的东西才能这样尽量充分保持它们的个性,同时使它们自己服从和适应形势和环境的变化。"①伯顿·克拉克对这段话的高度重视是有原因的，它揭示了大学组织最基本的特性：多样性和统一性并存。大学组织的多样性表现为：

(1) 职能的多样性。作为一种复杂的社会组织,大学功能的复杂性与大学职能的多样性是相通的。大学集人才培养、科学研究和社会服务三大职能于一身，况且它们还是外延较大的集合概念，每项职能下面都包含了更多的与其内涵相关的具体职能,例如人才培养包括德育、智育、体育、美育以及创新精神与实践能力的培养等;科学研究包括保存知识、探究知识、创新知识、应用知识等;社会服务包括科学咨询、专利出售、资源共享、产学合作、社区服务、人员培训等。大学职能的多样性，一方面来自人类社会发展对大学不断提出的多种要求，另一方面也是大学本质属性必然外显的结果。教育基本理论认为，教育组织至少有三个要素：教育者的有目的的活动，教育资料，教育对象。由于"教育者活动的目的产生于对社会需求的选择，归根到底受社会需求及社会条件制约;教育资料源于文化；教育对象是有待培养的人。"②因此，教育的社会本位、文化本位、个体本位价值是自然形成的。对大学而言，这三类价值以育人的价值、学术价值和社会价值显现，外部表现为人才培养、科学研究和社会服务三大职能。

(2) 目标的多样性。大学目标的多样性体现在各国都建有自己的高等教育目标，且每一所大学均形成了体现各自办学特色的目标倾向及多目标体系。美国学者爱德华·格罗斯(Edward Gross) 和鲍尔·格兰巴斯(Paul Grambach) 在一项有 68 所含研究生院的公私立大学参加的，受询者主要是校长、行政人员和教师的关于大学目标选择的问卷调查中，根据美国大学的实际状况列出了 47 项大学目标，如保护学术自由、增强保持声望、保证重要计划的高质量、保持捐助者的信任、

① 伯顿·克拉克．高等教育系统［M]. 王承绪,等,译．杭州:浙江教育出版社,1988:23.

② 陈桂生．教育原理［M]. 上海:华东师范大学出版社,1993:197.

保持时代特点、培养学生的研究能力、坚持纯学术研究、传播新思想、培养学生的智力与良好品行等。对于大学组织结构，各层次目标也存在多样性，有学校总体发展目标、院系规划发展目标和学科专业发展目标；对人才培养来说，按学历层次分，有专科教育培养目标、本科教育培养目标、硕士教育培养目标和博士教育培养目标；按人才类型分，有研究型人才、创新型人才、复合型人才、实用性人才等。

(3) 投资主体的多样性。我国大学的投资主体已由国家单一拨款体制，转变为国家、社会、集体、个人共同分担教育经费的新体制。同时，伴随着教育市场的不断完善，教育与市场经济关系的日益密切，国立、地方、私立以及国际联合办学等多元投资模式势必带来管理和收益分配上的复杂性，以及教育运行与经济运行中出现了多种矛盾与复杂的关系。

另外，大学的多样性特征还明显地反映在办学模式、办学风格、学科体系、课程体系、教学内容和方法体系等诸多方面。

大学组织的统一性主要体现在大学的本质属性和共同的价值追求。弗勒德利克·伯得斯通(Frederick E. Balderston) 在他的近著《管理现代大学》中称："大学是我们最伟大且最恒久的社会机构。"①自有近代大学基本特征的博洛尼亚大学(意大利，1158 年)、牛津大学(英国，1168 年)、巴黎大学(法国，1180 年) 等中世纪大学问世以来，大学已经走过了近千年的历史。大学的强盛生命力和恒久性原因何在？查理大学的校长卡雷尔·马理(Karel Maly) 的回答切中问题实质，他指出，我们说它的古老，并不仅仅是出于对它的悠久历史的表面的重视，而首先的、也是主要的原因，还在于它是我们为了今天和明天赖以汲取力量的取之不尽的源泉。教育专家安德森(G. L. Anderson) 在比较了现代大学和中世纪大学的诸多特征后指出："现代大学，即使其机构已经扩大并且变得更加复杂，但在结构上与中世纪大学相比没有发生变化。"②没有哪个组织像大学一样受历史影响最深、最持久而能保证其本征结构不变，大学是唯一能称为历史发展文化积淀的产物。大学随历史进程而不变地追求、传播真理和创造、应用、传播知识的学术性与教育性的本质属性，构成了世界各国所有大学的共性，即它们都有共同的价值准则和办学宗旨，吸收着共同的遗产。这就是大学的统一性。统一性使处在多样性发展的世界各国的大学具有共同的本质属性并因此区别于其他社会组织。

从非线性思维观看，上述大学组织系统体现着事物多样性与统一性并存，向人

---

① FREDERICK E BALDERSTON, MANAGING. Today's University, Strategies for Viablility, Change, and Excellence [M]. San Francisco: Jo ssey-Bass, 1995: 10.

② 简明国际教育百科全书 [M]. 北京：教育科学出版社，1992：289.

们展示出一幅多元化、多样性统一的图景，一系列矛盾对立的因素与范畴在大学的历史演化过程中得到动态的统一。

三、开放性与保守性并存

大学组织是一个面向环境开放的系统，要不断与外部环境之间进行人员、物质、资金、知识与信息等方面的交流，引进负熵，以维持良性的互动；而大学组织作为学者的社团、探究知识的场所，被誉为象牙之塔，又存在一定的封闭性与保守性。美国杰出的教育家西奥多・姆・赫斯伯格（Theodore M. Hesburgh）曾这样说过："大学是所有社会机构中最保守的机构之一，同时，它又是人类有史以来最能促进社会变革的机构。"①

大学与其社会环境处于一种互动的关系之中，它的界限是相对模糊的，而其开放是多维的、发展的。从历史的角度来看，中世纪大学的组织形式是学者行会，是学者自发聚集研讨交流学问的场所，社会并未给予它们太多的关注。随着社会的发展，无论这个社会具有什么类型的政治、经济或宗教制度，当它认识到需要建立一种机构来传递深奥知识、分析批判现存的知识并探索创造新的知识时，大学便因此受到社会的青睐。从此，正如美国著名高等教育批评家亚伯拉罕・弗莱克斯纳（Abraham Flexner）在早年出版的《美国、英国和德国大学》（1930 年）一书中写到的那样："大学不是某个时代一般社会组织之外的东西，而是在社会组织之内的东西。它不是与世隔绝的东西"，它是"时代的表现，并对当时和将来都产生影响。"②社会对大学的日益依赖，迫使大学不能只生活在封闭的自我关系中求得内在适应，更应生活在现实社会中通过感知和满足社会需要实现外在适应，通过不断吸收社会资源来实现自己影响社会的抱负。大学这一与社会生活密切联系的开放性，使大学日臻成熟，表现为组织结构的更趋完善和社会作用的进一步增强。其实，现代大学的稳定和活动，在很大程度上取决于其对社会的开放和对环境的适应。随着科技进步和社会竞争的加剧，社会各组织愈加需要通过彼此的高度依赖和相互影响来支持自身的生存和发展。据耗散结构理论的研究，现代组织的这一特征亦可表述为：对环境的开放，吸收负熵，是保持组织稳定、生存和进化的前提条件。相反，自我封闭则导致组织发展的停滞、落后进而窒息。大学作为

---

① THEODORE M HESBURGH. The nature of the challenge[R]. Stephen D Kertesz: The Task of University in a Changing World, P3.

② 克拉克・科尔．大学的功用［M］. 陈学飞，等，译．南昌：江西教育出版社，1993：2.

现代社会系统中的一个子系统组织，更有赖于通过对社会环境的开放和吸收负熵来获得活力。倘若把自己闭锁在一个近似与世隔绝的学术禁区内，不仅容易引起大学与社会关系的紧张和冲突，更严重的是它们由于失去了与社会在物质、信息、人才等资源方面的正常交流而不能形成自调节、自适应社会环境的能力，进而也就逃脱不了停滞、落后以至窒息的厄运。那些取向封闭，企图只通过内部自我完善的大学改革是不可能成功的。而那些取向开放，主动服务于社会的大学改革则截然相反，作为一个开放的系统，它们通过不同的途径从社会环境中获得发展改善的条件，从而最终达到发展的目标。其实，作为与现代经济、科技、文化等社会领域高度相关的教育组织，大学稳定、发展的每一个行动都不只能是单纯的内在适应，它们应具有外在适应的能力。能否较好地适应外部环境，关系到大学的社会价值及其存活，而对社会的开放或社会化又是大学外在适应的必然前提。目前，随着经济全球化带动高等教育国际化浪潮的到来，标志着大学的开放性将在一个更高层次上产生质的飞跃。

但是，在现代社会中，大学应当具有怎样的使命——是保持专注教学与研究使命的“象牙塔”形象，还是积极地参与社会创新过程，为区域及国家的经济与社会发展服务？这在美国当代社会也仍然是一个争论不休的问题。一方面，在一些大学，如芝加哥大学等，许多人直到现在仍然在捍卫《乌托邦大学》一书中所倡导的象牙塔式大学的理念，主张大学与社会之间应当有明显的界限（围墙），大学应当主要集中在教学与研究方面，以出版物和毕业生的形式为社会提供产品。此外，大学学术权力本身由于其权力主体特性，在某种情况下常常带有保守性。历史的实践证明，“行会式的学术权力模式，偏执和保守，排斥改革，在18世纪，英国与美国都不得不通过国家立法来打开自治的高等学校的铁门，让新的学科进入课程，其中许多学科与人类利益休戚相关，而学阀们却顽固地将其拒之门外”[①]。另一方面，麻省理工学院和斯坦福大学等已经非常成功地发展为同时具有教学、研究与社会服务三大使命的创业型大学，形成了大学与产业及社会之间的互动互惠关系。因此，从现实运作和办学理念上看，既有主张封闭保守的大学办学模式，又有主张开放服务的大学办学模式；在一所大学组织内部也存在两种不同的理念与模式，表现为大学组织既有开放性的一面，又存在保守封闭的一面。这导致大学始终处于理想与现实的矛盾冲突之中。对大学来说，大学的学术性特征从本质上要求大学按照自身发展逻辑与规律来运行，崇尚不受外界干预的独立自治与自由探究知识，从而展现自身

① 约翰·S·布鲁贝克．高等教育哲学［M］．王承绪，等，译．杭州：浙江教育出版社，1987：28.

的精神价值和学术价值；但对社会现实需要而言，政府、企业、市场与国际环境等外部因素对大学提出愈来愈高、愈来愈新的要求，它们总是希望大学能够在现实的发展中发挥更多、更重要的作用，具有更大的实用价值。

总之，大学组织既具有开放性，又具有保守性，两者并存。但从大学自身的健康发展与社会历史的发展趋势看，大学必将走出封闭的象牙塔，从社会的边缘走向社会的中心。

四、松散联合性与严密性并存

科恩和马奇将大学称之为"有组织的无序状态"(Organized Anarchy)，韦克则将大学这样的教育组织称为"松散耦合系统"(Loosely Coupled System)。罗伯特·伯恩鲍姆在《大学运行模式》一书中多处论及松散联合，专门分析了大学组织结构的松散联合特征及其运行中所呈现出来的松散联合样态：从系统论的角度看，学院和大学系统由许多子系统组成，子系统之间不但相互影响，子系统与校外环境之间也相互作用，这样，① 子系统之间根据它们所拥有的共同组成要素的多少以及重要程度，组成一些或松散或牢固的联合；② 每一子系统与环境的子系统之间也依其共同组成要素的多少及其重要程度建立了一些或松散或牢固的联合；③ 在开放系统的子系统之间或子系统内部，不易建立牢固联合，而松散联合则更为普遍。松散联合组织具有一系列特征。托尼·布什将松散结合系统的特征概括为九个方面："第一，组织目标不明确。教师的专业自主权能够使他们自由地确定自己的工作目标，并在工作中使自己的行为与确认的目标相一致；第二，组织管理的手段和程序不清楚；第三，组织中不同机构间虽然存在联系，但相互间的影响比较小，机构和成员有相当程度的自主权，独立性强；第四，组织结构不确定，规模越大、复杂程度越高的组织，其权力结构越复杂模糊；第五，越是高度专业化、规模较大、有多种目标的学院组织，其组织内部运作越无序，它越需要专业人员依据自己的判断来从事教学，而并非按照管理者的命令去工作；第六，组织管理中参与者的流动性强，很难明确各人的责任；第七，组织对外部信息的把握具有不确定性，决策过程模糊；第八，组织的决策是无计划的决策，当新的问题出现时，组织将注意力集中在对付新问题，而未能顾及对原有决策的实施；第九，强调分权优势。"①

大学具有作为学术系统的特殊属性，即学术性。因为"知识材料，尤其是高

① 托尼·布什．当代西方教育管理模式［M］．强海燕，译．南京：南京师范大学出版社，1998：168-177.

深的知识材料，处于任何高等教育系统的目的和实质的核心”[①]，这些高深知识具有内在的逻辑性和内在的自主性倾向，且专门化程度越来越高。在大学中，学科、专业分布杂而广，彼此之间具有相当的独立性和差异性，随着学科和专业领域的日趋专业化，学术组织的结构变得松散。这里的松散并不意味着杂乱无章，相反，正如混沌现象所揭示的事物表面上混乱、无序，而其内在却包含着规则与有序，大学组织的松散联合特征在本质上是确定性与不确定性的统一、有序性与无序性的统一。

大学不仅是一个学术组织，而且是一种社会组织，具备社会组织的基本特征。随着大学组织的发展，一个不争的事实是大学组织日益趋向于科层制，大学组织已具备科层制的性质，并按科层制的原则运行。也有人认为，大学虽然具备一些科层制的性质，但并不完备。科尔主张，大学不是一个由众多学科建构起来的学术实体，而是一个由政治单位组成的联盟。尽管人们对高等学校是否完全具有科层制的看法不尽相同，但是，有一点人们是认同的，即：大学已发展成为准公共组织，因为它有自己的组织目标、组织结构、组织规范、组织互动与组织控制等。具体地说，任何一所大学都有其明确的追求，通常被称为大学目标；任何一所大学都有一套正式的不断完善的规章制度，以保证大学的运行有章可循；任何一所大学都有正式的权力体系，同时也有非正式的人际关系及行为规范。

大学的权力体系主要分为学术权力与行政权力。相对于学术组织、学术权力的松散性，大学的行政权力结构具有相对严密性，是一种金字塔型的科层制结构，这种结构意味着一种稳固而又秩序的上下级制度和等级制原则，有较严格的规章制度，有分工明确、各负专责的行政人员，有严密的财务制度和办公机关。在权力结构中，存在一种上级对下级的控制关系，下级机关的决策要按照明确规定的方式报上级审核。大学中的校长、副校长、院长、处长、科长等，他们均享有制度化的正式权力，这些权力的主干部分来自组织系统的委托与授权，权力运行是自上而下，层层放射，最后实现行政权力的目标。

面对客观现实，大学组织既具有松散联合的特性，又有严密的科层性，这种组织特性是大学作为一种特殊的社会组织，进行有效管理，保持和谐有序发展的需要。不能片面地强调某一方面而忽视另一方面。在大学组织运行与组织目标的实现过程中，要注意扬长避短，优势互补，相辅相成，发挥两者的整体功能。

总之，从非线性视角看，大学是有其自身运行规律的社会组织，是复杂性与矛

---

① 伯顿·克拉克．高等教育系统：学术组织的跨国研究[M]．王承绪，等，译．杭州：杭州大学出版社，1994：17.

盾性、多样性与统一性、开放性与封闭性、松散联合性与严密性的有机统一。非线性和谐管理是大学组织特性的要求，也是大学有序健康运行的必要条件。非线性和谐管理不仅蕴含着多样性的统一，同时孕育着变化与创新。也就是说，在复杂的、不确定情形下，非线性和谐管理要求采用个性化或体现差异性的管理策略、方法与模式，同时要求采用权变的管理方式，依据不同的具体条件与情境寻求不同的最合适的管理模式、方案和方法，甚至要求从混乱与无序之中发现或发明出新的管理模式。这也是非线性思维给组织运行的重要启示。

第三节　从耗散结构理论看我国大学组织变革的机制

大学是一个组织化的复杂系统，大学师生员工只有通过组织才能参与大学的教学、科研、社会服务等各种活动，大学的管理过程实际上是一种组织活动过程，组织与管理是一个无法分离的统一体。以开放系统为研究对象的耗散结构理论是非线性理论的重要组成部分，它所研究的关于开放系统的非平衡、非线性、涨落、突变等方面的现象和规律，所涉及的范围已从自然科学领域扩大到社会、经济、管理等更广阔的领域。因此，应用耗散结构理论的一般原理和方法来分析大学组织变革的机制，为大学非线性和谐管理及组织管理创新提供了一种新的思维模式。

一、耗散结构理论的要点

耗散结构理论是世界著名物理学家比利时的普里高津(I. Prigogine)教授于20世纪60年代末70年代初创立的。该理论主要概念有：① 开放系统与熵，② 非平衡态，③ 非线性相互作用，④ 随机涨落，⑤ 耗散结构。它从系统整体性的角度研究与揭示复杂现象的变化规律，极大地激励了人们去探索自然界和社会中存在的各种复杂问题，同时逐渐改变了人们观察周围世界的思维方法和对客观事物的研究方法。该理论可称之为自然科学和社会科学领域中一项具有重大科学意义的创新。它所揭示的复杂系统的进化可以大致总结为以下模式，如图4-1所示。

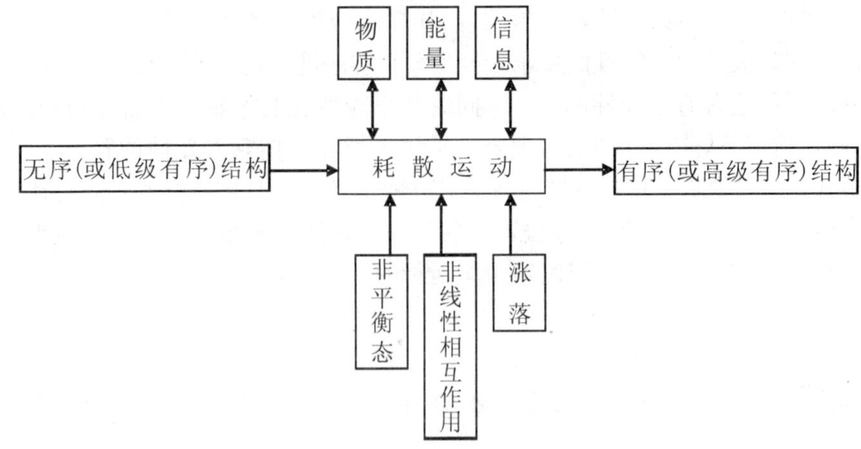

图 4-1　开放分流结构演化过程

图 4-1 表示一个开放系统从无序(或低级有序)结构向有序(或高级有序)结构演化的过程。首先必须与外界进行物质、能量和信息的交换,引入负熵,使系统远离无序的平衡态,处于非平衡态,在系统内各要素间非线性相互作用和涨落的推动下,系统便朝有序方向发展,演变为有序的耗散结构,只要物质、能量和信息流动不停,这种有序结构便可以一直维持下去。所谓"熵"本是一个热力学概念,是系统的状态函数,其大小为系统混乱程度的度量,如今已将其作为评定任何系统有序程度的一个重要指标。系统熵值越大,系统无序(混乱)程度越大;熵值越小,系统无序程度越小,即有序程度越高。系统引入负熵,可抵消系统内正熵的增加,从而维持与提高系统的有序性。所谓"涨落"是指系统中某个变量或行为在平均值附近的变动,是偏离既定状态的随机运动。它可以由系统内的随机因素引发,也可由外部随机因素引发。

二、开放并引进负熵是我国大学组织发展的前提

按照耗散结构理论的第一个概念的解释,大学作为一个复杂的系统,要从无序(或低级有序)状态向有序(或高级有序)状态进化,就必须是开放的,与外界进行物质层面与精神层面的交流,不断引进负熵,即不断地引进先进的教育资源,以增进大学发展与创新的活力。这不仅为世界大学的变迁、发展与创新史实所证明,更为我国近 20 多年大学的改革、发展与创新所证实。随着我国社会、经济实行改革开放政策的战略调整,打破了长期沿袭的封闭状态,各项事业取得了举世瞩目的辉煌

成就，我国大学也实现了改革和发展的历史性跨越。当前我国“大学人”要进一步解放思想，扩大开放，特别是在教育理念和实践层面上，要坚决克服封闭思想和教育惰性的思想束缚，积极主动参与国际高等教育的合作、交流与竞争。积极化解不利因素，努力变挑战为机遇，以科学发展观指导开放，以开放促改革、促发展，把“引进来”和“走出去”结合起来，全面提高开放水平。在开放观念转变为行动的过程中应做好以下几个方面：

1. 教学、科研管理的开放

要积极主动引进、吸收国际、国内先进的教育理念、教学内容、教学方法和教学手段，改革与创新大学教学管理机制，如课程设置的国际化；积极引进国外知名大学的新教材、新课程，开展跨文化、跨国界的学术交流与研究，培养学生在国际化和多元化的社会工作环境中生存、发展的能力与创新能力。在科学研究和学科建设方面，大学要由过去的面向政府转向面向社会，主动与企业、科研单位联合，瞄准科学技术发展的前沿，结合生产实际与社会经济发展的需要，确立科研项目与设置学科专业。加强“产”、“学”、“研”的密切结合，通过彼此相互促进，充分发挥大学在地区、国家和人类社会创新中的先导作用，并在创新中推动大学的自身发展。

2. 人力资源管理的开放

在师资队伍建设中，积极创造良性的人才流动机制，大胆引进国内外优秀人才，避免“近亲繁殖”。制定政策与措施鼓励教师到国内外学校学习、进修访问、合作研究。同时制定面向海内外招聘优秀教师的计划，以促进人才流动的开放。著名的剑桥大学卡文迪许实验室培养的诺贝尔奖获得者来自不同的国家。东京大学一度曾用年度经费的 2/3 面向全世界招聘教师。我国香港也对前来任教的学者开出了大价钱。我国新设立的由香港著名实业家李嘉诚资助的“长江学者计划”招聘的特聘教授，大多具有国外留学经历，不少学者是从国外招聘回来的。这种开放的人力资源管理机制大大提升了大学人力资本的价值，促进了大学组织的学术繁荣与创新。

3. 资金来源渠道的开放与多元

在教育经费来源方面不能仅仅依赖政府拨款，而应该大力开源，广开渠道筹集国内、国外，社会、企业、个人等多方面的资金，形成多元化的经费来源，以促进学校的办学活力与实力。

4. 在校办产业和后勤服务方面要积极引入市场化竞争机制

校办产业与后勤服务部门既要服从社会公共管理部门的规范，又要服从学校的要求。实施开放化管理，打破传统的校园概念，把校园管理与社会化管理有机结合起来。

5. 决策组织的开放化

在我国现行体制下，大学的决策机构是党委与以校长为首的行政系统，有合理与合法的一面，但就决策开放化而言，这一组织构成的最大局限性是趋同化与内部化。所谓趋同化，是指党委与行政两个系统，在人员构成上常常是一致的，在很多学校，党委成员往往也同时是行政系统的决策成员。这种“分工不分人”的组织构成，实际上与一个组织没有多少差别，其决策缺乏互补性。所谓内部化，就是无论党委系统还是行政系统，都由学校内部人员组成，无校外人员参与。这种决策机构的思维模式往往会导致封闭与保守。在这种模式下，社会信息如何进入高校？高校如何适应社会？这些问题是难以得到有效地解决的。20 世纪后半叶以来，许多国家在建立现代大学制度过程中，都是校内与校外相结合组成大学决策机构，以利于充分利用校外的教育资源、人才资源与信息资源。因此，在开放条件下，在深化教育体制的过程中，我国大学需要探索有中国特色的决策机构与管理方式，以利于决策的社会化、民主化与科学化。

从非线性视野看，大学是一个耗散结构，在这一耗散结构中，存在有三种熵流，即总熵流、正熵流与负熵流。其中正熵流与负熵流为独立流，而总熵流则等于正熵流与负熵流的代数和。大学管理的任务一方面在于尽可能避免内部正熵的增加，另一方面，在扩大开放的过程中，以积极的姿态选择、吸收、引进负熵，抵制正熵流入，消除一切可能导致大学正熵增加的不利因素，使总熵流为“负值”。当大学出现正熵的增加时，管理者的工作便是采用适当的方法在大学内部生成或从大学外部引入负熵流，以维持大学这一耗散结构的稳定。多年来我国大学发展实践充分表明，哪个大学开放力度大，引入负熵多，哪个学校就充满生机与活力，形成一种有序的、持续发展的状态；反之，学校就不能进步，不能发展，就不能从无序状态（或低级有序状态）进入到有序状态（或高级有序状态）。

三、非平衡态是大学组织发展与创新之源

耗散结构理论第二个概念认为系统状态有平衡态与非平衡态两类，而非平衡态又有近平衡态和远离平衡态之分。这主要指系统内部的组成要素在状态上分布的均匀和差异的程度，也就是内部机制问题。平衡态或近平衡态是系统的稳定状态或趋于稳定的结构状态，此时即便负熵流入，系统也不能吸收消化，系统总的趋向是处于无序、无活力的稳定状态，不能产生新的有序结构。耗散结构理论所指的非平衡态是指系统要远离平衡态，才有可能使系统形成有序结构，即“非平衡态是有序之源”。因此，营造系统内部的非平衡态与系统的开放性一样，也是产生有序

结构必须具备的条件。

根据耗散结构理论的非平衡态原理，我们可以认识到，计划经济体制下的我国大学是一个稳定平衡状态，是一个封闭和半封闭的“小社会”。系统内部各单位（子系统）彼此缺乏交流，各项工作和活动（教学、科研和后勤）服从与依赖统一的计划安排，人浮于事，人员过多，吃“大锅饭”，干多干少一样，这是一个办学理念保守落后，无生机活力，单一、均匀、无序的平衡态，因此与世界先进大学相比，教学、科研水平差距越来越大，学校很难取得进步和发展。

同样从耗散结构理论的视角观察，近年来我国许多大学打破了计划经济体制下校内的各种平衡关系，深化校内管理体制改革，营造了多种非平衡机制，如以岗位责任制为核心的责任机制，以全员聘任合同制为核心的竞争机制，以结构工资制为核心的激励机制，以校务公开为核心的监督制约机制，后勤服务与校办产业的市场经营机制、人员流动机制等，克服了长期以来各部门、各层次人员责、权、利不明确，干好干坏一个样，评职上的论资排辈，分配上的平均主义，干部能上不能下，职工能进不能出或能出不能进等弊端，调动了广大教职工的积极性与创造性，使学校进入到一种积极向上的、充满生机与活力的有序运行状态。

但是，应该看到，我国大学在深化体制改革，探索与创造多种非平衡机制带来进步和发展的同时，各个大学在这方面所取得的效果是不同的，在这方面尚存在一些问题和“误区”需要认真研究解决。这里限于篇幅仅提出以下几方面的问题。① 关于学校定位及专业设置的比例关系。在实施与推进高等教育大众化的过程中，一些大学不讲条件、不讲特色，也不考虑国家经济与社会发展的需要，图虚名，盲目扩招，搞“大而全”，什么专业（工科、理科、经济、管理、法律、生物、医学、文学、艺术等等）都想办，导致难于管理，教学质量下降，以致呈现内部乱度大、无序性高的状态，最终影响学校的发展。须知，每个大学应办什么专业，应具备何种规模，首先应按照国家和地方经济与社会发展的需要定好自己的位置，即属于单科性大学、多科性大学、综合性大学哪一类型；其次，各类大学专业设置既要考虑社会人才市场的需求，也要根据自身的条件与实力，办出自己的特色，确定各专业的比例关系，即系统内各要素间的差异需保持一个“度”。唯有如此，大学才能充满活力，不断发展。② 目前在高校的学科建设中有一个误区，即把“学科建设”等同于“课程建设”或“教材建设”。须知课程或教材是学科发展到一定阶段即形成相对稳定的范式之后凝结的产物或结晶，侧重于结果的描述。学科则是指一个更大的活动领域范围，涉及到学校组织结构的建设与优化，它更强调动态性和创新性。学科建设活动支撑的是科学研究，而课程建设活动表现的是教学。重点高等院校在处理教学与科研关系上，应该以科研带动与丰富、提升课程建设和教材建设，而不是相反，绝不能把

"学科建设"与"课程建设"或"教材建设"划等号。③ 关于教学与科研的关系。在培养人才的目标之下,大学的教学与科研是统一的,这是由它的本质属性是教育性与学术性的统一所决定的,它们是既有联系又有区别的两项工作内容。但对二者的关系一直存在着不同看法,如"教学、科研两个中心论"、"教学中心论"、"科研中心论"等。我们认为,针对特定的大学,应根据其办学层次和办学目标,确定二者在学校中应有的位置,把握二者在学校运行和发展中应有的"度"。同样道理,大学内各分系统之间、各项工作之间,都应根据自身特点打破平衡态,营造适度的非平衡机制,这既是大学走向有序之源,也是办出一个有特色的大学的重要标志。

四、非线性的相互作用是大学组织发展的内部动力

如上所述,"非平衡机制"的引入,打破了高校内部的稳定状态,为系统内部各要素之间开展竞争与协作创造了条件,但是如何实现向有序状态进化,还取决于各要素之间是一种什么样的作用机制。耗散结构理论第三个概念揭示了促使系统实现质的变化,进入有序状态的动力,是各因素之间非线性的相互作用,这是系统形成耗散结构又一个不可缺少的必备条件。它给我们的启示是:大学要形成有序状态,除了开放引入负熵和营造非平衡态两个前提条件外,还离不开大学系统内各要素间的非线性相互作用,它是促使大学发展与创新走向高级有序结构的内在动力。然而,通过对过去一直处于计划经济体制下、现在仍受强大制度惯性影响的我国大学进行分析,就会发现其内部不同程度上还缺乏这样一种非线性作用机制,因而不利于多种因素之间的竞争、协同、耦合与和谐,影响着大学的进步与发展。其主要表现为:

(1) 管理体制的线性作用机制。由于传统科层制的"权威"和"官本位"思想的影响,以及现实利益的驱动,有些大学管理体制倾向于自上而下的线性作用,从校长、副校长到正副处长,再到正副科长、科员,一级级等级森严,不好越雷池一步,许多教学工作、科研工作和学术活动本应由相应的学术机构承担,却往往被行政工作所替代。须知大学是培养高级人才的学术机构,教师和学生既是管理客体,又是管理的主体,各项工作都应体现教育性与学术性相统一的本质属性的规律与特点,不是科层制的"权威"管理所能见效的。决不能把学生和教师当作行政管理的算盘珠,拨一拨,动一动。线性作用的管理机制,由于缺乏反馈、监督和上下沟通的相互作用,因此难以形成部门与部门之间、人与人之间的协作,表面上看起来很平静,但是广大教师和学生的积极性、主动性和创造性却在无形中丧失了,从而影响学术思想的交流与碰撞,妨碍科学、民主、自由与创新精神的弘扬。

（2）专业设置及人才培养模式方面缺少有效的反馈机制。学校办什么专业，开什么课程，有哪些理论与实践环节，按什么模式培养学生，基本上是教务部门说了算，对社会需求，市场反映，学科发展趋向，以及教师的看法和学生的要求考虑太少，这既不利于学科建设，也不利于培养出社会和国家所需要的合格人才。

（3）工资改革方面，有些大学有从"平均主义"（大锅饭）走上岗位平均主义的现象。如有些大学为打破工资分配上的平均主义，建立了以岗位级别为基础的内部工资分配制度，即只要获得某一级别（如正副处长）或某一职称，就能获得相应工资，而不考虑或很少考虑某人在其岗位上的实际贡献（业绩），且干部能上不能下，职称能升不能降，这实际上是从大锅饭的平均主义走上了级别层次上的平均主义，可以说是"官本主义"在利益分配上的一种反映，影响与挫伤了广大教师的积极性。

（4）有些大学在校办产业与后勤服务方面无产权制度和审计制度的制约。表现为校外某单位（或个人）和校内某单位（或个人）借推行后勤社会化、兴办产业之风，打着学校牌子办公司，侵占学校有形资产或无形资产，这些单位或个人财源滚滚而学校却收入甚微，影响学校的发展。

诸如此类的情况还有许多，从耗散结构理论的观点看，系统要素之间的线性作用是单向的均匀状态，不能促进系统内各要素之间既竞争又协同相互制约的双向效应和相干耦合、相互反馈、相互牵制的双程效应。要改变这种状况，必须在大学深化体制改革的过程中，彻底打破系统内要素间的线性作用机制，创建非线性作用机制，即构建一个要素间相互联系、分工合作、相互竞争、协调耦合、良性互动的管理运作模式，为大学的持续发展提供强劲的内在动力。

五、随机涨落是大学组织变革与创新的触发器

耗散结构理论的第四个概念指出，一个远离平衡态的开放系统，当随机涨落达到或超过一定阈值，通过非线性的相干作用和连锁效应，将导致系统发生突变，形成新的有序结构。相反，新的系统要想保持自身，就必须将系统的涨落控制在一定阈值（即临界度）以内，否则，有序结构将会转化为无序结构。换句话说，涨落可使系统形成新的结构，也可使结构遭到破坏。这给人们的启示是：一个随机涨落有时会导致系统走向完全不同的发展方向和前途，因此，应善于控制和利用这种随机涨落。

对我国大学的变革和发展进行考察，就会发现与其变革密切相关的往往是一些重要的历史事件，这些重要事件在此所起的作用就是引发"涨落"。我国自秦、汉直至明、清，两千多年来一直处于农业为主自耕自足的封建社会，是一个以皇帝权

力为核心封闭的政治体制，支配社会公众的核心价值理念是“上智下愚”、“受命于天”，从而压抑了科学理性思维的萌芽，导致近代中国经济、科学技术、文化教育等大大落后于西方国家。12世纪欧洲便诞生了像牛津、剑桥一类最初的大学，而我国古代的学堂、书院之类的教育机构却无法自动地演变为近代意义上的大学。历史事实表明，引发中国高等教育近代化意义大学的出现，这一历史性变革的外部诱因正是晚清所受到的外国列强一次又一次的侵略打击，特别是1895年中日甲午战争失败，迫使清政府认识到这样一个事实：即为实现现代化，我国与日本几乎同时起步，而日本之所以变成强国，主要是日本引进了欧洲近代教育、文化和先进的科学技术。在这样历史背景的触发下，清政府不得不敞开锁国之门，大兴洋务、西文、西艺，接受“中学为体，西学为用”的主张，于1895年在天津创办了北洋大学（现在的天津大学），1896年又在上海创办了南洋公学（现在的上海交通大学），这标志着我国大学走上近代化的开端，也是我国古代意义的高等教育转向近代意义的高等教育一次质的飞跃。

1966年爆发的文化大革命，对我国大学而言可以看作是一次外部随机因素引发涨落的冲击，不仅冲击了大学的教育结构，而且冲击着大学文化深层结构，曾几何时，大学校园内弥漫着“读书无用论”、“阶级斗争工具论”（对大学功能属性的看法），“臭老九”（对知识分子的称谓）等错误的观念，给人们的价值观和认识造成极端混乱，导致大学教育走上无序的混乱状态，所付出的代价与教训是极其深刻的。

20世纪80年代以来，我国高等教育在市场经济不断发展的推动下，在经济全球化浪潮的冲击下，特别是中国加入世贸组织（WTO），高等教育作为服务业被列入《服务贸易总协定》中，在这样的历史背景下，意味着我国高等教育不仅要适应市场经济的发展与广大人民群众日益增长的高等教育需求，而且必须融入高等教育国际合作、交流与竞争、冲突之中，这不仅是挑战，也是发展与改革的历史机遇。我国高等教育抓住了这一机遇，通过对校内的管理体制与机制的改革和创新，取得了举世瞩目的辉煌成就，原有大学经过调整、合并，规模扩大，多种民办私立大学从无到有蓬勃发展起来，高等教育走上了大众化道路，实现了结构性、历史性的跨越。事实表明，近年来我国大学的变革符合耗散结构理论提出的“涨落导致有序”的观点。但是，也应该看到，由于文化、历史和传统的多种原因，我国高等教育改革的力度、广度与深度，与市场经济的发展、教育国际化的要求及高等教育作为服务业对世界贸易组织（WTO）所做的承诺仍有较大差距。因此，我国的高等教育不仅要善于抓住外部压力所带来的机遇，同时也要善于调动广大师生的积极性与创造性，特别要以敏锐的眼光发现、保护、支持广大教职工的新思路、新想法、新建议，鼓励、支持不同学派学术观点的争鸣，及时发现、抓住在学校的发展或学科建设中出现的

“闪光点”，让其形成熊熊之火，因为这一类创造性思维表现的灵感不仅具有突发性、随机性、不可预测性，而且复现性较差，即具有相同内容的灵感，一般来说难以重复出现。正如耗散结构理论对人们的提示，应善于利用和控制这种内外因素所导致的涨落，它可使系统发生结构性变化，起到一种“触发器”的作用。

综上可见，耗散结构理论既为揭示我国大学组织变革与创新提供了一把理论钥匙，为我国大学组织的改革实践提供了一种有益的思维方法，也为新的组织管理范式在大学组织结构变革与创新上的科学应用提供了证实。历史与事实表明，开放引入负熵，营造非平衡态，构建非线性相互作用以及控制、运用涨落，不仅是我国大学组织走向良性发展轨道、达到人们期望的有序状态的需要，而且是时代进步、社会发展对高等教育的必然要求。

第四节　大学组织管理整合的三种非均衡力量

所谓组织的整合，就是对组织活动进行协调和控制，实现组织整体功能的涌现，以达到组织的整体目标。组织的整合机制，不是某个具体的协调、控制技术或手段，而是组织进行协调和控制的一套相互关联的系统方法。在上述我国大学组织变革与和谐管理的论述中，我们可以看出主要有三种力量（科层制的力量、市场的力量与文化的力量）在对大学组织活动的整合起着关键作用。运用科层制、市场与文化的三种力量整合与激活大学组织资源，就是运用规则、利益、观念的不同功能与作用，来协调大学的组织活动，制约与激励大学组织与其成员的行为方式。这里需要指出的是，在大学这个特殊的组织环境中，上述三种力量发挥的整合作用是非均衡的、不对称的。这三种力量不仅是大学的组织整合机制的三种基本类型，也是整合与激活大学组织资源的系统方法，制约与激励着大学的组织资源与人力资源的开发与应用，影响办学的效益和效率。

一、科层制的力量发挥有限作用

马克斯·韦伯说：“在行政管理领域，要么采用官僚制度，要么外行作风，否则，别无选择。”[①]科层制是法理社会的主要组织形式，是一种高度理性化的行政组

① 马克斯·韦伯．经济与社会［M］．林荣远，译．北京：商务印书馆，1997：711.

织机构的"理想类型"，是现代社会线性等级制度的一种表征。

大学组织既具有学术属性，又具有科层属性，围绕知识体系和学术业务形成的学术结构与围绕资源管理和行政事务形成的行政结构构成大学组织结构的两维。大学组织与其他社会组织一样具有一定的科层性，要求明确的等级制度、程序、标准和责权范围，以保证组织运行的有序化和高效率。近半个世纪以来，我国大学在管理上主要沿袭科层制，长期在高度集权的行政体制中运行，形成了以行政约束为主导的运作机制，使大学隶属于行政机构或演变为行政组织。解放初期的院系调整重组了我国大学内部组织结构，以后几经大的调整和改组，特别是院系结构调整，纵向上有校—处—科，校—院—系，校—系—所等之划分，横向上有各种学科、研究所、研究中心等之名目，总体上形成了纵横交错的矩阵结构，但从根本上来说，仍然体现着科层制的内在精神。这种管理主要依靠职务等级权威和一套规章制度协调、控制组织活动，如对人员聘任、教学计划与课程安排、日常事务等实施程序化管理。大学组织存在的这种科层体制，决定了需要运用制度规则和行政力量来协调各单位的利益关系，整合与激活大学的办学资源，优化办学资源的配置，维护大学必要的秩序与规则，提高管理效率。但是，大学内的学术机构（教研室、研究所、学术委员会等）所形成的松散耦合系统，它们操作的是高深知识，而知识操作的过程和结果具有很大的不确定性，即随机性、模糊性与混沌性。大学组织学术、行政两方面活动，存在信息不对称、信息不完全与权力不对称的特点，其中的变化对大学组织的学术人员和管理人员来说，都是难以预测的。知识操作的过程是难以观察的，操作的结果甚至连操作者自身也难以把握，因此，大学组织的学术活动既难以进行直接监督，也难以制定有效的规则进行控制。从现时情况来看，目前我国部分大学的科层制显现出诸多弊端：一是机构臃肿，官本位严重；二是机构重叠，职能不分；三是主体倒错；四是价值系统混乱。这些科层制所引发的弊端严重地影响了大学人的主动性、独立性和创新性。因此，需要认识到科层制的确定性、线性的本质属性与学术研究本质的非确定性、非线性是相悖的，与耗散结构理论所倡导的非线性作用机制是不吻合的，大学组织中等级权威和规章制度等科层机制的整合手段的作用总体来说是有限的，我们应发挥其有利的一面，避免对学术管理不利的一面，将管理思维与方式的线性化转化至非线性上来。

二、市场的力量发挥辅助作用

在市场关系中，交易发生在两者之间，他们通过价格机制得到协调，而规范的市场的竞争保证交易公平。现代大学存在于市场经济的环境中，大学内部人与人的工作关系，单位与单位之间的交往，以及大学与外部社会的交往，从经济学的角度看都是利益的交易关系。大学领导与管理者应善于运用市场竞争手段调节校内组织中个体和子系统的收入，从而控制与激活组织成员和子系统行为；通过竞争和价值、价格机制（表现为收入和福利）的协调，保证其利益分配与交易公平，以激励组织与个体的积极性，主动去开发办学资源，挖掘与激活组织资源，实现资源优化配置与高效率利用。这种市场机制力量的运用，表现在大学对外应扩大开放，由政府包揽教育投资，改变为政府财政拨款、社会力量多渠道筹措资金的多元化投资格局；对内推进与完善岗位责任制、全员聘任合同制、结构工资制和后勤社会化等一系列竞争与激励机制的改革。一些院校还采用一种“自负盈亏”或者说是“利润中心”的财政控制机制，也就是说，通过市场机制（看不见的手）调节大学内各单位和成员的利益，鼓励规范竞争、互惠互利、相互协作、共同发展，而不是用科层权威的硬性规定或者学术社团的信条来决定利益的分配，以及决定什么单位可以发展，什么单位不可以发展。

这里值得一提的是，大学教师所从事的是传播、探索与创新知识的精神劳动，对广大教师来说，他们的精神需要往往高于物质需要（尤其是在许多学校教师待遇已有较大改善的情况下），因此，在大学的改革与管理中，要处理好精神需要与物质需要的关系，以满足物质需要来发展精神需要，通过精神需要来调节物质需要，将物质需要与精神需要有机地结合起来，并把精神的激励放在首位。这就是说，通过市场机制、竞争机制以及人们对物质利益最大化的追求来整合大学组织，其作用处于次要辅助的地位。

三、文化的力量发挥主导作用

组织的文化作为一种象征，在精神层面反映着组织的社会价值，是联结内部成员的心灵纽带，对于大学这样的学术组织与文化机构而言，文化的凝聚意义尤为重大。与其他组织相比，大学起着文化传播、弘扬先进文化、批判落后文化的作用，大学内部成员的情感联系尤为强烈，他们献身于特定的信念和象征物，依附于更广泛坚定的思想意识。广义的大学文化可从三个层面考察：其一，精神文化，这是大学文化的内核，是指学校领导与师生员工共同信奉的价值观念体系，是学校成员的精神支柱，是学校各项活动的指导原则。其二，规范文化（制度文化与行为文化），它并非是学校条令的集合，更重要的是各种规章制度所蕴含的思想观念。其三，物质文化，即学校的物质风貌所客观反映与透射出的学校价值。以上三种文化价值相互渗透、相辅相成，构成一个有机的整体。因此，大学文化是多种文化要素相互整合的产物，是一种无形力量，也是一种无形资源，它通过影响组织成员的价值信念系统，而对其思维态度和行为产生深刻的影响，并指导组织成员的行为与相互关系。大学的核心作业（教学与科研）是个松散耦合的系统，科恩和马奇称之为“有组织的无序状态”（Organized Anarchy），这些概念反映了大学组织的一种特征、组织成员的价值观念和行为方式。大学的本质属性是学术性，秉承学术自由的大学传统，强调学术活动的自主性和个体行为的选择性，反对过多的外部干预和约束。学校对于学术人员的教学和科研工作没有严格的计划、监督和控制，采取的是相对松散的管理方式。学术人员之间工作的协调依靠他们个人的责任感、事业心，依靠他们的自律，依靠他们的相互友谊、相互理解和支持。学术人员虽然有学衔等等地位的分化，但相互之间没有特别严格的等级关系。他们能够一起平等地讨论问题，自由发表意见，在日常生活中也能平等相处。因此，大学组织的协调与控制的主要手段是隐性的价值观念和价值体系，而不是显性的指令与规则，在某种意义上讲，文化的、观念的力量比指令和规则更强大。因此，文化力量不仅在激活组织资源中起着重要作用，也在大学组织的演进、发展与整合中发挥着主导作用。

由以上分析可知，科层力、市场力与文化力在大学组织管理整合中的地位是不一样的，发挥的作用是不同的，力量的强弱是非均衡的，其中文化观念的力量比指令、规则及市场力量更强大。在大学组织的演进、发展过程中所起的作用也是不一样的。大学领导与管理者应全面理解大学组织的特点，充分认识到不同的学校所面临的具体条件和问题不同，整合机制也存在很大的差异，要善于运用文化（观念）、科层制（规则）、市场（利益）的非均衡力量来协调、控制大学的组织活动，优化资源配置，整合与激活组织资源，提高管理与办学的效率和效益，促进大学和谐健康地发展。

第五章　用非线性的观点看大学权力的制衡与和谐

权力是人类社会中最普遍的现象，它随着人类社会组织的诞生、发展而存在，是构成一个组织的基本要素。如果说结构是组织的“骨架”，那么权力便是组织结构联系的“血液”[①]，组织过程就是权力使用过程。韦伯根据权力性质将其划分为三类：“传统权力、官僚权力、天赋权力”[②]。罗伯特·A·达尔认为权力是人类普遍存在的一种影响力。这是政治学的观点。从管理学的角度看，权力是管理过程中组织或管理者个人能够改变团体和个人行动的支配力量，包括强制权、奖励权、法定权、专长权和个人影响权，前三者由管理者在组织中的地位决定，后两者由管理者个人的性格、品质、专门知识决定。拉斯韦尔认为，权力是获得其他价值的价值，如知识、财富、健康、技能、正直、尊敬、仁爱等。我国学者卢少华等人认为，权力有两个基本意义：其一，权力是意志、是法令；其二，权力是权威。并认为，无论在何种意义上，权力都是一种力量，支配权力的主体利用这一力量去驾驭客体并使客体服从自己。可见，权力是政治学、管理学、社会学、法学及领导理论中均涉及的核心概念之一，对这一概念的界定也是见仁见智。但是我们可以从中把握它的基本特征，即权力与权威是两个不可分离的概念，都是影响或支配他人行为的能力或力量。在谈到权力时，常常谈到权威，在分析大学的权力时，也不能不涉及到权威。本章将用非线性的观点探研大学的权力关系、大学校长的和谐权威及大学权力制衡机制（模式）的构建。

① 陈振明．公共管理学［M］．北京：中国人民大学出版社，2001：65.

② 约翰·范德格拉夫．学术权力：七国高等教育管理体制比较［M］．杭州：浙江教育出版社，2002：187.

第一节　非线性视角下的大学权力关系

非线性视野的着眼点在认识与揭示事物或系统中各组成要素的非线性关系，这种关系表征着事物的本质所在。有关高等教育系统的权力问题，国内外学者有过许多研究和论述，而我们的注意力则集中在大学内部权力，通过分析大学内部权力的非线性关系揭示出大学权力的本质。

一、权力结构边界模糊与权力冲突

大学发展史和现实表明，大学内客观存在着各种各样的权力，而主要的权力是行政权力与学术权力构成的二元权力结构，这两种权力结构都有存在的合理性与局限性的一面，其根本原因是大学既是公共事业的社会组织，又是操作高深知识的学术组织，这是大学自身基本特征所决定的。从非线性的视野看，这种权力结构的合理性与局限性所呈现的状况则是权力边界的模糊与权力的冲突。

大学学术权力的合理性是显而易见、无可置疑的。现代大学在中世纪欧洲诞生，时至今日已走过几百年的岁月，虽然大学的理念在不断的争论中向前延伸，大学功能在不断的实践中扩展，然而大学是探究高深学问的场所，即大学操作高深知识的目的与活动是永恒的，大学的三大职能——人才培养、科学研究、社会服务都是围绕知识活动展开而表现的，正如伯顿·克拉克所言："知识材料，尤其是高深知识材料，处于高等教育系统的目的和实质的核心。"①大学操作知识活动的主体是掌握着"高深知识"的大学教师，特别是大学教授，他们通过实现大学职能的活动，保存、传承、研究、创新与应用知识，因而他们便自然地拥有学术权力，享有学术权威，并在学校中形成学术权力结构。因此，可以说大学学术权力的存在是大学的天然特性，是大学内在逻辑规律和本质的要求，而不是外部授予的。

大学行政权力的合理性主要体现在这种权力有其存在的必然性和管理上的必要性。中世纪西方大学产生时，大学内的活动主要是授课，校内事务主要由教师与学生处理，还没有分离出一套行政机构。随着大学走出"象牙塔"，日益走向社会的

① 伯顿·克拉克．高等教育系统：学术组织的跨国研究[M]．王承绪，译．杭州：杭州大学出版社，1994：12．

中心，成为社会的“轴心机构”，大学的功能便由单一的教学扩展到科学研究、社会服务等方方面面。大学为了更好地生存与发展，需要不断扩大与外部的联系与交流，获得政府及社会多方面的支持，取得必需的外部资源。另一方面，由于大学在社会中的作用日益增大，国家对高等教育的控制与干预也越来越多，社会其他组织也要求与高等学校合作，这就在客观上要求大学建立相应的行政机构，与国家教育行政机关衔接，贯彻其指令与指导，并满足与社会各界互动的要求，以便处理大学日益增多的行政事务。大学内部的行政权力便在这种背景下不断强化，形成一套具有科层制特性的行政权力机构。

从学理上说，行政管理是一种带有普遍适应性的管理机制与管理方式。管理离不开权力，通常任何公共事业组织决策的实施、管理职能的履行都是行政权力运用的结果。就大学内部各种事务的管理而言，同样离不开行政管理，即使是大学学术事务，如学术人员的流动、分配，课题的资金投入、申报立项、组织评审等，也有行政的介入，从这个意义上说，不论是学术事务还是非行政的其他事务，只要纳入行政管理，就成为行政权力的管理对象。因此，大学行政权力渗透在学术权力之中，参与或管理学术事务，也是一种必然和必需的管理运作。

两种权力合理性的相互渗透将导致权力边界的模糊。我国大学行政权力与学术权力结构边界的模糊与国外大学相比尤为突出，表现在：其一，管理事务上的模糊。我国《高等教育法》里虽明确规定了国家主办的高等学校实行中国共产党基层委员会领导下的校长负责制，对党委和学校的职权做了原则性的界定，这就在大学内构成了党委领导下的机构和校长领导下的机构（从政治学观点看，这两个系统行使的权力均可看作行政权力），但是由于对“领导”与“负责”所分享权力的理解与认识有偏差，在学校事务的运作中分工不明确，导致权力划分不明确。而学校内事务又是天然地交错着，难以划界。学术活动是大学的基本活动，学术管理是学校的中心工作，而对它的管理与运作无处不渗透着行政和思想教育，如教师聘用、职称评定既涉及业务考核又涉及政治思想品德考核，那究竟是行政事务还是学术事务？它既属于学术人员的管理，又是行政人事管理（党外系统可以管，行政系统也可以管），很难分清。其二，领导职务的双重性。学校、院（系）或所的领导都是由教授、副教授职称人员担任，他们又同时享受行政级别（厅级、处级等）待遇。他们一方面行使学术权力，另一方面又行使行政权力。在学术权力与行政权力争夺决策权和教学、科研资源的过程中具有双重身分（双重角色）的校长或院长时而态度模糊，时而在某一方压力下倾向某一方，故经常听到来自行政人员和学术人员两方面的抱怨，使校长或院长处于权力关系的矛盾冲突漩涡之中。

同任何权力都有局限性一样，大学的行政权力与学术权力也存在着局限性。

当两种或多种权力并存时，这种权力的局限性会导致权力的矛盾冲突。行政权力的局限性在于科层制的运行原则并不适用于学术活动，因为大学作为操作高深知识、探究高深学问之重地，学术活动是其基本活动，有着自身的规律与特点，如学术自由、学术民主，松散联合的"弹性"制工作与科层制那种严密的"刚性"特征是相悖的。如果行政权力行使过度，将使学术权力受到压抑。当前，我国大学内出现的"官本位"现象，其实质是行政权力过大、过强，学术权力过小、过弱的表现，这会挫伤广大学术人员的积极性，使学术活动的生机受到窒息，严重阻碍学术进步与繁荣，使大学丧失活力和竞争力。

学术权力的局限性来自权力主体的保守性与"唯我主义"。布鲁贝克在《高等教育哲学》一书中写道："行会式的学术权力模式，偏执和保守，排斥改革，在 18 世纪，英国和美国不得不通过立法来打开自治的高等学校的铁门，让新的学科进入课程，其中许多学科与人类利益休戚相关，而学阀们却顽固地将其拒之门外。"①显然这里的"学阀们"指的是学术思想保守的教授们，这从一个侧面反映了某些不具有学术民主思想的教授或知识分子的一种通病，即"文人相轻"，其实质是唯我主义，在学术上表现为唯有我的学术主张和思想最正确，自觉或不自觉地抵制与压制新生学术思想和学术力量的萌芽。民间曾有对"文人相轻"、"唯我主义"以打油诗加以描绘："天下文章在三江，三江文章唯我乡，我乡文章数舍弟，舍弟跟我学文章。"②说来说去，转了一个大弯，最后还是自己文章好，这正是某些知识分子一种唯我主义的写照。因此，应该看到，在某种情况下常常会有保守性和"唯我主义"的学术权力主体，导致滥用学术权力，甚至学术专制，阻碍学术民主与自由。另外，现代大学已成为社会大系统中的一个有机的子系统，它需要不断地与其他的政治的、经济的、文化的子系统交换物质、信息和能量，这是大学生存、发展的需要，也是其他子系统对大学的要求。随着社会经济、政治、文化及科技等外部环境变得越来越复杂，大学自身也变得越来越复杂，中世纪欧洲刚兴起的大学那种较纯粹的学术机构已无法寻找其踪影，单纯的学术事务已不复存在。因此，大学的管理事务完全依靠学术权力来处理，既不现实也不可能，诚如布鲁贝克所言："就像战争意义太重大，不能完全交给将军来决定一样，高等教育也相当重要，不能完全由教授

① 约翰·S·布鲁贝克．高等教育哲学［M］．王承绪，等，译．杭州：浙江教育出版社，1987：29.

② 练性乾．南怀瑾谈历史与人生［M］．上海：复旦大学出版社，1995：17.

决定。”①

综上可见，大学的行政权力和学术权力都是维护大学正常运行不可或缺的力量，这种二元权力结构对立统一在大学的权力体系中，是大学内在规律与基本活动方式的特性所决定的。由于这两种权力的合理性和必要性，导致它们在管理事务中权力范围和边界不明确，且相互渗透，呈现出模糊性，这是中外大学权力结构存在的一种普遍现象。由于两种权力又都有其局限性，当行政权力对学术事务介入过多，排斥、干预学术权力的决策与执行；或者学术权力对行政事务干预过分，影响行政机构和人员按必要的规章制度处理问题，行使合理、合法的权力，都将会引起两种权力的矛盾冲突。这种权力局限性如果得不到有效地制衡，则会导致权力无度和滥用，造成决策失误、管理混乱，严重阻碍大学健康运行和发展。

二、两种权力运行机制的差异和相悖

大学内的行政权力与学术权力的运行机制差异与相悖主要体现在：

1. 两种权力运行方式的差异

大学行政权力强调以科层制实施权力，权力的主体是行政人员，其权力观是等级制、“官僚化”，尊重与服从职务权威，其基本特征是职务、权力明确，下级服从上级，以严格的规章制度、“刚性”的程序化进行管理运作。而学术权力主体是教师和教授，其权力观是学术面前人人平等，尊重学术造诣深、有影响力的学术权威，而不是等级关系科层制“上司”所赋予的权力。学术权力的运作，以学术自由、学术自治为主导，组织内成员独立、自主承担相应专业领域内的学术工作，有相当程度的自由权，他们依据自己的学术思想和判断从事教学、科研工作而并非按照管理者的命令去工作。

2. 两种权力运作的氛围和趋向不同

行政权力的运作依赖于规章制度下的等级组织与层级权力的威势，使组织内成员对权力主体服从和对组织服从，因此其权力运作所要求的氛围是严密、程序化，甚至是非人格化的、不自由的。而学术权力追求和体现的氛围是一种相对轻松、自由，甚至是“无政府”、“无序”的环境，使学术人员能够超越现实的压力，冷静、自由地思考问题，需要营造一种鼓励探研知识，追求真理，勇于向现存的规章制度、不适宜的原则与信念进行批判与挑战的宽松氛围。

---

① 约翰·S·布鲁贝克．高等教育哲学［M］．王承绪，等，译．杭州：浙江教育出版社，1987：28.

随着科学技术的飞速发展，知识经济社会的到来，知识在社会中的地位越来越高，使大学的学术权力地位也在不断上升，大学内的学科在渗透、综合与细分中不断变化与发展着，拥有与操作知识的学术人员也在随之不断分化与组合，导致学术权力的多样性与复杂性，其影响力和支配力将超越教育活动本身，渗透到学校方方面面，甚至渗透到社会各个方面，因此大学的学术权力趋向分散；而面对大学社会地位的提升和校内外事务复杂性的增加，为了加强管理，提高行政效率，便于和政府及社会各方面对大学的统一要求接轨，行政权力则强调按统一的政策、法规，程序化和规范化的运作，因此行政权力趋向于集中。

三、权力主体的多元性与不对称性

从总体上说，大学权力主要是行政权力与学术权力构成的二元结构，但是由于大学职能的多样性和人员的多种类型，导致大学内部有各种各样的权力，权力主体是多元的，他们有着各自的权力范围，影响与支配着大学的运行。通常有以下四种权力主体，即四种类型的人，拥有与操纵着相应的权力，并呈现出权力关系的不对称性。

1. 教授权力

这是大学权力的传统力量与现实力量，也是一支无可争辩的主要权力。由于教授们具有高深的学术造诣，自然成了各学科专业的学科带头人和学术权威，在各类学术性组织和学术活动中发挥着举足轻重的影响力与支配力。如在学术梯队的建设中，他们以学科带头人的身分筹划与决策着梯队人员的组成与培养，以及新生力量的选留；在招收研究生方面，教授们负责审核研究生是否录取，如何培养及授予学位等；在教师的职称评定上，他们拥有评审谁有资格晋升或不晋升的权力；在科研方面，他们以其影响力为砝码，组织申请课题，主持科研项目，开展科学研究；在教学中，他们以丰富的教学经验、教育理论与方法及娴熟的专业知识，向学生们传授知识，影响与感召着学生。上述情况表明，教授作为学术权力的主体，是国内外大学普遍认同的，但是教授在大学管理中拥有权力的限度及形式却一直存在着不同的看法与争论(如教授治校)。不同的国家，教授拥有的权力组织形式和权力大小不尽相同，与各国的权力体制有关，也和大学各自的历史变迁有关。我国大学的历史进程中始终未从法理和学理角度，在制度上对教授的权力以明确界定，随着高等教育体制的深化，教授的权力的范围和形式，仍在探索之中。

2. 行政人员权力

随着大学从社会边缘走向社会中心，学校内外行政事务不断增加与扩展，迅速发展起来的专职行政管理人员队伍权力不断增加。在西方现代大学中，虽然教授群体和教授的权力依然十分强大，但是，有的学者认为，由于大学组织的发展，使大学组织日益趋向“官僚化”，即具备官僚体制、科层制性质，使得行政管理人员的权力在有的大学达到与教授相抗衡，甚至超越教授的程度。就我国大学而言，不论是宏观的教育管理，还是大学内部的管理，主要是行政组织管理的机制和管理方式发挥作用。学校工作中，学术事物和非学术事物常常混杂在一起，行政管理可以是非学术事物的管理，也可以是学术管理，“行政权力一统天下”及“行政权力泛化”的局面较为普遍。大学被视为公共事务单位，校级领导都由上级任命，学校管理模式以科层制为主，并按照机关给予一定的级别，有副部级高校、正厅级高校、副厅级高校之分，其校内各级组织享有或靠上各级相应的处级、科级，在这些岗位的行政管理人员管理着学校的人事、财务、教学、科研、后勤等方方面面。这类管理人员通常又获得教授(研究员)、副教授之类技术职称，由于他们掌握着行政、学术多种资源，因此权力超过单纯有技术职称的学术人员权力。虽然大学内也建立了学术委员会、教学工作指导委员会等学术组织，但大多是作为咨询机构，其作用不太明显。这种权力泛化现象造成“官本位”严重，从工资级别、福利待遇政策以至学校文化无不刻上“官本位”的烙印。

3. 教师的权力

这是指广大讲师和助教的权力，他们在大学的学术队伍中人数最多，是教学、科研的主力军与后备力量，他们工作在教学、科研第一线，既承担着大量的教学任务，又承担着繁重的科研任务；他们最了解学生需要哪些知识，最有资格对教学计划提出意见，应该开哪些课程，以及开设何种讲座。总之，广大教师是学术活动中一支基础性的力量，对教学、科研的影响力是无可替代的，因此，他们的群体力量所形成的学术主体地位理应受到重视。但是由于处于权力的底层，学校中各种有一定影响力的学术组织又无他们中间的代表人物参与，并且他们的权力结构多是一个无组织非固定性的，故通常成为行政人员权力和教授权力受支配的另一端。

4. 学生的权力

大学是以学术活动为途径培养高级人才的教育机构，人才培养或人的需求与发展是大学各种教育理念中最基本的理念，是引发或建构其他教育理念的元理念或基础理念，是大学多种功能的本体功能或基本功能，学校工作的出发点与落脚点应是把学生培养成德智体美全面发展的高规格人才，这是大多数教育家所公认的。从这个意义上说，“学生为主体”、“以学生为本”，不仅是当代教育的取向，是现代教育的基本理念，也应是大学管理与办学的基本理念。现代社会更加突出个体的主体意识，大学教育作为培养社会参与者、建设者的活动，应牢固建立以学生为本的理念。具有强烈主体意识的当代大学生，在学校的学术活动中理应成为权力的主体之一。拥有一定的学术权力，首先是学什么的权力，学生理应有根据自己天赋、兴趣自主选择专业、选择学习内容的权力。作为学习者，同时必然是学术研究的参与者和探研者，这对于培养创新型人才尤为重要。我国大学生缺乏应有的学术权力问题还较为普遍，没有自由选择专业的权力，选择课程的权力也不充分；平等参与学术活动，乃至挑战学术权威，批判行政权威的权力，也没有较好的渠道和氛围加以保证。从时代发展的要求和正确办学理念的贯彻出发，没有任何理由不还给广大学生在学校中应有的权力主体地位，使之拥有相应的权力。

综上所述，四种权力及权力主体在大学中存在着不对称性。从权力大小看，行政权力和教授权力过大，教师权力和学生权力过小。从权力结构特征看，行政权力存在着正式组织结构，是通过科层制确定的，具有相对稳定性和等级性；学术权力(包括教授权力、教师权力、学生权力)其内部既有正式组织结构又有非正式组织结构，权力主体存在着非固定性和流动性。从权力主体的层级位置看，行政权力主体主要处于高校上层；而教授、教师和学生则处于学校的基层部门(如系、室和班级)，他们分别处于大学的两端。从权力指向的对象看，学术权力指向教学、科研人员和学生，他们既是学术权力主体，又是学术权力客体；而行政权力指向不仅是各级行政管理人员，也指向教学、科研人员(教授、一般教师)和学生。在一定的范围内，这种不对称的权力关系与结构，即上对下行使权力符合组织目标和运行状态是适用的，或是在计划经济时代，大学是一种封闭与半封闭状态，采用由上而下的单向权力管理基本上是适应的。但是，如果没有权力制衡及“双向管理”机制加以保证，它的弊端便显露无遗。权力使用不当，以一种暗箱操作方式单向管理，既很难保证决策与管理的科学化，又很难避免人为因素的干扰，因而大学管理失误的现象时有发生。我国大学所走过的坎坷道路，特别是文革时期的办学造成大学的灾难与倒退，便是十分深刻的佐证和教训。随着改革开放的深入，体制改革转轨增速，大学内不对称的单向权力结构的弊端便充分显现出来，如“官本位”严重、行政人员人浮于事、机构臃肿、学术人员留不住等。高校中有相当数量的中青年教师弃教下海，部分中青年教师流出国外而不归，以及许多优秀的毕业生不愿留校从事教学工作，这些现象的出现，虽有多种复杂原因，但也和厌烦这种僵硬的单向、不对称权力结构有关。改变这种状况，建立以人为本的“双向民主管理”，既是时代对我国大学的要求，也是大学建设与和谐管理的目标之一。

四、大学权力价值观念的冲突

权力作为组织和个人实现目标的一种手段，其实质是为了追求某种有价值的利益，即权力服务于利益。问题在于如何正确地使用权力，所获取的价值利益的标准是什么，这就不能不涉及到价值观念问题，这也是管理学中一项重要的研究课题。大学内学术权力与行政权力的价值观念会涉及许多方面，但是主要是公平与效率、自由与约束的价值观与价值取向，学者们普遍认为这是社会学、经济学、管理学、政治学等学科中既古老而又现实的课题，更是教育学及教育管理中一项古老而又永恒的研究课题，他们为此进行了许多有价值的研究与实践。这里仅就大学管理权力在公平与效率及自由与约束价值取向上的差异，造成权力冲突与失衡做一分析，以回答大学权力的非线性关系导致权力矛盾冲突的一种思想根源。

1. 公平与效率的冲突

大学内的行政权力和学术权力对公平与效率的追求是有差异的。通常行政权力从管理的角度出发侧重的是效率，因为管理就是通过各种手段有效地整合资源，使得这些资源能够最大限度地发挥功用的过程。大学的行政管理当然要以高的绩效来体现其管理成功的程度，这是任何管理的本质要求，大学的行政管理也不例外。但是，当认识出现偏差时，便以效率来要求学术，以统一的、便于管理的指标去衡量学术，特别是以容易度量绩效的数量指标去衡量学术，这样做实际上是与学术的本质及学术活动规律不相符的。学术是探研知识、追求真理的过程，其度量的标准绝不能简单化以数量指标或效率来判别。伯顿·克拉克在《高等教育系统》一书中就提出了大学是一个知识的集合体，因此它具有很强的不确定性，学术的成果很难用一个外在明确的指标来衡量。人类科技历史上许多重大的发现、发明，都是经过许多学术大师和学者历经艰辛的探索，失败，再探索，再失败……不断积累而提出的，基础学科的研究尤其是这样。而发明成果产生的巨大影响和巨大价值也往往是难以用数量指标或效率估量的。当前我国高校中，将论文数量与教学科研人员职称晋升、考核、奖金挂钩，将研究生发表论文与学位证书挂钩，直接导致了一些学者不安分钻研学问，不求质量、只求数量的合格而拼凑文章，乃至其中一些人抄袭、剽窃他人学术成果，从而造成学术道德和学术责任的沦丧。不能不说这种"学术泡沫"、学术腐败现象的产生与这种单纯追求数量或所谓的效率的做法有莫大的关联。另外，以单纯数量标准来度量学术价值，还会导致一些埋头苦干、专心钻研学问、注重学术质量(一篇价值高的论文可超过数篇拼凑的低价值的论文)的人员受到不公正的待遇，这样做是把复杂的智力劳动简化为单一的机器生产，抹杀了个人创造潜能的多样性,导致学术领域的不公平竞争,从而影响学术人员的积极性与创造性。

学术的真谛在于追求与探明真理,这就要求"在科学与真理面前人人平等"。它具有双重含义:一是任何人都有平等的机会从事科学研究活动,而对自然界之谜,都可以提出大胆的假设并加以检验;二是判断科学理论的正误和价值的大小时,任何人提出任何假设都有参与公平竞争的机会,都需要公平地接受检验,逻辑和科学实践是检验正确与否的标准。这就是说,大学的学术活动中需要使公平的精神、公平的标准、宽容的态度得到充分体现。具体地说:其一,学术成果的认可需要接受同行公正的检验;其二,学术活动中不同观点可以并存,允许失败,决不以成败论英雄;其三,学术活动强调保护少数,在检验学术真理问题上,不搞少数服从多数;其四,学术强调探索与创新,实践是检验学术价值的标准。因此,可以看出,学术活动中所需要和倡导的公平的精神、公平的标准与宽容的意识不仅与行政权力科层制中的等级观点是不相容的,而且学术活动所倡导的质量标准和数量多少或单纯的效率标准是相违背的。当然我们也应该看到,绝对的公平是不存在的,公平的标准也是一个相对的概念。如果认识上产生偏差,过分强调学术公平,如要求行政管理方面对学术上的资金投入与配置应该毫无偏颇,评价标准应该毫无偏差,甚至抵制行政管理,这些在实践的操作中几乎是做不到的。

总之,大学是一个独特的学术性社会组织,公平与效率都要体现,学术价值取向追求公正,行政价值取向追求效率,是两种权力特性的一种体现,大学内公平与效率的矛盾是客观存在的,它无法消除,只可加以协调与平衡。如果学术权力或行政权力的价值取向超过各自合理的限度,则会引起权力冲突;如果都处在应有的合适限度内,则能取得权力协调平衡的效果。

2. 自由与约束的冲突

大学内自由与约束的价值取向同公平与效率价值取向一样,也反映了学术权力与行政权力的冲突。自由是人的生命活动的基本特征,是所有公民的基本权利,科学中的求真乃是人的生命活动之自由本质的自我展开,即学术自由。"为了保证知识的正确与准确,学者的活动必须只服从真理的标准,而不受任何外界压力,如社会、国家或经济利益的影响。"①而约束则是科层制的一个基本取向和特征,官僚制(科层制)本身就意味着一种稳固而有秩序的上下等级制原则,它有强制性法规,有严密的规章制度。从理论上讲,当自由充分体现的时候,约束就难以实现;反之,约束充分体现的时候,自由就受到限制。大学学术价值取向追求自由,而行政价值

① 潘懋元. 多学科观点的高等教育研究[M]. 上海:上海教育出版社,2001:297.

取向追求约束，二者冲突不可避免，问题的症结是两种价值取向都体现适度时，彼此方能达到平衡与协调。当我们在分析大学学术自由与行政约束价值取向上的冲突时，不能不扩展一下，看到学术自治与政府控制之间的冲突，或大学的独立性与对政府依赖性之间的矛盾。大学自治是高等教育管理中的一种特殊的管理形式，是保障大学发展的重要手段之一。大学以学术自治与学术自由为根基，确保这一根基是大学获得健康发展的最基本条件。大学自治的内涵是指“大学作为一个法人团体，可以自由地治理学校，自主地处理学校内部事务，最小限度地受来自外界干扰和支配”[①]。主张学术自治的人认为，大学是传授和研究高深学问的场所，只有学者才能深刻理解这些学问的内容，并判断如何组织教学和研究工作，故学术问题应由专家单独处理，大学应是一个自治组织。大学自治反映着大学的独立性，这是现代大学的重要特征之一，包括大学办学的独立自主性、大学生学习的独立性、教师治学的独立性等。这种独立性是由大学的性质与职能所决定的，它既是大学直接面向社会服务并求得自身发展的需要，也是社会对大学的需要和社会发展、社会利益的需要。当然，这种独立性并不是不需要依靠政府与社会的支持，因此，这种独立性是相对的而不是绝对的。在一定程度上对政府的依靠，服从国家的统一利益也是大学生存与发展的需要。但是，大学决不能沦为政府的分支机构或附属品，成为“官本位”中的某一科层。有关大学的重大决策不应是下级服从上级权力作用的结果，这与大学独立自主办学的方针与规律是相悖的。现实中，现代大学的独立性要求与政府依赖性的现实是矛盾的，其实质是官本位与学术本位的矛盾，对此应有正确的认识，不能过分强调某一方面，而应探索与建立有效的协调机制。

高等教育是一个准公共产品，政府作为公共部门的代表，就有必要对高等教育进行管理，这是高等教育公共管理的法律基础，并且政府提供了大学相当的经费资助，因此政府总是倾向于控制高等教育，特别是大学。政府毕竟有自身考虑问题的出发点，不可能完全按照大学的思维去考虑问题，服从公共的现实需要与达到每届政府的具体目标和绩效是任何一个政府都要考虑的问题，这样政府通常都是以统一的法规、统一的指标来衡量所有的大学，去评估需要投入大学学术发展的资金和政府应有所预期的“收获”。政府对学术的这种思维有其合法性的一面。但是，如果在管理实践中权力使用不当，超出应有的范围，必然会与基于长远性、基础性的学术活动产生冲突，与不断试验、探索丰富学术活动的多样性、自由性、自主性产生冲突与矛盾。因此，如何做到政府对大学的适度控制及大学的学术自由、独立自主

① 伯顿·克拉克．高等教育新论：多学科的研究［M］．郑继伟，等，译．杭州：浙江教育出版社，1988：24.

办学，同样需要对约束与自由的限度即行政权力与学术权力的合理范围有正确的认识，探索与构建有效的协调与平衡机制。

自由与约束在权力价值观方面的冲突，所反映的大学自治与政府控制（管理）所形成的矛盾，在世界范围内从19世纪以来就困惑着大学，至今仍然是一个十分棘手的问题，在大学的发展过程中也是一个两难的问题。中国大学由于长期处于计划经济体制管理之下，政府控制大学的色彩表现得尤为明显，更是改革过程中需要认真探索、解决的重大而复杂的问题。我们认为，解决这一矛盾的切入点是拥有学术权力与行政权力的双方都要换位思考，提高认识，取得共识，找到双方的平衡点，建立起真正有效的、和谐的行政管理与学术管理体制与机制。

第二节　大学校长的和谐权威

大学校长作为学校的领导者，是一所学校的灵魂，能否发挥有效的领导对学校的健康持续发展具有举足轻重的作用。权威对一个大学校长来说是最重要的，它不仅决定了他是否能准确地行使法定的权力，而且决定了他是否具有个人的影响力实现下属的归属与拥护。因此，大学校长应具备和树立何种权威领导和管理学校，必然成为教育界和教育科学领域最为关注的研究课题之一，这也是广大师生员工常议论和关心的话题之一。

一、大学校长权威的来源

"权威"由"权"与"威"二字组成。我国《辞海》对"权威"的解释是"权力与威势，含有尊严、权力和力量的意思。指人类社会实践过程中形成的、具有威望支配作用的力量"[①]。显然，这里的"权威"含有"权力"和"威信"两层含义，也就是说权力不等于权威，有些人拥有权力但没有权威，有些人没有权力但很有威望，所以对于拥有权力的大学校长，如何树立权威，是值得思考和研究的问题。托马斯·J·萨乔万尼在《道德领导》一书中总结出五种领导/管理政策与实践的权威来源：① 科层权威，来自等级制度、规则与规章、指令、角色期望。② 心理权威，来自激励技术、人际技能、人际关系和领导。③ 技术—理性权威，来自事物的迹象，由逻辑和科学

① 辞海［M］. 上海：上海辞书出版社，1989：3276.

研究来决定。④ 专业权威，来自精妙的技艺、知识和个人专长。⑤ 道德权威，即责任感和义务感，来自宽广而共享的共同体价值观、理念和理想。综合以上权力与权威的释义和来源，笔者认为大学校长的权威主要来自以下几个方面：① 人格权威（或道德权威）。它是校长的个性、人品、道德、观念、态度、行为规范等心理、伦理层面上形成的感召力与影响力。② 专业学术权威。它是校长的专业知识和能力、学术造诣、科学的探索精神与创新精神等专业素质在管理教学、科研等活动中的支配力与影响力。③ 管理权威。它是校长运用激励技术、人际关系等管理手段和技巧，领导、指挥学校运行的一种支配力。④ 行政职务权威。这是校长运用科层制组织结构、制度、规则、规章、政策等管理学校人、财、物的法定支配力量，它随职务的存在而存在，随职务的消失而消失。

二、大学校长的"和谐权威"与"不和谐权威"

上述四种大学校长权威相互联系、相互影响、相互制约、相互渗透，构成一个综合的影响力和支配力，校长则通过这种力量领导与管理着学校的运行。而权威的力量和运行是双向的，即不仅是校长对下级人员施加影响，也存在着下级人员对校长施加影响，如来自下级人员对校长的某种不信任、不支持以及不满或反对等，这种自下而上对校长权威的阻碍，可称之为"反向权威"。大学校长权威能否有效地影响与支配师生员工，取决于校长具备哪些权威和不同权威的组合运用，以及下级对权威的认同、服从与拥护的程度等。笔者认为，以道德权威为核心，将学术权威、管理权威、职务权威有机整合成一种协同而有效、最具权势和威望的影响力和支配力，得到广大师生员工的信任、支持和拥护，导致教学、科研、社会服务等各项管理工作和谐发展，可称之为该大学校长具有"和谐权威"。反之，如果大学校长缺少其中一种权威或滥用某种权威，可称之为该大学校长具有"不和谐权威"，必将导致"反向权威"的阻力加大，得不到广大师生员工的拥护与信任，导致大学各项工作的不和谐。

大学是传播先进文化、培养社会需要的高素质人才的学术机构，理应成为社会和谐的典范。作为一所学校灵魂的大学校长与师生员工的和谐是大学各级领导与师生员工和谐的核心和榜样，也是大学和谐的重要组成部分。营造大学校长与师生员工之间的和谐，需要彼此双方共同努力与营造。从大学校长的角度来说，最重要的是他应树立与拥有"和谐权威"，需要他在管理中做到以下几点。第一，大学校长首先必须具有教育家的品德、理想、精神与抱负。要懂得高等教育规律，按教育规律办事，又善于领导和管理，提高办学效益。对大学教育有独到见解和办学方略，形成一整套成熟的办学思想与理念，并付诸行动，引领大学健康、持续地发展。第二，作为研究高深学问的学术机构的领导者，大学校长还必须是某一专门学术领域的专家，唯其如此，校长才能对学术领域内的事务进行正确的领导与决策。第三，大学校长在行使行政职务权力时，应牢固地确立现代领导干部的角色意识，始终意识到所掌握之权力的本源在于人民群众，与广大师生员工的关系是受委托与委托的关系，其权力是由师生员工所委托和赋予的，要树立正确的权力观、地位观、利益观，廉洁奉公、乐于奉献。这是校长掌好权、用好权的基本前提。以广大师生员工拥护不拥护、支持不支持、赞成不赞成作为行使权力、管理行为的依据和标准。第四，大学校长还应牢固树立与坚持以人为本的管理理念，相信、依靠广大师生员工，尊重他们的教学、科研、学习与工作的价值和首创精神，维护其合法的权益，关心他们的生活，支持他们发展，时刻与广大师生员工保持紧密联系，心连心，共谋、共创学校的发展。只有这样，大学校长才能获得广大师生员工的普遍拥护和广泛赞誉，树立起“和谐权威”。这种大学校长的“和谐权威”是大学校长在长期的实践中自我认识，自我激励，自我修养，不断反思与改正缺点，发扬优点，提升素质的过程，体现着大学校长在管理学校的过程中的身心和谐及他与社会和谐、与环境和谐、与组织和谐、与师生员工和谐，从而创造一个学校生活、学习、教学、科研等有序的和谐机制，营造一个人才成长、学术繁荣、教学与科研日新月异、学校持续发展的和谐环境。毛泽东曾称蔡元培为“学界泰斗，人世楷模”。蔡元培为大学教育所做的贡献表明，他是中国现代史上一位伟大的教育家，其高尚的人格、博大精深的教育管理思想与办学理念，深深地影响着我国的大学教育，备受世人的推崇和赞赏，可以说是大学校长“和谐权威”的典范与楷模。

在我国大学的变迁与发展过程中，大学校长的“不和谐权威”主要有以下四种情况：

(1) 不懂教育的外行校长。文革时期，我国大学在错误政策的指导下，工宣队、军宣队进驻学校，大学校长由上级委派“外行”担任，他们学历低，无专业知识，不懂大学的教育教学规律，乱决策，瞎指挥，导致学校遭受严重破坏，大学教育陷入低谷。历史的教训是多么深刻，并告诫人们，上级委任的外行校长，虽有校长职务，但建立不起管理、领导大学的权威，因此不能胜任大学校长职务。

(2) 滥用行政职务权威的校长。这种校长虽具备一定管理能力和业务水平，但由于思想上对校长应树立与运用何种权威来管理、指挥与领导大学运行与发展认识上有偏差，过分依赖行政职务权力和过度依靠科层制的等级权威来管理大学的教学、科研等学术活动，运用命令、严格而呆板的制度与程序干涉教师职务内和学生学业范围内的学术活动、学术民主和学术自由。这类校长大多表现为权力欲过盛，“官本位”与“长官意志”的思想严重，不能正确认识与处理责、权、利的关系，利令智昏、权令智昏，以致造成决策失误，使广大师生员工的积极性与创造性受到压制与挫伤，人心涣散，上下级之间、人与人之间以及行政、教学、科研、后勤等各个单位都会出现不和谐的状态，大学的功能不能得到应有的发挥，办学效率与效益下降。这种滥用行政职务权威的大学校长是极不称职的，并会成为学校发展的阻力。大学是以教学与科研活动为核心的高度专业化的学术机构，它所承担的任务主要是传授知识、操作高深知识、创造知识。其特征是教师所承担的教学与科研任务具有相对的自主性，强调弹性化工作、学术自由、民主化管理，组织内人员之间是一种大致平等的同事关系，而不是那种严格的科层上下级地位关系。教师们不欢迎非专业人员对自己归属的专业领域从事的各项活动指手画脚，他们佩服具有“和谐权威”的校长，而对滥用职权与科层权力的校长却十分反感。大学又是知识分子高度集中的场所，在知识分子心目中，校长的权威不仅仅是来自行政职务的权力，而更重要是来自校长的学识、能力与人格力量，来自教师们公认的公正和无私。大学学术本质的内在规律表明，行政权力和科层制权力即使有合理与合法的一面，但对大学的学术活动管理未必是最有效的，或者说是有局限性的。

（3）专制型的学术权威校长。学术权威的校长通常指的是西方“教授治校”或“学者治校”所推崇的校长，他对大学的管理具有二重性。一方面，学术权威管理体现了大学作为学术性组织运作所遵从的内部规律，从而避免了由于外行的介入而带来的消极影响，提升了学术权威的地位，凸显出大学内部权威本质的知识化、专业化特征，有利于形成尊重知识、尊重人才的氛围。这种学术权威的作用和影响力，可以说是一种科学精神的“归依”和感召，它往往对崇尚“非人格化”的科层制与世俗权力的要求持质疑与拒斥的态度，从而为大学营造出相对纯净的自由、民主的空气。另一方面，一个具有学术权威的校长，如果缺乏开阔的胸襟、宽容的精神和学术民主的观念，以学术专制扼杀新的学术思想胚芽，排斥其他不同的学派，形成一种“学阀”或“学霸”，建造自己的“学术山头”，这种专制型的学术权威校长将会损害学术自由、学术包容与学术创新，阻碍不同学术流派的沟通、交融与共同繁荣，不利于学校学术资源的有效利用与优化整合，影响学校的整体发展。

（4）缺乏人格道德的校长。近年来我国高校领导腐败案件在全国各地时有曝光，大学校长腐败的实质是其缺乏人格道德修养，在缺乏监督与利益诱惑的情况下，逐步走向腐败。有个别校长在科学研究过程中，缺乏学术道德、急功近利、学术造假、虚报科研成果或盗取别人学术成果，走向学术腐败。随着我国高校独立法人地位的确立，高校在招生录取、经费使用、学科发展、机构设置、建设项目安排、设备物资采购、干部聘任和奖金分配等方面拥有的自主权越来越多，高校领导干部和职能部门的权力也越来越大，由于对这些权力的制约措施没有及时有效地跟进，管理制度不健全，领导决策不民主，内部监督不到位，个别人一旦大权独揽，加上缺乏道德自律与人格修养，于是就把学校的发展机遇当成了谋取个人利益的机会，走向权力腐败。

以上四种具有不和谐权威的校长，在大学的演变与发展的历程中，通常是一种短期和个别出现的现象，然而却成了一面镜子和反面教材，对大学校长掌好权、用好权起着提示与警醒的作用。

三、大学校长如何树立“和谐权威”

为了实现我国大学的健康持续发展，建设一批世界先进水平的大学，需要一大批优秀的大学校长。在对大学管理的实践过程中，大学校长们需要树立和运用“和谐权威”，避免“不和谐权威”。那么，如何具备与树立大学校长的“和谐权威”？笔者认为应主要考虑以下几个方面：

1. “知识”、“能力”、“品质”一体化是大学校长具有“和谐权威”的基本要求

大学校长作为大学的最高管理者，必须具备渊博的学科专业知识、教育学科知识，通晓社会科学、自然科学及管理学科知识，学术造诣高，掌握与跟踪学科知识的前沿与发展趋势；具有很高的组织、管理教育教学研究与科学研究及行政事务的能力；具有科学发展观、与时俱进的教育理念和创新能力及战略决策能力，不断推进教育改革和学校持续发展；具有高尚的人品、道德修养，正确的人生观、世界观、价值观及献身教育事业精神等。“知识”、“能力”、“品质”三者之间相互联系、相互渗透、相互依存，三位一体，所包含的基本内容是现代大学校长必备的素质，是大学校长具有“和谐权威”的基本要求，也是上级机关委任大学校长必须坚持的基本原则。

2. “情”、“理”、“法”相互平衡是大学校长树立和运用“和谐权威”的重要方法

大学校长在行使权力对学校实施管理的过程中，须掌握“情”、“理”、“法”的相互平衡。做到重情，即“以情感人”，在事业与生活上对教职员工的关心、支持和帮助，最终会赢得他们的支持与拥护；重理，即“以理服人”，通过摆事实、讲道理，使学校的各项决策得到教职员工的理解与支持；重法，即具有较强的法制观念，自觉遵守国家法律与学校规章制度，执法公正无私，“公生明、廉生威”，公正无私、清正廉明方能树立威信。“情”、“理”、“法”的运用应掌握好尺度，“情”与“法”应互补而行、相辅相成，并依靠“理”在其中平衡，做到“用情”、“执法”、“明理”，也就是“合情”、“合法”、“合理”，三者缺一不可，一项也不能偏废。“情”、“理”、“法”的相互平衡，既是现代管理的一项原则，也是大学校长树立和运用“和谐权威”的重要方法。

3. “以人为本”是大学校长树立与运用“和谐权威”的目的和归宿

“以人为本”是人类社会发展的基本观点，也是构建和谐社会的基本要求。“以人为本”就是以人为根本，以人为核心，以人的自由全面发展为最终目的。从教育教学的角度看，“以人为本”就是学生和教师都是教育的主体，即“学生为主体，教师为主导”。这是大学校长必须具备的现代教育理念。大学校长在领导与管理学校的过程中，应把权用在人的合理需要和发展上，坚持以人为中心，关心人、理解人、激励人、依靠人，充分调动广大师生员工的积极性，尊重他们的学术自由和首创精神，创造一个人才“德”、“智”、“体”、“美”全面发展的环境，构造一个人尽其才、人才辈出的机制和体制。人才是学校最宝贵的财富，是学校上水平、上质量、创造效益的主要因素，也是学校持续发展的主导力量。理论和实践表明，以人为本，关注人的正当需求和发展，不仅是现代管理与施政的基石，也是大学校长树立与运用“和谐权威”管理学校的目的和归宿。

4. “真”、“善”、“美”和谐统一是大学校长具有“和谐权威”的基础和力量源泉

陶行知先生说：“校长是一个学校的灵魂，要想评论一个学校，先要评论它的校长。”①从这个意义上说，大学校长思想言行的“真”、“善”、“美”，既是大学校长人格权威的表征，也是大学精神的一种象征。“真”是客观事物本身所具有的规律性，这里是将客观的“真”引申到主观的“真”，即人格的“真”。“善”是一种利于他人、利于社会、利于自然的态度与行为，是人的道德品质的象征，是一种美德。“美”是从“真”、“善”统一的母体内产生的，“真”、“善”是“美”的基础，也是“美”的前提，“美”是“真”、“善”的升华。“真”、“善”、“美”三者相互联系、相互渗透，任何美好的事物（自然、社会、人），必定是三者的和谐统一。这就要求大学校长在长期的教育教学实践中追求真理，注重自我修养，使自己的言行符合自然和人类社会的发展规律，符合教育教学的内在规律和发展的要求，“言行一致”、“知行统一”，真诚对待师生员工，全心全意服务于学校，服务于广大师生员工，以博学睿智的内涵，高深的学术造诣，创造性的智慧和才能等素质表现出外在美与心灵美的统一。这种“真”、“善”、“美”和谐统一的示范作用和榜样的感化作用所迸发出的感召力和影响力，使得广大师生员工心悦诚服地拥护、支持校长，共同为学校的发展而不懈努力。因此，大学校长思想言行的“真”、“善”、“美”和谐统一，不仅是其人格权威的表征，也是其树立和运用“和谐权威”的基础和力量的源泉。

以上四个方面相互联系、相互制约、相互渗透、相辅相成，为如何具备与树立大学校长“和谐权威”提供了一种有益的参考与思路。在人类跨入知识经济时代之

① 陶行知．陶行知全集：第一卷［M］．长沙：湖南教育出版社，1984：473.

际，我国大学校长们应消除只要具备权力就相应拥有权威，或拥有一项权威就能管理好大学的线性思维，要用非线性的整体思维观来看待权威的来源，自觉地培养、树立与运用“和谐权威”，以更高、更宽、更广、更远的视野引领大学持续、健康、和谐地发展。

第三节　我国大学多元权力的制衡模式建构

本章第一节已论述了大学内的二元权力结构及权力主体的多元性，是大学组织特性和基本的活动规律所决定的，它们都有存在的必然性、合理性和局限性的一面，其权力关系所呈现的模糊性、相悖性、不对称性、差异性，决定了权力之间既相互矛盾冲突，又相互依存、相辅相成、相互统一。它十分明确地提示人们，大学内的多种权力及主要权力（行政权力和学术权力）之间的矛盾只可调和，无法消除，是大学管理过程中的一种客观存在，对大学权力任何一方的缺少，以及过分强调任何一方权力，都是不正常的，会造成权力失衡和混乱。因此，为了使大学健康、有序地正常运行，解决好行政权力与学术权力及多种权力主体间的矛盾冲突，使权力之间做到互补，共同发挥作用，其关键在于构建一个合情、合理、合法，和谐的权力管理体制与运行机制，其中组织机构的设置是中心环节，以协调与制衡各种权力的限度。本节从权力制衡、民主决策与民主管理的角度，依据我国大学的实际，提出建构我国大学学术权力与行政权力制衡的组织结构模式。大学管理权力结构改革并不单纯是一个学校内部管理体制改革问题，它还受到校外多种因素的制约，如国家的政治体制、政策和有关法规等，这是进行权力结构改革所必须明确的。大学内部领导体制在学校权力结构中居于核心地位，我国《高等教育法》明确规定国家举办的高等学校实行中国共产党高等学校基层委员会领导下的校长负责制，校长为高等学校的法人代表。下面所探讨的大学权力管理模式就是针对政府举办的大学内部管理权力而言的，即在实行党委领导下的校长负责制前提下，如何构建起一种能够实现多元权力主体之间的相互依存、相互制衡、相互协作的权力结构及和谐的权力关系，以推进学校内部的民主决策和科学管理水平。

一、党、政、教授共同决策模式

这是权力制衡的一种形式，由党委、行政与教授团体（如学术委员会）三方以法律形式确定各自的权力范围，共同组成的一种权力决策模式。在三种权力主体中，党委行使政治领导，把握办学方向，学术研究的方针、政策；校长为首的行政负责管理、执行、服务职能；教授团体（如学术委员会）负责学术规划、咨询、监督职能。三种权力的责、权、利范围以立法形式加以明确，并制定出相应的行使权力的规则。三方代表组成联合校务委员会，对学校重大事宜民主协商、共同决策，然后根据各自的职责与分工行使各自的权力。这是一种权力制衡共同行使权力的决策结构，如图 5-1 所示。

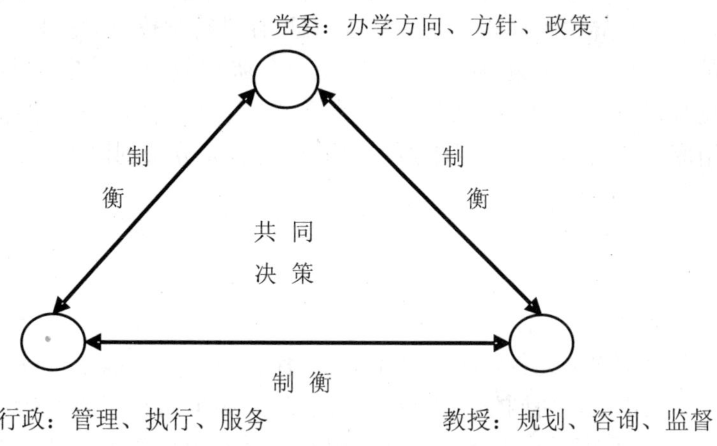

图 5-1　大学党、政、教授权力共同决策结构

这种权力模式的主要特点是：其一，通过立法完善党委领导下的校长负责制，避免“以党代政”、“以政代学术”等权力边界模糊弊端，以及在实际工作中划不清哪些问题由党委决策，哪些问题由行政决策，哪些问题应由教授决策，而造成非科学决策或决策失误。其二，有利于克服大学党、政权力过强，学术权力过弱，以及“行政权力泛化”、“行政权力一统天下”、“官本位”等不正常局面。有利于突出大学学术权力的基础地位，从而实现大学科学决策与科学管理。随着知识经济的到来，高等教育国际化趋势不断扩大，社会各方面对大学要求越来越高，大学内部管理将面临越来越多的决策行为，如教育目标和人才培养规格的确立，教育资源的配置，学科专业建设及课程设置，招生的数量及质量标准，实验室及科研基地建设，科研项目的争取、组织与公关等，都必须依靠科学的决策使管理者的“有限理性”发挥最大。上面所述涉及到许多学术内容与学术活动的管理，各学科领域的教授专家肯定比党政人员的“有限理性”要大。因此，组成党、政、教授共同决策模式，民主协商，发挥各自优势，共同行使权力管理学校，一方面有利于学校决策的科学化与管理的科学化，另一方面增强了教授、专家、学科带头人参与管理的积极性，有利于提高学校的学术地位与竞争力。其三，有利于大学行政管理的规范化。党、政、教授共同决策如能以法律形式固定下来，不仅可解决大学的行政权力与学术权力的范围与限度问题，而且可以解决“依法行政”问题，这也是国家公共行政改革的一个中心问题，它对克服大学内“官本位”、“行政权力泛化”现象，增强行政管理的服务意识、民主意识，完善行政管理规范化，提高行政管理效率尤为重要。其四，这种决策模式不足之处在于尚未做到充分的民主决策，虽然行政领导吸取了教授代表参加，但仍是一种上层领导决策模式。为克服其不足，在进行学校重大决策时，应充分吸取广大教师和学生参与决策，通过召开扩大会议，吸取教师和学生代表参加，听取他们的意见与建议，充分发挥教职工代表大会、学生会与学生代表大会的作用，以及运用网络座谈会等形式广泛征求意见，集思广益，充分做到以人为本、民主管理与民主决策。

二、多元权力主体决策模式

为了克服大学内多元权力主体的不对称，保证权力正确地运行，民主协商、合理分配权力至关重要。协同学原理指出，系统从无序走向有序的关键是各子系统的非线性协同作用，即系统中诸多子系统相互竞争又相互合作的联合作用产生的一种集体行为，这是系统整体性、相关性的内在表现。它启示我们，大学权力系统从无序向有序演化的动力是来自系统内部的两种相互作用：竞争与合作。子系统之间的竞争（权力之争）使系统趋于非平衡，这是系统从无序走向有序的一个条件。子系统之间在共同目标导引下的合作，则是非平衡条件下使子系统中某些运动趋势（如权力走向）联合起来，并加以放大，从而使之占据优势，形成协同的联合作用，支配权力系统整体的运行进入有序的状态。

大学作为一个开放的自组织系统，在共同的大学理念和实现大学功能目标的指引下，充分发挥党、政、教授、教师、学生等多元权力主体的非线性协同相干作用，通过深化体制改革，必能逐步构建一个既竞争又合作的和谐权力运行模式。对此，我们的设想是：由党委正、副书记，行政正、副校长，教授代表，教师代表，学生代表组成一个校务协调委员会，依据《高等教育法》的精神制定校务协调委员会章程，明确各方的权利、责任和义务，共同协商、共同决策学校的规划、教学、科研、学科学位建设以及后勤保障等方面重大事宜。按各自分配拥有的权力，各司其职，协同一致，维护学校健康、有序地运行，推动学校持续和谐地发展。校务协调委员会主任由党委书记、校长共同担任，其委员组成分别由不同团体选举产生。校务协调委员会各方的主要权利如表 5-1 所示。

表 5-1　校务协调委员会各方及主要权利

团体及代表	决　策	管　理	审议咨询	监督保证
党组织:党委正、副书记	主持决策	领导与管理	审议	自我监督、相互监督
行政系统:正、副校长	主持、参与决策	领导与管理	审议	自我监督、相互监督
学术委员会:教授代表	参与决策	学术管理	审议咨询	自我监督、相互监督
教工会:教师代表	参与决策	学术管理	审议咨询	自我监督、相互监督
学生会:学生代表	参与决策	参与管理	审议咨询	自我监督、相互监督

决策与管理应有层次之分,也应有内容之分,如行政事务决策,学术事务决策,办学方向、方针、政策以及改革、发展规划等重大事项和一般事务的决策等。党委应主要负责对学校重大事项进行决策与管理,校长及副校长应全面负责全校的教学、科研和行政管理的决策与管理,教授与教师应主要负责学术事务的决策并参与管理,学生参与决策和对自己的生活、学习进行管理。学校应建立健全学术委员会、教工会及教职工代表大会、学生会及学生代表大会。由各团体代表组成的校务协调决策委员会是一个民主参与决策、参与管理的权力组织模式,也是民主管理与监督以组织形式体现的一种制度。这是一种民主协商与决策的权力结构,如图 5-2 所示。

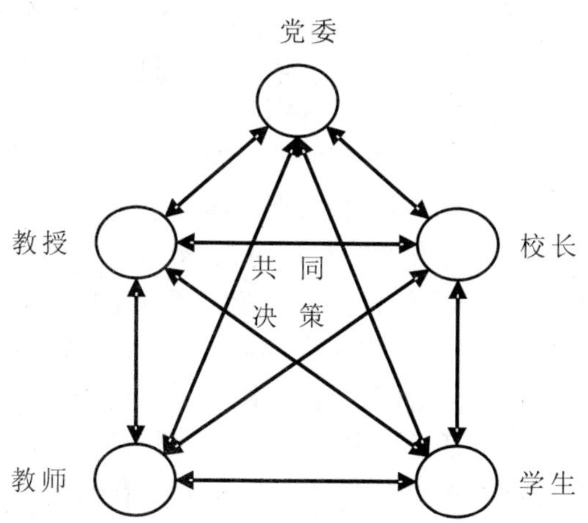

图 5-2　大学多元权力主体民主协商结构

这种权力决策模式的意义主要体现在以下两个方面:

(1) 充分体现了以人为本的管理。这是现代管理一条重要的基本原则，对大学管理更有其特殊的重要性。就管理的主体来说，在大学里，广大教师与学生既是管理的主体，又是管理的对象。教师和学生活动的特点是从事学术性很强的教学、科研和学习知识、保存知识、应用知识、创造知识的活动，这是一种精神生产，是很强的脑力劳动过程，主要靠自己独立钻研、思考和探索，只有靠内动力，也就是靠调动他们的积极性和主动性，靠他们自觉地去钻研、探索和实践，靠他们自主地进行研究与学习，才能更好地完成大学的使命与目标，提高大学管理的有效性。因此，高等学校要搞好管理，更要重视人的因素和人的价值，必须依靠广大教师和学生，集思广益，共同管理。在教学、科研、学科专业建设的重大决策上一定要注意听取和尊重教授和教师的意见，因为他们都是各个专业学科的专家和探研者，注意听取他们的意见，能保证有关决策的正确；同时一切与学生的学习、生活有关的决策，还要注意听取学生的意见。这样才能形成一种全员参与的民主决策、民主管理模式。

(2) 充分体现了民主管理。这是大学管理工作中另一个基本原则，《高等教育法》中对此已做了明确的规定。为了保障学术自由和繁荣学术的需要，大学必须从法制到具体的操作上依靠广大教职工和学生民主管理学校。民主是学术自由的基础和前提，没有民主，广大教师和学生的情绪与积极性便会受到压抑，进而转化为探究学术的阻力，影响学校的发展。

健全民主制度，丰富民主形式，扩大公民有序的政治参与，保障人民依法实行民主选举、民主决策、民主管理、民主监督，这是社会民主政治的基本要求。所谓民主政治，"是人类政治生活方式高级形态，是凭助公共权力，公平地管理分歧和冲突，建立和维护秩序并实现平等、自由、人民主权等价值理念的方式和过程。民主政治跟神权政治、专制政治之间的重要区别，就在于民主政治是通过健全的民主制度和丰富的民主形式，来扩大公民有序的政治参与"①。

广大教师勤勤恳恳耕耘在学术园地，把培养人才与学术研究作为最大的追求，他们确实蕴藏着对学校改革与发展的真知灼见，蕴藏着强烈的民主意识与参与管理的欲望，其目的也是为了学术的自由与繁荣。离开了广大教师的积极性和民主参与学校教学、科研等方面的讨论和决策，学术水平的提高和学校的发展将寸步难行，甚至倒退；反之，广大教师积极参与民主决策与管理，学术将得以繁荣，学校将得到发展。我国大学发展变迁过程中的正反两方面的历史经验教训无不深刻证明了这点。当代大学生充满着渴求知识的欲望，他们富有朝气和创造力，他们同样蕴藏着巨大的参与学校管理与决策的热情，决不能把他们当作过路客，应把他们视为

① 陈登才．加强党的执政能力建设新篇章［M］．北京：中国言实出版社，2004：52.

推动学校发展的一支重要力量。

总之，大学作为社会公共事业的重要组织，推进民主管理，探索与创造制度化、规范化的教师与学生参与大学民主决策与民主管理的形式，既是大学民主政治建设的基本要求，也是公共管理规律的内在要求，更是大学管理过程的一种内在要求。不仅是我国大学改革过程中需要解决的一项重要课题，也是大学发展中必须坚持的正确选择。

三、以院系(所)为重心的校与院系(所)分权运行模式

这是针对我国大学校级行政权力过强、院系(所)权力过弱现状设计的一种权力下移，以基层，即“底部”(院系所)为重心的分权运行模式，如图 5-3 所示。

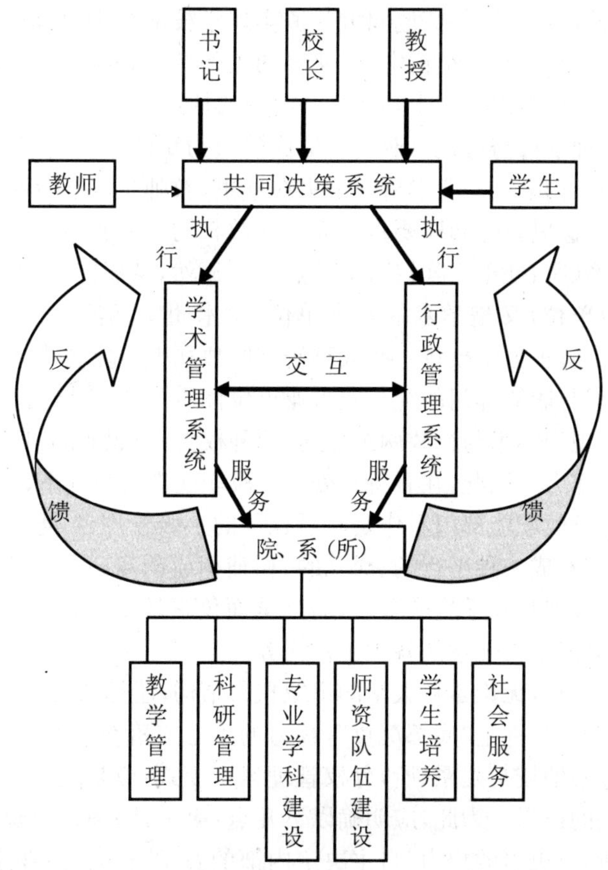

图 5-3　大学“底部”为重心的权力运行结构模式

由党委书记、校长、教授代表、教师代表、学生代表共同对学校重大事宜决策后，学术管理系统与行政管理系统两套平行的机构分别去执行校级的决策，它们相互交汇，共同管理全校性的教学、科研中有关方面事宜，并协调各院系(所)之间的事宜，服务于各院系(所)，为各院系(所)的发展创造条件，组织有关力量，共同承担学校的任务。它们与院系(所)之间既存在一定的上下级纵向关系，又是一种平行交叉的平等关系，这是与其他社会组织所不同之处。大学通常是由学科和行政事业组成的矩阵结构，即学术管理(或权力)系统与行政管理(或权力)系统交叉的二元权力结构。在这个矩阵结构中，教师既从属于某一学科，又从属于某一行政事业单位。教师从属于某一专业学科，表现为教师对专业学科的热爱与忠诚，追求学术的真谛，求得在本学科领域占有一席之地，做出成绩，为学科专业发展做贡献。从属于某一行政事业单位表示教师应自觉接受行政的合理制约，并要接受、完成单位下达的教学与科研任务，与其他同事一道实现学校的管理目标。教师在既从属于学科又从属于行政的双重结构中，所从事的工作有时是统一的，有时又是矛盾的，这也是大学学术性组织不同于其他社会组织的特点之一。

大学的这种学科与行政事业交叉形成的权力矩阵结构之特点，主要体现在院系(所)一级的结构上。专业学科都汇集在这里，教师主要在院系(所)里完成教学与科研任务；在这里教师同样要直接面对行政权力。两种权力在这里充分表现出来，可以说院系(所)处于矩阵权力交叉点上。显然，从职能上看，院系(所)既是学校的基层行政单位，又是学术的基础单位，学术团队都汇集在这里，院一般是系(所)的集合体(有少数学校将一些大型研究所独立于学院之外，直属学校)，也是一级行政单位，但与职能部门的纯行政事业单位性质不同，它同时又是学术单位。院系(所)主要体现为学术与行政两个导向、两种权力，而职能部门通常体现为一种行政导向与行政权力。因此，在看待与处理行政职能部门与院系(所)之间的关系上，不能简单地把行政职能部门看作是院系(所)的上级管理者，把院系(所)看作下级被管理者，而应看成一种平行的、交互的、相辅相成的双向管理关系。院系(所)不仅承担着对广大教师和学生的管理，而且全面负责教学、科研及学科建设工作，组织学术活动，完成学校下达的各项工作任务。

综上分析可见，无论是从大学的组织权力结构，还是从大学工作任务及学术活动之特点来看，大学都是“底部沉重”，权力的重心应落在院系(所)一级。因此，以院系(所)为重心的校与院系(所)分权管理运行模式，应是现代大学对权力运行的一种科学正确的选择。为此，应明确以下几点：第一，明确校与院系(所)各自的职责，使院系(所)有更多的权力，自主决定内部的教学、科研、专业学科建设、师资队伍建设、学生学习管理、社会服务等。院系(所)应建立有效的管理机制，在管理体制上，确保学术权力的作用，要建立必要的权力组织，如学术委员会、教学委员会、教师评议或咨询委员会、学生自治管理委员会等，并制定相应的规章制度，确保广大教师、学生参与院系（所）有关事务的审议、决策、咨询与监督。充分发挥院系（所）学术与行政两种权力相辅相成的作用，做到决策与管理的科学化与民主化。第二，把权力重心放到院系（所），不是让院系（所）各自为政。学校应为各院系（所）发展创造条件，协调好校内各种资源的配置与共享，学校各种职能部门应转变传统的管理观念，从直接控制转变为加强服务、监督与协调；而各院系（所）的一切管理工作也应服从学校发展大局，服从学校的总体目标。

从全校的管理层面上看，以院系（所）为重心的权力运行结构模式，实际上是在党委与校长领导下，由校务协调决策委员会子系统，校职能部门的学术、行政子系统，院系（所）子系统组成的权力决策与运行系统，其中各子系统相互独立、相互制约、相互联接、相互依托、相互协同，组成一个有机管理及权力运行系统。该系统的特点是将大部分权力下移至院系（所），校级的重点是全局性的决策与全校性的协调，院系（所）是实在的权力执行机构。同时各个分系统协同、配合将学校的决策、审议、执行、咨询、监督等管理、控制与反馈过程有机地衔接起来，使学校内部的权力运行相互制衡、相互协调，推动大学健康、和谐、持续运行与发展。

需要说明的是，上述三种构建我国大学权力组织结构模式的设想，并非是作者的一大创新，其中有关民主管理与民主决策的一些论点和建议，许多学者曾在不同场合，从不同侧面发表过类似的看法。而值得一提的是，这里笔者用非线性的观点，从揭示大学内权力的非线性关系出发，结合笔者在大学工作中的实践与体会，构想出以上三种大学权力决策与运行的制衡模式，以期为我国大学在深化体制改革中探索新的权力运行机制提供有价值的参考。

第六章　用非线性的观点看大学人力资本和谐管理

大学的人力资源是学校全体教职员工，是学校最重要的资源，而人力资本是经过投资培养具有技术能力与创造价值能力的教授、副教授、讲师、助教等各类人才。在社会主义市场经济不断完善和蓬勃发展的推动下，我国大学的人才培养、科学研究、社会服务的三大职能的内涵与外延在不断扩大与延伸，如何不断推进学校上水平、上质量，面临多种问题与挑战。其中最大的挑战是人才竞争的挑战，也就是说大学必须拥有足够的高素质人才队伍，必须从线性思维向非线性思维转化，树立新的人才管理理念与对策，科学地管理、开发、培养好学校的人力资源与人力资本，构建非线性的人才资源与人力资本和谐管理机制。

第一节　我国大学人力资本管理问题与非线性管理机制

一、大学的人力资源与人力资本

为了科学、合理地管理、开发大学人力资源与人力资本，有必要认识学术界对这两个常被人们相提并论的概念的阐述。① 所谓人力资源，是指能够推动整个经济和社会发展的劳动者的能力。它在宏观意义上的概念是以国家或地区为单位进行划分和计量的，在微观意义上的概念则是以部门和企业、事业单位进行划分和计量的。② 美国经济学家舒尔茨对人力资源与人力资本涵义做过多方面的界定，认为并非一切人力资源都是最重要的人力资源，只有通过一定方式的投资，掌握了知识和技能的人力资源才是一切生产资源中最重要的资源。人力资本是对人的投资形成的，体现在人身上的知识、技能、经历、经验和熟练程度等。③ 人力资源指的是在生产过程中所投入的人的自身的力量，也即是人在劳动活动中运用的体力和脑力的总和；人力资本则是对人力资源进行开发性投资所形成的可以带来财富增殖的资本形式。④ 人力资源概念在人口经济学中主要是指全体人口或社会劳动者人数，在劳动经济学中主要指劳动人口或劳动力。当人力资源为某一经济实体在财务会计上拥有或控制时，即为人力资产；当人力资产是某特定经济主体预先投资形成的，并作为生产要素或获利手段来使用，以取得预期效益时，可称作人力资本。⑤ 人力资源是指企业中的所有人；而人力资本则主要指两种人，一种人叫技术创新者，另外一种人叫职业经理。笔者认为，人力资源与人力资本是两个密切相关而又有区别的概念。其共性是都认为人的知识与技能是与人不可分离，存在于人体之中的一种素质或能力。两者的不同点是：① 人力资源是未开发的资源，而人力资本则是人力资源开发的结果，从而具有资本的特性。② 人力资源是一种数量化概念，反映不出人的素质与能力差异；人力资本则是一种质量化的概念，可反映人的能力与素质差异。③ 人力资源的生物性强，不能反映素质要素的稀缺性；人力资本的生物性弱，可反映人的素质要素的稀缺性。鉴于以上认识，笔者认为，大学的人力资源指的是全体教职员工，是学校最重要的资源。而人力资本是指教学、科研、管理等岗位上的业务熟练者、创新者和职业管理者，也就是经过投资培养具有科学技术能力与创造价值能力的各类人员，即教授、副教授、讲师、助教、研究员、副研究员及管理人员等各类人才。他们中由于学术水平的高低及创造价值之不同，表现出人力资本的质量则有高低之分。人力资本是学校宝贵的财富，是学校上水平、上质量、创效益的主要因素，是大学竞争力中的重要力量，也是学校持续发展的主导力量。这种对大学人力资源与人力资本的界定与划分是相对的，其间并无确定的边界，而是一个动态的、模糊的概念。学校在对人力资源管理与开发时，更应重视对人力资本的管理与开发，既要考虑到两类不同层次人员管理的特殊性，又要考虑到以人为本管理的共性原则，不偏废对某一方面的管理，把这两个方面都管理好、开发好，充分发挥所有人的积极性，使其相互配合、相互支援，以实现学校工作的整体优化、全面发展。

二、我国大学人力资源与人力资本面临的主要问题

从目前我国大学人力资源与人力资本的现状看，笔者认为，主要有以下诸方面问题。① 人才分布不平衡。人才数量与质量分布不平衡主要表现在：东部学校与西部学校人才之间的不平衡；教育部所属重点学校与地方学校人才之间不平衡；就一个学校而言，校内学科、专业之间人才分布不平衡，特别是扩大招生后，教师数量与质量的不适应，尤其是公共基础课教师短缺与扩招之间的矛盾。② 从人才竞争的角度看有：我国大学人才与国外发达国家大学人才的竞争，大学人才

与外企及其他类型企业人才之间的竞争，国内大学之间人才的竞争，大学人才与科研院所人才之间的竞争。③ 从人才流动的趋向看：人才流向国外，人才流向外企，西部学校人才流向东部，地方学校人才流向部属重点学校。

除存在着上述问题即挑战外，部分大学尚存在着传统的人事管理线性思维模式束缚，在传统的计划经济观念和功利主义思想的影响与支配下，只看重眼前局部的办学利益，忽视持久的、长远的、全局的整体办学效益，因而对人力资源与人力资本管理观念上存在着较多问题，主要表现为：重视自然科学的人才价值，轻视社会科学的人才价值；重视应用研究的人才价值，轻视基础研究的人才价值；重视科研人员的人才价值，轻视教学人员的人才价值；重人才数量，轻人才质量；重人才业务培养，轻人才品德修养等。此外，在选人、用人上也存在着不正确观念，如能上不能下、能进不能出、任人唯亲、论资排辈、重使用轻培养等。同时就整体而言，我国大学师资与管理人员的水平和素质与发达国家相比尚有较大差距，一个有效的选人、用人、育人的人力资源与人力资本的管理机制尚未形成。这些问题已成为制约我国大学持续发展的关键因素，对此必须高度重视，认真研究，处理好这些问题，并在实践中形成有效的人力资源与人力资本的管理机制。

三、大学人力资源与人力资本的非线性管理机制

大学对人力资源与人力资本的管理必须改变过去僵化、单一、线性的机制，实施更加灵活、多样、非线性的管理机制。

1. 稳定人才与“柔性流动”人才相结合

大学要把人才的稳定与流动的关系协调好、处理好。为了学校的稳定和发展，人力资本管理的当务之急是稳定教师队伍，特别是把骨干教师、学科带头人稳定住。留住人才是大学人力资本管理的重要问题之一，怎样才能把人才留住呢？第一，利益留人。就是要确定合理的工资等级，工资收入不仅体现按劳分配，也应体现按“知”分配，既体现劳动力价值，也应体现知识创新和事业成效的价值；同时应善于运用物质奖励措施，及时奖励做出突出贡献的优秀人才，以激励人的潜在能力。第二，环境留人。创造一个宜人的工作环境、文化环境、人际环境、生活环境，提高教职工对环境的满意度，这将会大大激励教职工的工作热情。第三，机制留人。即创造一个使教师能持续贡献知识、智慧和才能的良好运行机制，形成一个有效的“人力资本价值实现平台”或称“知识创新平台”。它的功能是通过有效的知识管理（教学、科研、社会服务的管理），从人、财、物上保证和支持知识创造知识，将知识转化为资本，实现人力资本的增殖。个体若离开这个支撑平台，则难以发

展，或不一定有所发展，即使有所发展也不一定比在这个平台上发展得好，从而稳住人才。人才流动是正常的，一个有活力的组织，都需要有一定的人员流动比例。但大学的人才较大的流动是不行的，会影响到稳定和发展。正确的做法是采取适当的方法加以引导，进行有序的流动，我们将其称之为"柔性流动"，其运作主要把握以下几点：① 主动与对口的大学进行硕士和博士交流，避免近亲繁殖，让不同学术风格的人产生碰撞和交融，从而产生新的学术火花；同时应鼓励开展大学之间联合培养人才，并广泛进行学术交流，这有利于教学、科研产生新的活力，推动学术的繁荣和发展。② 对那些有意流出或流进来的人才，应加以引导，以宽容态度对待。对于要流出去的人才，可保留其承担一定的科研、教学和培养研究生的任务；对于要流进来的人才，可以让其长期留住或短期留住（一二年或三五年不等），亦可聘请来校兼职或不定期来校讲学，进行学术交流。③ 倡导和引导校内人才流动。当前科学研究的深度与广度是空前的，学科间的交叉、渗透、综合的现象和发展趋势也是空前的，因此，需要有序地组织与引导校内不同学科专业、不同类型人才之间的流动；同时应加强校内各学科、专业之间的学术交流，主动组织不同学科人才形成优势的学术团队，承担研究、开发重大课题，以取得较大的研究成果。总之，应协调好人才稳定与流动的关系，这对于大学竞争力的提高和持续发展至关重要。

2. 培训、培养与引进人才相结合

提高大学的教学质量和整体办学水平既决定于人力资本的数量，也取决于人力资本的质量，因此，需要对人力资源与人力资本进行开发性投资。大学应依据学校的发展规划和发展目标，对人才的数量、质量以及结构和规格进行规划与筹划，实施培训、培养与引进人才相结合的对策。其一，依据教学、科研、学科、学位建设的需要制定全员培训计划、重点培训计划、学历培养计划、重点学历培养计划，既靠自身力量对教师进行培训与培养，也要有计划地派人到国内外对口学校去学习提高。其二，做好读学位的留学生和高级访问学者的培养、选拔。第三，积极开展对国内外优秀人才的引进工作，重点是吸引留学生中的优秀人才，还可积极引进国内外专家、教授，他们可以长期在校工作，也可短期来校讲学或聘为兼职教授、名誉教授。

3. 造就精英人才与构建人才高地相配合

精英人才的知识与能力是大学高质量的人力资本，对高校的发展至关重要。培养精英人才、构建人才高地不在于培养与引进多少人才，而在于多少精英人才占领学科前沿。各种类型的大学应依据自己的地位和发展目标，明确人才高地和精英人才的标准。首先应以充分的财力、物力提供良好的学术环境，构建学术研究的

"高地"，为精英人才搭建"舞台"，使英雄有用武之地。同时应制定特殊政策、措施形成培养与引进精英人才的激励机制，吸引国内外精英人才。对于进入"211"工程与"985"工程的重点大学，应特别注意吸引国内外一流的学者，他们应是重大课题的负责人，重点学科、重点实验室的带头人，能够跻身世界学科发展的前沿。精英人才是动态的，应不拘一格选拔，应注意培养中青年拔尖人才，使其尽快成为国内外一流学者。

4. 构建多种类型的人才学术梯队，将人才数量扩充与质量提高相结合

大学能否稳定、健康地持续发展，涉及多种因素，但其中重要的一条是构建多种类型相对稳定的人才学术梯队，如自然科学专业人才学术梯队、社会科学专业人才学术梯队、教学人才学术梯队、科研人才梯队、管理人才梯队、实验人才梯队等，这些相对稳定的人才学术梯队是学校持续发展的重要保证。人才学术梯队构建应体现以下几点：① 坚持选人、用人、育人并重的原则，既坚持标准选拔人才，又要不拘一格用人才，还要精心培养人才。② 老、中、青人才三结合。中、青年教师处于创造高峰，是知识创新、技术创新的生力军，是高校的优势所在，这是选人、用人、育人的重点。老教师具有丰富的知识和经验，发挥这部分人力资源和资本的价值亦不可忽视。③ 体现学科交叉综合发展的大趋势，把基础研究与应用研究结合起来，构建学科交叉、人才交叉的科研学术梯队，以承担大型的科研项目。④ 考虑人才流动、自然退休以及学校规模扩大与功能扩展，要有后备人才的补充，将人才数量的增加与人才质量的要求有机地相结合，以免影响教学、科研、管理等方面的工作。大学不仅应着眼当前的发展，更要考虑未来的发展，投入人、财、物、信息、时间等资源把人才学术梯队管理好、开发好。

5. 提高人的业务能力与道德修养相结合

大学对人力资源和人力资本的管理与开发很重要的一环是要把对人的业务能力培养与道德培养相结合。业务能力提升的关键是创造力与创造性思维，而道德培养的关键是造就和谐人格。人力资本的价值体现为业务能力与创造性，而人力资本的价值取向及产生的效果与个体的道德品质、价值观、人格修养密切相关。若个体具有高尚的道德品质、正确的价值观与和谐的人格，则其知识和技能所形成的人力资本价值对社会必将起到积极推动作用；反之，个体若道德品质低下、有不健康的价值观念或没有和谐的人格，则其人力资本的价值将对社会起消极作用。现在有些大学重视对人的知识与技能的培养，忽视道德人格培养，这种做法不利于人力资本价值起积极的作用，影响教育为社会服务的质量。对此，大学须从战略高度，采取切实措施和办法将人格修养教育与道德教育贯穿在各种业务活动的全过程，将精神奖励和物质奖励相结合，既重视知识与技能的培养，又重视和谐人格、正确价值观和良好道德品质的教育与培养，既开发智商，又培育情商，使人才既有过硬的业务本领，又有高尚的道德、健全的人格，全面发展，健康成长。

以上大学人力资源与人力资本的非线性管理对策相互联系、相互渗透、相辅相成，是一个有机统一整体，对此综合运用则构成一个有效的非线性管理机制，它将有助于大学人才管理制度的创新，吸引、培养与造就一大批高质量的、达到国际先进水平的人才队伍，迎接大学面临的各种挑战，推进大学与高等教育事业不断健康有序地向前发展。

第二节　大学人力资本价值提升的关键——创造性思维的开发

当前世界各国之间的经济竞争、科技竞争，关键是人才之争，而人才竞争主要体现在人的智力与智能之争。智能的源泉是思维，智力的本质是创新；科学创造更需要创造性思维。开发人们的创造性思维能力，也可以说是进行“脑力资源”的开发。由以上对人力资本涵义的分析，我们可以看出知识与技术的创新能力是大学人力资本的重要素质与特征。而创新能力的提高有赖于创造性思维的开发，因此，从这层意义上说，大学各类人才的创造性思维培养与开发是大学人力资本提升的关键。下面就思维、创造性思维的内涵与非线性理论的关系进行分析，从而以非线性的观点来探讨大学人力资本创造性思维的开发。

一、思维与创造性思维

“思维”在英语中为“thinking”，它来源于拉丁语“tongere”。据《美国哲学百科全书》“思维”条目的记载，思维作为本质的人类活动，以两种形式表现出来：第一，人们通过思维可以在实然、必然、或然三种水平上获得对事物的认识；第二，人们通过思维以决定做或不做某事情。美国心理学家克雷奇(D. Krech)认为：“思维被认为是进化的最高成就，而且确实被认为是表明人类存在的本质的东西。”[①]中国管理科学研究院思维科学研究所所长田运指出：“思维是在特定物质结构(脑)中以信息变化的方式对对象深层远区实现穿透性反映的、可派生出和可表现为高级

① 朱长超．思维：地球上最美丽的花朵［M］．重庆：重庆出版社，1989：17．

意识活动的物质运动。”[①]总之，思维是人对客观世界进行观察、分析、判断的综合认知运动过程，思维的结果是获得思想、意识和理念。有了思维，人类才得以认识自然，才能把握靠人的感觉所不能把握的事物的本质。一切科学的发现，都是靠思维做出的。

所谓创造性思维是人脑最高层次的机能，是人在从事科学研究的过程中由已知探求未知，从而获得新思想、新观点、新理论的思维活动。通常创造性思维具有以下基本特征：① 思维的自主性。其显著特点是求异、求新、敢于怀疑，对已有观点、理论持分析批判的态度。② 思维的联动性。创造性思维善于由此及彼产生连贯的思索，从一类事物联想到另一类事物，从一个思路到多个思路，由正向到逆向，从纵向到横向，引起一系列“连锁反应”，体现出思维的灵活性、变通性、流畅性，产生奇妙的结果。例如，潜水艇源于鱼的启示，飞机源于飞鸟的启示等，从而人们创立了仿生学。③ 思维的综合性或多向性。指从不同角度思考问题，在思维总进程中，由多个思维指向、多个思维起点、多个逻辑规则、多个评价标准、多个思维结论而组成多维型思维。④ 思维的跨越性。从思维进程来说，可以省略常规思维步骤，把注意力迅速集中在事物的本质和结论方面，而对次要方面暂不顾及，以最快速度、最高效率攻克未知，体现了较大的思维跨度。⑤ 思维的顿悟性。指在科学研究或艺术创作中经苦思苦想不得其解，突然间问题得到澄清的顿悟，即通常所说的灵感，它是显意识与潜意识互相转化的过程。

在我们的现实世界中，几乎所有的系统从本质上说都是非线性的，非线性观将宇宙万物与人类活动的简单性与复杂性、有序性与无序性、确定性与随机性、必然性与偶然性等统一在新的、绚丽多彩的自然与社会图景之中。非线性是系统复杂性的根源，是系统结构有序化的根本。非线性理论所阐释的崭新的自然观与世界观是最具创造性的思维，它对人类的创造性思维方式影响极大。从生物学与物理学的角度看，人脑的神经网络是一种非线性排列的物质系统，《湍鉴》一书不止一次谈论非线性与创造性思维的关系，提出了“非线性大脑”的说法，并宣称“大脑是非线性行星上的非线性进化的非线性产物”[②]。人类脑电图表面上显示为无规律的杂乱无章，但混沌学、分形理论的研究表明它在总体上、在运动过程中却存在内在规律性。非线性思维同样也蕴含着一种非逻辑的内在逻辑，是逻辑思维与非逻辑思维的辩证统一。非逻辑思维的两种形式——直觉和灵感都不具有均匀性和叠加

---

① 田运．思维是什么[J]．北京理工大学学报：社会科学版，2000(2)．

② J·布里格斯，F·D·皮特．湍鉴：混沌理论与整体性科学导引[M]．刘华杰，潘涛，译．北京：商务印书馆，1988：309．

性，并且在思维活动中能产生 1+1>2 的整体放大效应，具有发散性和创造性特点。非线性思维从事物整体上、总的方向上，从发散的、逆向的、反常规的乃至从混沌中把握有序，拓展思路，探求真理，它与现实世界的非线性和复杂性规律保持一致，因而更容易发现新规律，最具创造性。从这个意义上可以说，非线性是产生创造性思维的源泉。

二、从耗散结构理论看大学人力资本创造性思维的培养与开发

从非线性是产生创造性思维的源泉出发，笔者认为大学对人力资本的管理必须重视非线性理论的研究，以非线性思维为指导，运用非线性科学中耗散结构理论的观点来探索与研究大学人力资本创造性思维的培养与开发，建构人力资本创新的机制与平台。只有这样，我国大学才会培养出更具创造性的人才，为国家与社会创造更多的知识与财富，实现自主创新、人才强校与人才强国的战略目标。

1. 开放的思维是创造性思维培养与开发的前提

根据非线性科学的耗散结构理论，形成耗散结构的系统不能是孤立、封闭的系统，必须是一个开放的系统。开放系统之所以能够形成耗散结构，主要是因为开放系统能够与外界进行“熵”的交换。人类创造性思维活动系统是一种信息运动系统，具有信息运动的内在机制。控制论的创始人维纳指出，信息量实际上是负熵。在系统分析中，熵值越小，表明系统越有序；熵值越大，则说明系统的有序性越弱。当系统达到平衡时，熵值最大，系统是最无序状态，系统变成一种最无序的死结构，因此，必须千方百计克服熵的增加。系统只有连续不断地与外界进行物质交换、能量交换、信息交换并引入负熵流，才能抵消自身的熵的增加，才能实现从无序向有序的演变。

作为大学创新活动主体的各类人才，其思维一定要开放，一定要与时俱进，时刻保持与周围环境即自然界或社会的广泛接触，吸纳各种有用的信息和知识，这是培养创造性思维、进行创新活动的基本前提。这就要求大学从事教学、科研创新活动的人要时时关注国内外知识的最新进展，及时了解学科发展的最新动态，积极吸收当代学科领域的新思想、新成果，追踪知识前沿、推敲新知、探索未知，保持不断补充知识、更新知识的旺盛势头，使自己的知识与时俱进，愈来愈精愈新。知识经济社会的特征之一是“信息爆炸”，新知识层出不穷，知识更新周期不断缩短，这要求人们应以开放的创造性思维去猎取知识。据统计，在人的一生中，学校阶段只能获取所需知识的 10% ，而其余的 90%的知识要在以后的工作中不断地学习才能获得。因此，大学人力资本创造性思维的开发应着重培养保持开放的头脑和终身

学习的能力。终身学习将成为人们实现自我完善、自我发展的必然途径。这要求做到与时俱进,不断接受吸纳并主动地去搜集新知识与信息,开阔视野,扩大知识面,始终保持赶超心态,保持强烈的求知欲与创新欲。当开放的头脑接受外界的新知识和信息时,就会和头脑中已经储存的知识形成对照,二者之间存在的差别,一方面会使人产生一种因吸收了新的知识与信息而带来的愉悦心情,同时也会激起一股弥补这种差别的创造冲动,即产生创造的意识与欲望。

开放的思维反映在头脑中会产生对已有知识的不满足,对已有结论的不满意,因而时刻准备接纳并且主动地去搜集新的知识与信息。正如古语所说:"谦受益,满招损",即"谦虚学习使人进步,骄傲自满使人落后"。也就是说,一个谦虚学习的人必然敞开大脑、吸纳各种有用的知识而得益,从而产生创造性的成果;而一个自满的人将会闭目塞听,从而不能吸纳新的知识而亏损。这不仅是人类长期文化积淀和创造经验的结晶,而且和耗散结构理论所揭示的开放、不断引入负熵可产生新的有序结构的发生机理相契合。这种有序结构体现为人脑思维不同于原有的新构想、新思路。

大学人力资本的管理与培育在不断保持与扩大从外部环境吸收知识与信息的同时,要注意对各种知识、信息的梳理、筛选、提炼与总结,使各类人才头脑吸收"负熵"流,并且善于将不同的知识与信息有机地联系起来,注意知识之间的交叉融合,这样不仅可避免各种知识孤立地充斥头脑,使头脑变得无序(熵增)干扰,抑制有价值的新思维的产生,而且能使各种知识产生相干协同效应,从而有利于新思路的产生,产生越来越多的新质,形成各种丰富多彩而有序的创新思维。这样,大学人力资本的培育与提升也就恰当地选择了适合的途径,将学习新成果、新知识、新信息有效地融进实践活动,使知识学习与创造性思维培养结合起来,多层次、多角度激发创造性思维,培养创新精神与创新能力。

在大学创造性教育中,既要对各类人才大力提倡与加强思维的开放性、流畅性、灵活性与求异性等特质的训练,增强辐射思维能力,发展联想、类比等创新思维品质,而且要从教学、科研、管理等方面创造开放的渠道与环境,如积极开展学术讨论与争鸣是有利于创造性思维拓展的有效方法之一。人类历史上,从学术沙龙与学术团体中走出了一批又一批杰出的思想家、科学家、艺术家与政治家,如数学史上的布尔巴基学派、物理学史上的哥本哈根学派、科学哲学史上的维也纳学派以及当年马克思异常活跃于其中并大受启迪的"博士俱乐部"等。因此,大学的学术系统必须是一个开放的系统,必须是一个不断吸收、引进新的学术成果的创新系统。这也正是大学学术系统的特征之一。

总之,开放的思维既是培养与开发大学各类人才创新思维的前提,也是大学人力资本有效管理的首要条件。

2. 远离平衡态是创造性思维培养与开发的必要条件

系统的有序结构只能形成于远离平衡态即非平衡状态下，这是耗散结构理论的“非平衡是有序之源”原理所提示的。在平衡态与近平衡态线性区，系统是处于稳定状态或趋于稳定状态的。处于平衡态的系统由于不可能与外部进行物资、能量和信息的交换，就只能停留在或固守在原有无差别的状态，因而也就没有新的组织的产生与发展；而处于与平衡态较近的近平衡态，由于受到平衡态的吸引与限制，小的涨落与扰动很难更新系统的这种状态，系统很难出现新的有序结构。只有当系统远离平衡态时，才有可能通过涨落或突变进入一个新的稳定有序状态，从而形成新的有序结构。

从创造性思维活动看，远离平衡态就是要求思维主体在思考时，不能停留在固有的或旧的思维空间，而必须突破和超越固有的、传统的思维空间或思维活动模式，建立一个新的思维活动空间与思维活动模式。固有的传统思维空间模式，由于思维“惯性”的存在，思维活动处于一种无差别、无变化的稳定状态，当然也就产生不了有新意的、富有创造生机的思维活动。只有自觉摆脱固有的、旧的思维活动结构的束缚，远离固有的、旧的平衡态，才能导致创造性思维的产生，从而达到创新的目的。这可以解释为什么长期从事单一固定领域研究的人，当对本领域知识研究到一定深度时（相当于饱和），往往对新的知识发明迟钝，其创造力反而下降，产生不了新的创新火花；而一些重大的科学理论或技术发明反而出自跳出本领域，善于广泛吸纳不同领域知识的科学家之手，这正是由于他们对未知领域更敏感与好奇，拓展了新的思维空间与思路。创造性思维的本质就在于发现原来以为彼此并没有关系的两个或两个以上研究对象或设想之间的联系。在其他条件相同的情况下，具有多样性知识和经验的人，比只有一种知识和经验的人，更容易产生新的设想和独创的见解。一般而言，同类知识、相同的观点积累得越多，传统的系统就越牢固，新的思想火花就越难以产生。

大学各类人才在吸纳知识时，不仅要钻研本专业领域，还应尽量涉猎其他领域，应十分注意异质知识的补充，这有助于固有知识系统的失稳，从而为打破思维定势，为突发奇想提供可能。一般而言，一个人掌握的知识越多就越有利于创新，知识宽广渊深可以使人站得高、看得远，容易发现新问题、新矛盾，运用丰富的广博知识，通过多种途径创造性地解决新问题。著名物理学家牛顿指出：“如果说我比旁人看得远些，那是因为我站在巨人们的肩膀上。”有重要的独创性科学贡献的科学家常常是兴趣广泛的通才，其成功的秘诀之一就是他们都具有横断学科、边缘学科的渊博知识。人类很多领域的重大发现，往往是借鉴相邻领域、相关领域的研究成果而成功的。当今诺贝尔奖获得者中，多数人既是某门学科的“专才”，也是进行综合研究的“通才”。渊博知识与创造性活动之间的关系仿佛是塔基与塔尖之间的关系，没有广博扎实的知识就没有创新。只有有了广博的知识基础，形成一个有差异的、非均匀的、非平衡的知识结构系统，才会有更高层次、更高水平上的创造性设想与思维的产生。

培养与开发大学各类人才的创造性思维，就必须使他们的思维远离平衡态，做到主动、自觉地构建“远离固有的常规思维平衡态”，要敢于涉足前人或他人未曾进入的领域或问题，敢于突破自我。这里需要指出，要求思维活动的开放性，自觉学习新知识、新信息，很多人还可以做到，但是对于自觉地破除传统，转变观念，大胆设想，做到“远离固有的常规思维平衡态”就不容易了。因为这样做不仅与思维主体的批判意识、反抗精神、求新欲望有关，而且涉及到许多具体复杂的思维操作与设计问题，如当靠原有的知识或思路不能解决问题的时候，要大胆地吸取那些看来似乎并不相关的知识，或尝试“换一种角度思考”（如创造方法中的逆向思维、换位思维、多角度思维、立体思维等），这样就有可能造成远离原有的思维状态（或思路），即“远离平衡态”，从而产生意想不到的新思路、新办法。养成想象甚至幻想的习惯，这在创造活动中具有重要作用，在一定程度上就是因为在这种精神状态下，可以使思维大大偏离固有的状态，甚至使原有的逻辑思维中断，在头脑中打破事物和事物、现象和现象之间的固有联系，重组新的联系，从而为新思路的产生（即思维的飞跃）提供一个区别于原有状态的有利条件。有时注意力过于集中，在研究中“一条道路跑到黑”，往往难以产生好的结果，倒是在注意力稍稍放松的一刹那，有时却更容易产生灵感，使百思不得其解的问题“豁然开朗”，这是一个由思维混沌走向思维有序的过程。

总之，远离平衡态的非线性观既是大学各类人才创造性思维培养与开发的必要条件，也为大学在教学、科研、管理等活动中的创新与有序发展提供了指导性的理论借鉴。

3. 非线性相互作用是创造性思维开发的内在动力

按照耗散结构理论，开放与非平衡是形成耗散结构的两个必要条件，但只有这两点还不够。推动系统从无序向有序发展，还需要系统内部诸要素的非线性相互作用。非线性是现实世界的无限多样性、丰富性、曲折性、奇异性、多变性的真正根源。当系统处于远离平衡的状态时，这种非线性相互作用能使系统各要素间产生协同作用与相干效应，使系统由混乱无序变为井然有序，从而导致新质的产生，推动系统的进化发展。

非线性相互作用在人们的思维系统中表现为思维信息间具有差异，导致信息间相互冲突与相互碰撞、相互协调与相互补充、相互贯通与相互融合、相互制约与相互依存的全方位的非线性相互作用，引发思维信息活动发生突变、重构，最终形成一种整体上完全不同于原先各部分的组合，即崭新的整体效应。从这个意义上说，大学各类人才要形成思维创造活动的非线性相互作用，必须在学习、工作、生活过程中不断地注意吸纳各种知识与信息的同时，冲破桎梏、打破陈规、走出樊笼，敢于突破前人向权威挑战，敢于冲破思维定势束缚超越自我，勇于探索求新，敢于开拓冒险，敢想前人没有想过的问题，敢走前人没有走过的道路，具有强烈的竞争意识和创新欲望；要重视批判思维的培养和批判精神的养成，树立求新求异、追求完善的理想境界，并能从自我生命感出发对现实进行大胆的怀疑、追问和永无止息的批判；要注意对各种知识、信息、经验的梳理、总结、概括与整合，大胆想象，积极思考，主动地去了解、认识新奇未知的事物，探求不同事物的关系，善于寻找事物之间的多种联系，并能够寻找出解决问题的最佳方式。而循规蹈矩、按部就班、生搬硬套、唯书唯上等知识与信息的线性排列或固有的联系与存储，都不可能打破常规的思考，也难以使认识有所突破，更谈不上求异、变化与创新。要实现认识新的飞跃与思维创新，需要有一种非线性相互作用与反馈机制。创造性思维是对辩证思维、逻辑思维、直觉思维、逆向思维、集中思维、发散思维等思维的整合与提升，在多种思维的非线性作用下才有可能得以实现。换句话说，创新型人才的新发明、新发现，实质上不过是对已有知识和技术的移植及巧妙的有机整合，而创新型人才的优势，就是最善于实现多学科知识的有机整合。

人们对任何事物感性的、理性的认识与创造性思维只有在实践应用中才能检验出它的价值。如果把知识一味地充斥在大脑的各个“收藏夹”里，而不结合实践灵活运用，即便读遍了“四书五经”也只不过是“存贮器”而已，再高明的“伯乐”也不会、也不能识别你这只“博学多才”的“千里马”。因此，在大学的教学与科研活动中，要开发与培养大学各类人才的创造性思维，绝不能只是一味地、机械地吸收与仓储知识、信息或经验，不能让知识“麻袋装土豆”似的各自孤立地充斥于头脑之中而造成“信息污染”，从而使头脑变得无序（熵增大）。在主体吸纳知识的过程中，不能把知识做“线性”排列而干扰、抑制与阻滞有价值的新思路的泉涌奔流。应该善于在思考问题时展开幻想的翅膀，把看似并不相关甚至是风马牛不相及的知识或现象别出心裁、标新立异、大胆有效地似“蜘蛛网式”地联系起来，注意知识之间的融会贯通，重新排列优化组合，同化嫁接重构，从实际出发，灵活运用，理论与实际相互碰撞、相互交融，在自然科学、社会科学两大领域内曲径通幽，寻觅到知识应用的佳境，这样就可以使多种知识间产生非线性相干效应，为创造性思维的产生提供内在动力，进而促使在新质的层次上形成信息增殖的耗散有序的结构。

由以上论述可知，非线性相互作用不仅是大学各类人才创造性思维培养与开发的内在动力，而且对大学教学、科研、管理等活动的创新亦有重要的启示作用。

4. 随机涨落是创造性思维开发的重要杠杆

耗散结构理论认为，一个远离平衡态的开放系统必须依靠非线性相互作用机制才有可能形成耗散结构，而产生这一突变的内在机制和重要杠杆则是“涨落”，它起到一种“触发器”的作用。涨落是指系统中的某个变量或某种行为相对于宏观平均状态所发生的偏离与干扰。涨落是偶然的、随机的，在不同状态下作用存在差异。耗散结构理论认为，在接近平衡态的线性非平衡区，涨落的发生只使系统状态暂时偏离，这种偏离状态不断缩减，直到回到稳定状态。而在远离平衡态的非线性区，系统中一个随机的、微小的扰动或涨落，可能会通过非线性的相干作用与连锁效应被迅速放大，逐步形成一个具有强大力量的宏观的“巨涨落”，推动系统发生突变，从一个不稳定状态跃迁到新的稳定有序状态。涨落在这里起到了一种触发与激化的“种子”作用与动力功能。涨落有内涨落与外涨落两种情形。所谓内涨落，是指系统演化过程中，系统要素、行为、性能随机变化作用导致的系统涨落。所谓外涨落，是指外部偶然的、随机的要素触发而形成的涨落。外涨落与内涨落密切联系、共同作用，外涨落最终要通过内涨落放大而起作用。涨落会导致系统发生质变，转化为新的有序结构。

对人们的创造性思维系统而言，在思维内部诸要素进行创造的无序状态中，在远离固有的常规思维平衡区时，思维信息的非线性作用会发生碰撞而闪出新的思想、新的思路，这对于传统固有的思维活动平衡态来讲，是一种干扰或偏离，即一种思维的涨落。此时，主体自觉打破、跳出常规的、固有的思维结构，建立新的开放性思维空间，这种新的思维信息涨落就会由于非线性相干协同作用，触类旁通、举一反三地被迅速放大，产生新思维的“巨涨落”，推动思维系统发生突变，从而形成创新活动的有序结构，表现为各种思维信息融会贯通、协调互补、综合构建思维创造新成果的过程。按照耗散结构理论的解释，系统从混乱无序向有序的演化，由于非线性相互作用，在临界点附近可能出现几种不同的结果，存在着分支解，至于朝着哪个分支演化，偶然性的随机涨落起着十分重要的作用。这相当于人们在思考解决问题时常常苦苦思索而不得其解，头脑中可能设想了多种思路，也就是耗散结构理论所指出的有多个分支解的情况，这时如果接受某个微妙的外部信息刺激，则可能对产生灵感、顿悟起到催化作用。

成功的背后有辛勤的努力，机遇从来就是属于那些有准备的头脑。大学各类人才创造性思维的培养与开发要养成勤于思考、善于思考的习惯，思考的过程其实就是对头脑中存储的知识进行激活、优化和重组的过程。只有把头脑中的各种知识调动起来，及时抓住思维中的“闪光点”与“火花”，才能形成“涨落”。如果思想懒惰，不思进取，“饱食终日，无所用心”，则难以指望产生创造性思维、有创造性成果。大学的学术活动作为一种探索性、创造性活动，绝不是轻而易举、垂手可得的事情，而需要长期、艰辛的思考与实践。这里强调既要动脑，也要动手或行动（实践）。当然，动脑或动手并不必然伴随创造活动的成功，但反过来，不动肯定不会成功。只有“衣带渐宽终不悔，为伊消得人憔悴”，才能有“众里寻她千百度，蓦然回首，那人却在灯火阑珊处”①的欢跃。在学术研究与创造活动中，经过长期的酝酿和对知识的重组，常表现为剧烈的“思想实验”，新思路、新想法的闪现可能是一刹那出现（即新的有序结构的出现）的，此时必须及时抓住并使这一新思想的闪光形成熊熊之火，否则可能使创造活动功亏一篑。因为创造性思维表现的灵感不仅具有突发性、随机性、不可预期性，而且复现性极差，即具有相同内容的灵感，一般来说难以重复出现。因此，在灵感萌发的刹那间，要及时抓住心中目中所涌现的境界，很真切地把它描写出来，正如苏轼所说：“作诗火急追亡逋，情景一失后难摹。”②

在形成新的思维创造性活动过程中，思维涨落也会有内涨落与外涨落两种情形。例如，牛顿在苹果园散步沉思时，一个苹果落在他头上，受到苹果下落这一外在机遇信息触发，他的思维活动内部闪现出地心引力概念（外涨落），进而推演出“万有引力定律”的创新成果。德国化学家凯库勒在睡梦中见到蛇舞，受到平时积淀于潜意识领域的“蛇”形信息的触发（内涨落），从而顿悟出苯分子的“环形”结构。这都启示我们在大学教学、科研、管理等活动中，应及时鼓励、发现、保护广大师生员工的新思想、新思路、新建议，以利于各类人才创新思维的培养与开发。

普里高津在早期的研究中就对时间的概念发生了浓厚的兴趣。他认为，经典物理学中的时间是可逆的，过去和未来没有什么区别，时间完全是对称的，这显然不能正确地反映自然界的演化过程。创造性思维作为一种耗散结构，它的产生从某种意义上说，无疑也是一种不可逆的过程。在创造性思维中，思想火花的激发有赖于长期沉思后的偶得，它通过诸如灵感、顿悟、直觉等方式达到，而这些方式往往出现在大脑高度激发的状态即脑激发态，高潮为时很短，转瞬即逝。参与创新思想火花的激发的因素大多具有非逻辑性，有时甚至是非理性的，往往都是不可逆的。在科学发现的问题上，大多数科学家、哲学家都否认有逻辑存在，原因就在于此。

当人们对于一个问题在运用常规思维解决不了时，经过外来机遇或潜意识中某种触媒的启发，大脑中的各种信息突然重组，实现有序化，从而使问题突然获

---

① 王国维．人间词话［M］．北京：中国人民大学出版社，2004：116．

② 出自苏轼《腊月游孤山访惠勤惠思二僧》一诗．

得解决。灵感的发生不具重复性，所以梦中所得、触景而获取的“神思”等，若不尽快记下整理，就有可能稍纵即逝。科学史告诉我们，许多重大的科学发现与发明都得益于这些不可逆的非逻辑因素，如凯库勒梦见环状的蛇而发现苯环的结构；伽利略在教堂观察到吊灯的摆动而得出了钟摆的等时性原理；魏格纳通过观察世界地图而得到了可贵的联想，从而提出了大陆漂移说等，不胜枚举。在这种非逻辑的、直觉的方面，科学与艺术呈现出某些相似之处。

无论是在科学上，还是在其他领域，创造性思维能力很强的人，都非常善于捕捉这些非逻辑因素，从而做出重要创造。然而机遇却不是自动地毫无保留地呈现在人们面前，即使出现，许多人也会视而不见，因此，发现问题的敏锐性高低是导致重要的发现和创造的先决条件。没有发现问题的敏锐性，就根本不会在微不足道的和瞬息万变的情况下发现问题，更谈不上进一步解决问题。在观察与创造的领域中，机遇只偏爱那种有准备的头脑。因此，创造性思维能力的开发与培养，应着力于对这些不可逆因素的敏感性与洞察力的塑造。时间是不可逆的，历史的长河滚滚向前，创造性思维犹如河中不时泛起的美丽浪花。大学在学术活动中应从政策、环境等方面创造多种条件，激发广大师生创造性思维的火花，调动其积极性、主动性与创造性，以只争朝夕的姿态，创造大学历史上一个又一个新的篇章。这是时代对大学的期盼，也是大学对社会的回报。

第三节　大学人力资本实现的价值取向——“和谐人格”的培养

人格决定了人力资本实现的价值方向，即有利于人类社会的进步与发展，还是起相反的作用，取决于人才具备什么样的人格。实现人、社会、自然三者和谐持续发展，已成为当今各国的共同选择。在实施这一伟大战略中，人是其中最核心、最根本的力量。为了充分有效地发挥人的作用，人应具备何种人格，必然成为有识之士与大学人才培养最为关注的重要课题之一。人格，不仅反映着个体综合素质的高低，影响着个体能力的发挥及行为之导向，也影响着个体与组织、与社会、与自然之间的关系。从人类可持续发展战略的核心是人与自然、与社会和谐发展的理念加以审视，我们提出了“和谐人格”这一新概念，并从哲学、心理学、伦理学等多维度对其进行了探讨。

一、"和谐人格"的内涵与外延

人格理论在心理学的论述中多达数十种,且至为纷歧复杂。随着对人性本质和现象的心理过程与心理状态的深入研究,心理学对人格概念的内涵与外延的解释在不断扩展。综合各家理念,人格一词在涵义上有三种解释:"一指人品,与品格同义,是社会上的一般解释;二指权利义务主体之资格,是法律上的一般解释;三指人的个性,与性格同义,是心理学上的解释 。"[①]《辞海》对人格的解释是:"人格指的是个人的尊严、价值和道德品质的总和,是人在一定社会中的地位和作用的统一。"[②]上述几种解释,表明人格的概念已从人的生理、心理特性,扩展延伸至伦理道德和法律层面上人的态度、观念、品质、行为规范以及人的价值、作用、地位等多方面特征与品质,即个体的世界观、人生观和价值观的范畴。在人类追求经济、科技发展的同时,所引发的资源短缺、环境恶化、人口爆炸、生态失衡,也为自己的持续发展设置了障碍和陷阱,并威胁着人类自身的生存。人们经过反省和探索,于20世纪80年代左右开始才深刻认识到,以人与自然与社会和谐发展为核心的人类持续发展的理念和战略,是人类应遵循的共同选择。面对这样一个以人为中心,关系到人类生存与发展的重大课题,人们不禁要问,作为个体的人,需要培养和造就何等人格?对此我们提出了"和谐人格"的新概念。它指的是人们在生理、心理、伦理、法律、经济等诸方面一系列素质与品质的综合与和谐,是指以人、自然、社会相互协调的整体利益作为目的的一种人格行为。也就是说,这种人格是指个体的需要、动机和意志所导致的行为规范,应体现着人与自然的和谐及人与人的和谐,并由此体现出人与社会的和谐、与环境的和谐、与组织的和谐以及与各种事物的和谐,从而创造一个人类个体到群体生活秩序的和谐,创造一个社会、自然按可持续发展的规律运行的和谐。这种和谐是在竞争、发展中求得的协调与互惠、互利;是在相互激励、相互作用、相互支持、相互制约中求得的平衡与和谐;不是静止的,而是动态的,因时、因地、因条件而变化着;是一种从低状态的平衡到不平衡再进到高状态的平衡,是一种从低水平的和谐到不和谐再进到高水平的和谐;是一个稳定与和谐不断地被打破,新的稳定与和谐又不断被建立的过程,是一个否定之否定的辩证发展过程,也是一个矛盾统一协调的过程。这个过程就是个体培养与造就成熟与高尚"和谐人格"的奋斗轨迹。

---

① 张春新. 现代心理学[M]. 上海:上海人民出版社,1994:449-475.

② 辞海[M]. 上海:上海辞书出版社,1989:796.

我们认为,上述的“和谐人格”不仅具有丰富的内涵,其外延也应延伸至多个层面。

从心理学层面上看,人格是个体在对人、对自然、对社会及对一切环境中的事物适应时所显示的异别于他人的性格和心理特征。个体的性格是千差万别的,个体在成长过程中应充分了解自身性格的特点和优劣,也应尊重别人的性格,求同存异,和谐共处,在实践中不断培养出一种主观需要与客观相适应与协调的和谐“心理人格”。

从伦理层面看,应不断培养高尚的“道德人格”。人类的生存与发展,总是离不开自然与社会的支持与约束。科技的发展和工业化的过程,一方面为人类创造了许多物质财富,另一方面也引发了生态危机、环境污染、资源枯竭等,使人们逐渐认识到,人类在追求自身发展的同时,绝不能牺牲环境,掠夺自然,无视自然和社会的发展规律。应强调个体对自然与社会遵循一定的道德规范;应强调自觉和自律,强调人与自然相互依存、相互促进、共存共荣;强调个体利益融入社会发展之中,对人友善,助人为乐,自觉接受教育和社会的制约,培养为社会进步、发展和人类的整体利益做贡献的价值观和人生观。

从法律层面上看,应倡导培养理智的“法律人格”。为了维护人类的共同利益和社会的进步与发展,道德与法律缺一不可。法律是强制性的道德,道德是自觉的法律,没有法律作道德之坚强后盾,道德将会是苍白无力的。守法是公民起码的道德要求,人们应通过学习法律,自觉养成法律意识,理智地对待各项法律,自觉遵守符合人类社会进步、和平、发展客观规律的法律规范,这也是维护人们自身权利和义务的需要。

考虑到人们的社会活动主要是经济活动,“和谐人格”还应延伸至经济层面上,应提倡与培养理性的“经济人格”。它强调充分调动个体的积极性和需要去追求经济利益最大化的同时,不可以通过牺牲自然、掠夺他人、阻碍他人发展的手段来实现,而应遵循人类社会可持续发展的整体观念,强调在追求个体利益、企业利润或某一民族、国家经济发展的利益时,应以整个地球生态利益、人类共同利益为最高目标,提倡正义、公平、诚信、国际公正、共赢的竞争方式和共同繁荣的经济行为与规范。

上述四种人格所组成的“和谐人格”是一个相互联系、相互影响、相互渗透的矛盾统一体,其核心是高尚的“道德人格”。道德是做人的根本,是个体立身处世的根本,它从本质上反映了个体对人生、社会和自然的认识与态度,即世界观、人生观、价值观问题,从而影响与制约着其他三种人格。众所周知,个体虽拥有知识资本,但如果没有正确的世界观、人生观、价值观,没有高尚的道德品质,则其知识资本就不可能为社会和人类的进步与发展创造效益和价值；更严重的是，在不良道德和动机支配下，个体所拥有的知识资本很可能对社会与团体产生副作用，乃至使社会和团体受到损失与破坏。因此，从人类社会持续发展的理念出发，提倡人们都能自觉养成健全的、心理健康的、有高尚道德和强烈法律意识及理性的经济观，养成与自然和谐协调、与他人和谐协调的崇高的“和谐人格”，这理应成为大学各类人才培育与开发所追求的价值目标，成为大学人力资本实现的价值取向。

二、“和谐人格”是“知情意行”循环发展的过程

个体的“心理人格”、“道德人格”、“法律人格”和“经济人格”中所具有的知、情、意、行等要素，均是人的心理活动过程或这一过程的外显行为。人的心理过程是客观现实的主观反映，人对客观现实的反映，不是像镜子或照片那样简单地、消极地和刻板地反映对象，也不是简单地复制，而是人与客观现实相互作用的、积极的、能动的过程。人在改造客观世界、反映客观现实时，将学到的知识和积累的经验，经过分析与综合，对当前的反映和行动进行检验、修正和补充，使主观印象符合于它反映的客观现实，使完成的各种行动取得符合客观的最佳效果。人对客观现实的反映，不仅能反映事物的表面现象和外部联系，而且能反映事物的本质和规律，人认识了客观事物的本质和规律，就能利用科学知识拟定科学的活动计划，采取一定的态度、观点和情感，表现出克服困难的意志行动，来实现预定的计划，如设计一部机器、规划城市、修建厂房、兴修水利、植树造林等。在进行这一行动的过程中，不管是遇到困难，还是遇到成功，都需要意志的努力。意志薄弱者会在成功面前骄傲自满，在失败面前垂头丧气；意志坚强者，则会胜不骄，败不馁。所以说，人在改造客观现实的过程中，也在改造自己的主观世界。而在这一过程中，人的知、情、意、行的过程又是随时间、条件的变化而变化着的，即随着时代和客观环境的变化，人的思想、行为也在不断变化着。因此，我们认为，“和谐人格”是人的意识与行为长期的积累与凝聚，是个体与客体长期相互作用、相互影响、不断进取的结果，不是一朝一夕而是在长期学习与社会实践中逐步形成的，这是一个“知情意行”的循环往复不断发展的过程。

“知”是指人通过感觉、知觉、记忆、想象、思维弄清客观事物的性质和规律的认识过程。这一过程也是人生观、价值观及“和谐人格”形成的重要过程。对人生目的和价值的认知，对客观事物的认知，对“和谐人格”的认知，是不可能自发地懂得和形成的，必须通过教育、传授、培养方可获得，这就要求人们在长期的教育和社会实践中了解人生的价值在于融入社会价值之中，了解和尊重社会和自然的发展规

律。在学习和实践中，掌握唯物辩证法，自觉运用辩证唯物主义和历史唯物主义的世界观和方法论，观察历史与社会及自然的进程，使对己、对人、对物、对社会和自然都有正确的认识，自觉培养自己的心理过程与他人、社会和自然均处于和谐协调的状态之中。

“情”是情感。从心理学角度看，是指人对客观事物是否符合自己需要所引起的意识的波动性与感染性。从本质上说，人是社会人，人在社会实践活动中，当受到外界不同事物的影响与激励时，会有不同的态度与体验，表现出多样的情感。按情感的社会内容分，有道德情感、美感、理智感等，这是不同的人对客观事物需要的心理状态的反映，是人的生理、心理需要是否得到某种满足而产生的体验，也是社会现象在人脑中的反映。因此，人们的情感受社会历史制约，不同的历史时期、不同的社会制度有不同道德感、美感和理智感。同一个社会，由于人们处于不同的层次，有着不同的利益与文化差异，会产生各自的信念、理想和世界观、人生观、价值观，形成不同的需要，产生不同的情感。“情”对人们的实践活动有着重要的作用，是一种潜在的激发力量，也是产生“和谐人格”的一种内在动力。它可以帮助人们按照“和谐人格”的原则要求，正确地、辩证地去衡量周围的人和事及社会、自然界的变化，使自己的思想、行为自觉地符合道德准则与规范。我们认为，人的多种情感中，道德情感是核心，是做人最本质的情感，影响与制约着美感与理智感。教育中德育的一个重要的内容是对人们进行道德情感的教育，它是关系到人们在道德方面对事物的爱憎、好恶、赞成或反对等的外在表现，也是对真、善、美的态度与情感的外在表现。

“意”是指信念、信仰或理想转化为决定和执行的意志行动的心理过程。这是自觉地确定目标，并以此来支配、调节自己的行动，克服困难，动员自己所具有的知识、能力、情绪和体力，使之处于良好的行为状态，从而实现目的、目标的心理过程。意志是在认知、情感的基础上向行为推进的动力形式，在人的意识活动中具有自觉的、有目的的、主观能动的作用，它支配行为，调节行动，并在意志行动中表现出来。而人的一切愿望、需求和行为都必须符合客观规律，不能违背客观规律和超越客观规律条件的限度，否则必将产生不良的后果。通常一个人受教育的程度越高，或在实践中掌握的知识越多，越善于认识和运用客观规律，对客观事物的改造也就越主动，并在改造客观世界的同时，改造自己的主观世界。意志又是个体决心的表现，没有这一决心和明确的目标，前进与奋斗中的劲头、气势、毅力、步伐是难以持久的，“和谐人格”也是难以形成的。

“行”是个体在一定的“知、情、意”统一、协调的意识支配下表现出来有利或有害于他人的实际行动，是人格的外在表现。一般来说，人的主观动机与行为效果应是一致的，但有时由于主观想象脱离客观实际，或不善于规范自己的行为，也可能产生两者不一致的情况，这就是所谓的“知行脱节”。心理学研究表明，人的“言行不一致”或“知行脱节”有着多种复杂的原因。由于人们的阅历、年龄、知识水准的不同，以及社会上的虚假行为，种种形式主义，教育中的空洞说教、脱离现实，这些对人们主观产生影响，使人产生认识的错误与盲动，情感的冲动与缺乏理智，意志的动摇和不坚定，从而产生“知行脱节”。这就要求不断改进教育，提高教育育人的质量；不断建设、营造高尚的、和谐的社会环境和文化氛围，使人们在受教育培训中和社会实践中明辨是非。此外，社会上的英雄人物和创业者的典型事例，以及各行各业无数默默无闻的建设者的奉献精神和行为，对人们的认识、情感有着重要的感染、激励和共鸣作用，并产生以情动情的精神力量。这些均对“和谐人格”的形成与培育起着重要作用，从而使知、情、意、行和谐与统一，促进与保证人的价值沿着推动社会进步和持续发展的轨道得以充分发挥。

知、情、意、行作为“和谐人格”的基本要素，它们是相互联系、相互渗透、相互促进而和合的统一体，其中知是基础和前提，要完成知到行的转化，离不开情感和意志中间环节的作用。对人进行“和谐人格”的教育培养过程，也可以说就是培养“知情意行”和合与一致的不断循环发展过程。

三、“和谐人格”是真、善、美的一体化

人类社会的发展和历史的变迁，从哲学和伦理学的层面看，可以说是一部探索、追求、创造自然、社会、人自身三者“真善美”的历史。在这一伟大的探索、追求与创造的进程中，不仅要求与渴望客观事物之真、之善、之美和人的思想与行为之真、之善、之美，而且要求真、善、美和谐统一。古今中外，许多学者从不同的角度对真、善、美进行过论述与界定，也存在一些不同看法与观点，但是不论他们是从哲学的高度，或是从社会学、伦理学、心理学以及文化艺术理论研究的角度阐述真、善、美的真谛，均可以从本质上得到比较一致的看法，即真、善、美是紧密结合在一起的，真、善、美的统一是客观事物的必然性与人的主体自由创造才能在实践中的统一，是人在改造客观世界的同时也在改造自己的主观世界，求得主体与客体的和谐与统一，任何美好的事物（自然、社会、人），必定是真、善、美三者的统一。我们认为，“和谐人格”应是个体内在的真、善、美与外在真、善、美的一体化，是真、善、美和谐的统一体。

真，是客观事物本身所具有的规律性，也是人们将客观的真引申到主观的真，即人格的真。只有天运有常，才能万物生长，千姿百态。人的天性也应与自然物一

样，既自由地发展，又有一定的规律遵循。作为“和谐人格”的真，应真在自然，真在情感，真在言谈举止，真在内在与外表的统一和谐。这就要在长期的教育与实践中修身养性，使自己的言行符合自然生长法则，符合人类社会发展的规律和持续发展的要求，并自觉接受社会与自然发展规则的制约，这种规则自然地也就作为“和谐人格”真的尺度。这种真，是人们面对自然界中万事万物生长演变的规律受到的启发，是在改造自然中引发的双重效应——改造社会的正负效应及科技发展的双重作用——使人们获得的宝贵启迪，也可以说是人们经过长期反省与探索获得的教训与认识的总结。人们常说，“动之以情，晓之以理”，这里的“情”是人的情感要“真诚”，“理”是以理服人，对人的真诚是感人肺腑并使之接受真理的前提。我们认为，这种情真、理真的和谐统一，也是“和谐人格”真的一种体现。在人类的各种交往中，古今中外有识之士都倡导“诚信”，诚者真诚，信者信任。“诚信”不仅是立身为人的基本道德，是建立和谐人际关系的前提与关键所在，也是人与人之间取得信任的必要条件。没有信任的关系是虚假的关系，在社会的人际交往中，在一个学校、机关与企业中，如果人与人之间、管理者与员工之间虚情假意，缺乏诚信，必定会引起人与人之间的反常心理，呈现不和谐状态；反之，人与人之间都以真诚的情感去影响他人，感化他人，引起双方情感的感染与共鸣，彼此信任，必然呈现人心相向、心心相印的和谐人际关系，这也是无形的财富，是社会生存与发展，学校、企业、团体生存与发展的首要条件之一。以理服人之“理”指的是以符合事物规律的真理说服人，把自己真诚信奉的真理奉献给他人。在传授真理的过程中，不仅要把握说理的“度”，更重要的是言行一致，即一靠真理的力量，二靠人格的力量。以身作则的示范作用和榜样的感化效用亦是“和谐人格”力量的一种表征。

善，是人生的主观目的。人的活动总是具有一定目的的，个体与社会各种组织为了适应社会发展和人们日益增长的物质生活与精神生活的需要，提供了多种服务内容，这种个体与组织的功利性与目的性，可称为该个体与组织的善。“善”是相对“恶”而言的，是“恶”的对立面，人们谴责与唾弃邪恶与丑恶，表彰与赞扬真善与美好。善不是孤立的，真善非二，二本一物，至真的真理是至善的准则，弃善求真是荒谬的，在真和善之上加上某种令人愉悦的感受，真和善也就变成美了。在现实生活的人与人之间，在一个组织的上下级之间，应提倡“与人为善”，团结和睦相处；在人与自然之间应倡导友善，和谐共存。因此，善是个体与团体道德品质的一种象征，是一种美德，也是“和谐人格”的一种象征。我们认为，“和谐人格”首先是一种行为，是一种利于他人、利于社会、利于自然的行为，也是一种有利于他人、社会和自然的态度与观点，其原则和标准也就是真善。而善是强调个人的修养与实践，因此遵循善的原则，就能保证个人内在心理的稳定与外在行为之间的平衡，达到精神的升华，趋于美的境界，从而实现"和谐人格"的更高层次，即真、善、美的一体化。

美，是从真、善统一的"母体"内产生的，真、善是美的基础，也是美的前提，美是真、善的升华。美的事物包括自然美、社会美、文学艺术美和科学美等方面的内容，人的美包括相貌美、体形美、语言美、行为美、心灵美、人格美等。人不仅追求各种形式的自然美、生活美、艺术美以及多方面的人自身外在特征的美，更追求在认识和掌握自然与社会发展规律的基础上，创造一种美好的主观世界，正确处理与自然、与社会、与他人的关系，塑造出心灵美。心灵美是指人的高尚道德品质、渊博的科学文化知识、辩证的思维方式、创造性的智慧等内在素质的综合体现。因此，我们认为，心灵美是人的多种美的核心，也是"和谐人格"美的核心。内在美要通过外在美来实现，外在美要受内在美的约束。人的美，人格美，应是外在美与心灵美二者的统一与和谐。对真、善、美的理解及其强调的侧重点，中外古今各学派以及人们所持观点虽有差异，但追求真、善、美的统一是一致的。真、善、美的统一与和谐是人终身追求的目标，也是"和谐人格"的表征，而这种人格的形成是人从少年、青年、中年到老年经历"知情意行"的不断循环、发展培育出来的，是经过不断教育培养和在长期社会实践中磨炼出来的。太阳系理论的创始人波兰天文学家哥白尼和继承与发展了太阳系理论的意大利物理学家伽利略，经典力学体系的创建者英国物理学家、数学家牛顿，电磁学理论创建者英国物理学家麦克斯韦，相对论创始人物理学家爱因斯坦等，这些伟大的科学家的思想和行为，不仅为人类社会的发展做出了伟大贡献，为自然创造了真，为社会创造了善，为人类创造了美，而且其人生轨迹也是"知情意行"不断循环统一的楷模，是求真、求善、求美的人格力量与人格魅力的典范。千百年来，人们称颂治理洪水的大禹，公正廉洁、为民除害的包拯，敬佩一心为民的人民公仆焦裕禄、孔繁森，把他们视为"知情意行"统一和"真善美"一体化的形象。

"知情意行"作为"和谐人格"的心理要素，"真善美"作为"和谐人格"的表征，它们均是相互联系、相互制约、相互渗透、相互转化的辩证统一体。在人类跨入知识经济时代之际，在构建和谐社会的伟大历史征程中，大学人应以更高、更宽、更广、更远的视野，自觉地、创造性地运用人与自然、人与社会、人与自身的生态平衡、生态演进和社会发展的客观规律，在探索科学真理的实践中，去培养与塑造"和谐人格"，成为和谐社会的典范，用知识与劳动去创造人与社会、与自然和谐发展的美好境界。

第七章　大学外部关系的非线性和谐

大学系统不是孤立的，总是在与环境、与社会产生种种复杂的相互作用与影响。因此，大学的和谐与和谐管理，一方面要使大学系统内部各种要素与子系统之间通过非线性相互作用产生相干协同效应，构建和谐管理机制与和谐的内部环境；另一方面，大学系统要与周围的社会环境进行良性的互动，从外界引入足够大的负熵流，并大于内部熵的产生，同时输出社会环境所需的人才与知识等资源，为社会经济发展服务，营造与外部关系的和谐机制，从而达到互促、共进、和谐。

第一节　大学与政府的关系：从依赖走向自主

从法律上讲，我国大学是一个独立办学的法人实体，这在《高等教育法》第三十二条已做了明确表达。但实际不然，在当代中国，大学办学还严重地“依赖政府”，这既是长期计划经济体制的结果，也是我国教育管理体制改革不到位所致。目前，我国大学办学经费严重依赖政府，收费政策受制于政府，专业设置、学籍制度、文凭发放等都取决于政府，至于大学的干部、教授职务，职工工资等更是由政府决定。因此，可以说我国大学尚未成为真正意义上的独立办学实体。在此情况下，大学组织要么是由政府力量铸就而成的单一模式，要么大学组织任何管理模式都受制于政府，严重影响大学的自组织演进。自组织(Self-organization)概念是系统演化理论的核心概念，是一种复杂的、非线性的现象。按照最一般的理解，我们可以把一切“无需外部特殊组织指令而自行形成具有特定结构与功能的整体过程”称为“自组织”。自组织系统是典型的非线性复杂系统。自组织系统无需外界指令而能自行组织、自行创生、自行演化，即能自主地从无序走向有序。与自组织系统相对应，不能自行组织、自行创生、自行演化，即不能自主地从无序走向有序，而只能在外界指令的推动下组织和演化，从而被动地从无序走向有序，这类系统我们称之为“他组织系统”。前面所引用的耗散结构理论对复杂系统自组织演化的动力、条件、途径做了科学的阐述；协同学所研究的重要概念和原理，如竞争、协同、非线性相互作用和支配（或役使）以及序参量等，从宏观整体的角度揭示了复杂系统自组织演化的机制。这启示我们必须从改革高等教育行政管理体制与机制入手，建立大学与政府有效的良性互动关系，为大学独立自主办学创造良好条件，使大学真正从依赖政府走向自主办学，实现大学自组织管理。

大学自治与学术自由是大学运行的根基，同时大学也需要政府的支持，在任何时候都脱离不了政府的宏观管理与指导，但问题是不能成为政府的附庸，不能以改变自身性质为代价。大学发展史已证明，大学唯有与政府建立公平、民主的良性互动关系，才能既有利于大学自身的发展，又有利于政府公共行政效果与效率的提高，从而影响与带动整个社会健康和谐持续地发展。

市场经济体制和计划经济体制与"自组织和他组织"有着某种对应的关系。计划经济体制下的大学系统被当成政府职能部门，实行高度集中统一的计划管理，大学系统在招生、专业和课程设置、人事安排、学籍管理等方面完全听从于政府的行政命令，大学自身没有什么自主权，这是一种"他组织系统"。市场经济体制下的大学系统必须成为独立的法人实体，实行政府宏观管理，面向社会依法自主办学，遵从大学学术性本质的内在规律，充分调动大学自身的积极性、主动性与创造性，形成"自组织系统"。自组织是自然界和社会长期演化选择和形成的非常优化的进化方式，它是自然界各个子系统演化过程中，已经形成的一套有效利用自然资源、物质和能量的循环方法和道路。自然界经过长期演化，已经证明自组织方式比他组织方式更为优秀。人类社会在自己探索的、试错式演化的过程中，也正在证明着自组织演化优于他组织演化方式。例如，经过近百年的经济演化，几经反复，已经被世界各国的经济实践所证实，市场经济优于计划经济，而前者的思想方法基本是自组织的，后者的思想方法基本是他组织的。因此，在我国大学从计划经济体制向市场经济体制转轨与改革的过程中，学习、掌握与运用自组织方法论，就是向大自然学习，就是把大自然数百亿年积累的进化经验学习到手，以实现大学自组织演进。

这里我们需要改变对政府作用和能力的认识。"大部分政府的干预是受到具体短期目标的刺激，主要依赖经济或社会是可预测的机器这个观念。"但是，对于大学这个复杂的生命有机体而言，"精确的预测与控制是很困难的，最糟糕时，根本做不到。小的变化可能会带来大的影响，而大的变化可能不会带来什么影响。政策可能也会有这种看似反常的作用。适当地评估经济与社会是如何运转的，政府的作用就会减少，而令人惊奇的是政府的驾驭能力反而会增加。”①从哲学层面上看，唯物辩证法的核心理念也强调事物发展的动力在事物的内部，在于事物内部的矛盾性。但是，由于我国文化传统中政（治）教（育）合一的思想根深蒂固，长期计划经济体制思维的惯性，使得政府不情愿把一部分权力或利益下放到学校，总是想通过直接（如政策、经费）和间接（如机构、干部）、显性（如评估、规定课程）和隐性（如奖励导向）的方式左右大学的办学行为，往往使大学面对着不断加快的社会发展进程而不知所措。甚至不知道自己能管什么，也不知道该去适应什么，于是只能受命于政府忽紧忽松、忽上忽下的政策并效力于社会现实的功利的需求，从而形成当前招生数量规模膨胀与质量效益下滑的鲜明反差。同时，学校长期依赖政府，“等、靠、要”的思想与习惯已经养成，不容易改变，有的学校即使得到一部分权力也不知如何使用。一方面，缺乏独立面对市场与竞争的能力与勇气，另一方面，也缺乏有力的社会监督与保障机制。

目前，虽然《高等教育法》已经明文规定大学要适应社会主义市场经济的需要与教育全球化的趋势，面向社会自主办学，但是实际的情况还是不很尽如人意。从理论与实践两个层面看，我国大学从“他组织”到“自组织”，从依赖走向自主任重而道远。然而，随着市场经济体制的完善和大学自主办学的内在要求，这一发展趋势却是必然的。

大学是以学术为本质的特殊社会组织，遵循社会组织生存与发展的基本规则。大学通过各种学术活动满足社会的需要，实现自身的价值。学术能力是大学“再生产”能力的核心因素，自主性、自由性和学科性反映着学术活动的基本特点，遵循这些行为原则，是大学不断提高再生产能力的基础。因此，从这个意义上说，大学作为办学主体，其自主与自由度越大，往往发展越健康。如果政府直接干预较多，则必然导致这种自主与自由的丧失，使大学失去生机与活力，以及对外部环境的适应能力，导致大学组织的衰竭。目前，从我国高等教育体制改革的总体思路出发，建立现代大学制度的关键就是要进一步处理好大学与政府的关系。一方面改革政府的管理方式，限定政府的权力，使其把精力放到战略规划、依法行政、政策指导、信息服务以及各种宏观调控方面；另一方面，使大学成为真正意义上的独立办学实体，使其能够根据社会的需求自行决定自己的行为，并对自己负责，建立完善大学的自我约束机制，能够根据大学的自身逻辑与办学规律发展自己，培养与提升良好的自我发展能力。从大学与外部经济关系看，应扩大融资渠道，要继续使学校收入来源多元化，使民间来源的比例提高，从而减少对政府的依赖。为此要进行筹资和

① 保罗·奥默罗德．蝴蝶效应经济学［M］．李华夏，译．北京：中信出版社，2006：9．

开展社会事业的促进活动，使大学作为社会经济环境中的一个有机组成部分，以“社会投资收益率”为标准，在市场获取、配置和利用必要资源，并提供价值回报社会。这些外部关系的改变，均为大学从“他组织”到“自组织”创造了必要的外部条件。

唯物辩证法告诉我们，内因是变化的根据，外因是变化的条件，内因与外因共同作用推动事物的发展。大学的自主并不意味着大学完全脱离政府的管理，与政府没有关系，事实上也不可能。我们讲自组织演化优于他组织演化，并不是说在事物的演化过程中只需要自组织，不需要他组织。事实上，在事物的进化过程中，自组织与他组织往往同时存在，只是所处的地位、所发挥的作用性质不同而已。自组织与他组织概念并没有绝对的界限，外界环境对系统的作用是“强加”给系统，还是“非强加”给系统，这是自组织与他组织的根本区别。自组织不要外部命令的控制，但接受外界的影响，实际运行中“控制”与“影响”的界限往往具有模糊性。因此，所谓大学进入自组织状态，是强调内部自组织的动力作用，但仍需要外部对系统的非强制性的各种作用。

随着知识经济时代的到来，大学基于其功能的空前增强而必然走向社会的中心，这是因为知识经济是以知识为基础的经济，知识成为生产力的内在基本要素，发现、传播和利用知识的人才成为推动经济和社会发展的主要力量。走向社会中心的大学带来了全社会对它的关注，政府作为一定社会意志的代表，必然重新审视和处理与大学之间的关系，由此引起大学与政府之间关系的变化。在知识经济时代，大学与政府之间不再是单向的自治与控制关系，大学在地位提升的过程中增强了独立性和影响力，与政府之间逐步形成相互支持、相互监督与互相制约的非线性互动关系。从各国高等教育发展的实践来看，一些国家的政府正逐步放弃直接控制大学或任其发展的做法，而是通过各种途径来监督与制约大学的发展；而大学则不再只是为政府提供一般的人才和科技服务，它的影响力量日益渗透到从管理到决策的政府各部门，同样发挥着对政府越来越强的监督与制约作用。

综上分析可见，时代的发展、变革与自组织理论均说明大学的健康、有序发展必须从依赖政府走向自主办学。这种大学的自组织状态是大学发展的必然要求，也是我国大学深化体制改革的目标。在趋向目标的过程中，在大学与政府相互推动、相互促进与相互制约、相互监督之间应保持一种张力。自组织的耗散结构理论告诉我们，这种外部力量是大学系统不断从无序走向有序、创新发展不可缺少的条件之一，也是大学不断向和谐状态演进的必要外部条件，问题关键是在于如何探索与构建一种有效的沟通、协商与制约的机制，以维持张力的动态平衡来达到大学与政府之间关系的和谐。

第二节　大学与社会的关系:从边缘走向中心

从系统论的观点来说,"自组织"是指一个系统在内在机制的驱动下,自行从简单向复杂、从粗糙向细致方向发展,不断地提高自身的复杂度和精细度的过程;从热力学的观点来说,"自组织"是指一个系统通过与外界交换物质、能量和信息,而不断地降低自身的熵含量,提高其有序度的过程;从进化论的观点来说,"自组织"是指一个系统在"遗传"、"变异"和"优胜劣汰"机制的作用下,其组织结构和运行模式不断地自我完善,从而不断提高其对于环境的适应能力的过程。

大学作为一个社会有机体,一个开放系统,其发展与演变也是一个在不停地受到社会政治、经济、文化的影响,与社会环境进行着物资设备、能源、人才、信息等的交换,在引入负熵(有益的办学资源)的前提下,通过系统内要素间的竞争与合作,不断改革其组织结构与运行模式,增强自身的有序度,提高适应社会、服务社会的能力的自组织过程。其中社会资源是大学不可缺少的生存条件,离开与社会的各种要素资源的交换,大学则无法生存。在计划经济体制下,这种交换须以政府的计划为中介。在市场经济环境中,大学则直接面向社会和市场进行交换,寻求各种教育资源是大学生存、发展的一种必然的选择。随着知识经济的发展,知识已成为推动社会经济发展的核心资源,大学作为探究、传播、创新与应用知识的中心,在社会中的作用与地位日益凸现,大学功能的边界在不断地延伸与扩展,同时社会对大学的要求越来越高,这促使大学从社会的边缘走向社会的中心,承担起越来越重要的社会责任。大学与社会在相互支持、互惠互利的非线性相互作用中和谐相处,实现现代大学功能价值的不断提升,这是大学自身发展逻辑与自我完善的必然要求,也是社会发展对大学的必然要求。在农业经济时代,大学的地位游离于经济社会之外,因为农业和手工业生产主要靠个体经济而不需要高深知识,学者与绅士在理性主义思想支配下,认为大学的本质是研究高深学问,探求和传播真理,培养学生的理性和探索精神,与社会发展保持着一定距离,是远离社会的象牙之塔;工业经济时代,大学逐步走向经济社会,为工业生产提供服务,学术与市场逐步结合,大学已自觉不自觉地成为社会的"服务站"(Service Station)。但是大学始终停留在社会的边缘,或与社会保持着一种若即若离的关系,因为知识(主要是科技和管理知识)只是作为"间接的生产力"或"潜在的生产力"而不是直接的生产要素。知识经济时代，建立在知识基础上的知识经济是一个完整的系统和统一的经济活动过程，知识的发现、传播、分配和使用直接纳入经济和生活活动的范畴。也就是说，大学的三大基本职能活动都成为经济活动的一部分，而且是基础性、战略性的部分。美国经济学家马克卢普认为，在社会进入后工业时代的条件下，知识产业成为最重要的生产部门。作为传播知识、生产知识和开发知识的大学，必将成为社会和知识产业的核心部分。这不是一个人的愿望，而是历史发展的必然。

在知识经济条件以及与此相连接的市场经济条件下，知识成为生产力的内在基本要素，社会对知识与人才的依赖越来越大，人们开始对大学这座象牙之塔提出了种种批评，主要原因来自经济发展与人才培养、社会需要与学术研究的不协调，因此大学被要求与社会需要紧密结合，不能呆在象牙塔里自行其是。在这种时代背景下，大学与其不情愿地被强迫纳入社会活动之中，不如以“出世”精神做“入世”的事业，既不放弃维护大学的理想与学术本质的内在逻辑，又主动承担起社会的责任与时代赋予的使命。走出象牙塔而迈向社会的中心，大学的三大职能在变化的历史环境中其内涵被赋予了新意，其外延也在延伸。如何承担起历史赋予的使命，成为建设和谐社会的典范，以先进的文化与创新的学术成果引领社会与改造社会，这是时代发展对我国大学的期望与必然要求，也是我国大学自身发展、体制机制改革创新的必然要求。

从非线性相互作用是推动系统演化的动力看，在大学从社会的边缘走向中心的过程中，大学与社会的价值取向与行为方式的矛盾与不和谐不会消失，并且会长期地存在于大学与社会的关系之中，在旧的矛盾不断化解，新的矛盾又不断产生的非线性过程中，推动着大学的发展与演化。那么如何协调大学与社会的关系？以什么样的途径才能保持大学与社会间的和谐与良性互动？这些都需要相应的制度与机制加以确定和保护。大学从社会的边缘走向社会的中心的发展史是大学制度建立与完善的过程，大学形成于大学制度的建立，发展于大学制度的创新，可以说，大学是人类制度文明的产物。欧洲中世纪大学之所以成为人类大学起始的标志，是因为它建立了体现与维护学术本质的大学组织制度。如在800年的历史中，牛津大学一直保留了传统的学院制和导师制，一直坚持追求卓越的办学目标。2000年，牛津大学陈述自己新的使命：“牛津大学的目标是：在教学和科研的每一个领域都达到和保持卓越；保持和发展作为一所世界一流大学的历史地位；通过科研成果和毕业生的技能而造福于国际社会、国家和地方。”[①]在文艺复兴、工业革命初期和

① Administrative Services of University of Oxford：Mission Statement of Oxford：2000[EB/OL]. [2001-10-12]http://www.ox.ac.uk/admin/mission.shtml.

后期,英国、德国和美国依据时代的特征、社会的需求,通过制度创新分别成为不同时期世界优秀大学的代表。随着知识经济的到来,人类社会迈入了一个崭新的发展阶段,源于工业革命以来知识与社会经济发展相互依存的关系将更为突出,完善与创新大学制度成为时代的呼唤,大学的健康持续发展迫切需要现代大学制度的支撑。现代大学制度是促进大学高度社会化,为社会提供更多的知识服务,并维护大学组织健康发展的规则体系,其目标之一是建立大学与社会间有机的互动机制,解决好大学自身发展逻辑与直接服务社会的冲突,确保大学的健康发展。为此,我国一方面要借鉴西方发达国家大学与社会互动机制建构的成功经验,另一方面要结合我国的国情与大学发展的实际情况,探索一条具有中国特色、符合时代特征、体现我国大学特点的现代大学与社会政治、经济、文化互动的有效机制,以促进大学与社会的密切联系,从社会的边缘走向社会的中心,承担起大学对社会的责任,有效地发挥大学在经济社会发展中的重大作用。

第三节　大学与大学之间的关系:从竞争走向共赢

系统自组织理论使我们认识到，充分开放是系统自组织演化的前提条件，子系统之间非线性相互作用是自组织系统演化的内在动力，元素之间、子系统之间的既竞争又协同非线性相互作用是系统产生自组织的根本内在机制。在线性作用下,子系统之间缺乏不对称、非平衡的关联，这样就谈不上竞争,也不可能产生合作，系统实际上就不能构成一个动态的有机的整体。但在非线性相互作用下，各子系统之间存在着差异、不对称与非平衡的关联，相互之间有了竞争，同时也就有了合作，你中有我，我中有你，成为有机的整体系统，互相联系、互相牵制，牵一发而动全身，表现出强烈的整体行为。

从非线性的视角看,大学要健康有序发展需要竞争,这也被古今中外的教育发展史所证实。教育的兴衰在很大程度上影响了国运的兴衰,而竞争的有无和强弱又决定着教育的活力和发展。教育发展是有其必然性的,兴教育则需竞争,教育离开了竞争,客观上就会失去活力,竞争是教育发展的活力之源。在计划经济管理体制下,不仅束缚了经济领域的竞争,也限制了教育领域的竞争。因为缺乏竞争,我国大学发展日趋缓慢,整体表现为缺乏活力,难以持久创新。改革开放以来,市场经济不断发展与完善,国家倡导各个领域开展适度竞争,高等教育市场逐步开放,大学开始认识到竞争的重要性并有意识地打造和提升竞争力,我国大学才有了长足的进步和发展。

共赢思维或双赢思维是协同学理论思维观点的扩展，共赢之所以能够实现的依据是系统整体性原理：通过改进相互关联的主体之间的关系，使得现有资源更为有效或开发利用新资源，从而实现 1＋1＞2 非线性协同相干效应，即共同把“蛋糕做大”，因而各方均可得到更多的利益，或是都改善了发展条件，有利于共同持续发展。在经济全球化、政治多极化、文化多元化的当今世界，和平与发展是时代的主题，人类社会面临着许多共同的问题，需要彼此间的合作。各国之间在社会、经济、文化各方面相互交融、相互依存，你离不开我，我离不开你，形成一种共生共荣的利益或命运共同体，这种共赢思维已成为当今社会的主导思维方式。

在现代社会系统中，大学与大学之间的关系应该是一种既竞争又合作、实现共赢的非线性和谐关系。大学之间的竞争与合作，你中有我，我中有你，两者相辅相成，密不可分。从我国高等教育系统看，一方面，由于教育资源的稀缺性与有限性，高校在生源、办学经费、科研经费、师资、物资设备、信息等方面存在着相互竞争的一面，但为了国家教育事业的整体发展，又存在着相互协作共同提高的一面。从国际高等教育的视角看，尤其在我国加入 WTO 以后，中国大学又面临与国外大学、高等教育机构的竞争，这既是一种挑战也是一种机遇。与国外大学相比，我国大学在办学实力、教育经费、人才培养模式与管理机制等方面存在一定的差距，在竞争中我国大学尚处于不利的地位，可能会造成人才资源的流失。但同时，也为我国大学找到自身不足及努力提升竞争力与办学效益提供了外在压力与增强内在的动力的机缘；为我国大学创造了在国际市场上公平竞争，与国外大学合作，相互交流、取长补短、共生共荣，争取更多教育资源的机会，从而实现人类高等教育的和谐发展。但是机会只青睐有准备的人，平等的合作只能依靠自身的实力，因此，我国大学只有练好内功，努力提升与打造自身的竞争力，才能抓住机遇，迎接挑战，在日趋激烈的国际竞争中立于不败之地。

在知识经济条件下，社会对大学的需求在类别上与层次上越来越多样化，完全满足这些要求不是哪一所大学能够承担的，也不是哪一类大学能够胜任的。人类社会极其纷繁复杂，人类的能力和愿望极其多样，致力于高等教育的任何一所(类)大学都不能期望全面的代表性和完全的适宜性。因此，大学仅就自身来谈发展是远远不足的，必须在整个高等教育机构和谐共生、优势互补的基础上考虑问题，才能真正有助于解决大学的发展问题。大学之间只有在规范竞争的基础上，根据自身的特点、优势与定位进行合理分工与相互协作，共同努力、共同发展来满足社会的多样化的需求。国家的教育生态系统需要多种多样的高校，每个学校都有特长，彼此优势互补。应引起注意的是，当前我国高等教育大发展的过程中，有些高校盲目追求“综合型”，搞“大而全”，这样会出现大量的低水平重复，既造成浪费，又都难以拔尖。哈佛大学看到麻省理工学院工科很强，就再也不办工学院，但两校的学生可以到对方学校选课。世界大学的发展史表明，综合性大学不一定就能成为一流大学，专科大学也可以成为一流大学。和谐是和而不同，是多样性的统一，异质性是竞争与和谐的基础。在一种合理的结构中，不同价值取向、不同特点的大学和学院可以获得有序的统一，通过规范而良性的竞争，表现着自己的特色与价值观，发挥着各自的独特优势与能力，相互依存、相互促进，实现互利共赢。因此我们认为，大学之间通过竞争、合作实现共赢是国家乃至国际整个高等教育系统健康持续发展的内在要求，也是大学从无序到有序自组织发展的一种外在要求与动力。

那么如何实现大学从竞争走向共赢？首先，大学必须树立共赢的思维方式，在寻求自己利益的同时，也主动考虑别人的利益，以互利、互信、互赖、合作代替恶性竞争。其次，要建立相应的体制与机制，建立民主与法治的社会大环境，才能培育出大学之间相互信赖的关系。第三，每一所大学在科学合理的定位的基础上，整合资源，打造与提升核心竞争力，通过凸现自己的特色，发挥自己的优势，与其他大学之间公平竞争、和谐合作实现互补、互利、共赢。第四，构建国际、国内同类型大学之间合作、交流的平台，在推进全球高等教育与国家高等教育发展的大目标下，进行信息、人才的有效交流，实现教育资源共享。

第四节　我国大学外部关系和谐机制的建构

上面三节从非线性的视野，运用自组织理论（主要是耗散结构理论与协同学理论）论述了大学要实现从无序（或低级有序）不断地向有序（或高级有序）进化与发展，其中外部因素是一个必要的前提，起着十分重要的作用。也就是说，大学在发展的征程中，必须从理论到实践上解决好与政府、社会组织以及其他大学之间的互动、制约与平衡的外部关系。其一，大学必须从依赖走向自主，问题的实质是解决好政府对大学的宏观调控与大学自主办学之间的权力分配与权力制衡，在政府宏观调控下，大学必须从依赖走向面向市场自主办学；其二，大学从社会的边缘走向社会的中心，其问题的核心是解决好大学与外部政治、经济（市场）、文化之间变化的动态调适，与社会共命运，承担起社会责任；其三，大学与大学之间从竞争走向共赢，其关键是解决好大学之间的交流与协作，实现双赢、共同发展。大学与政府、社会及其他大学之间的关联，是大学与整个外部环境相互作用的过程，要实现彼此之间良性互动，构架一个动态的和谐机制是其中的关键。

大学与外部环境之间需要进行物质、能量的交换与信息的交流。从形式上看，这种交换与交流是经济（物质与资金）的、政治的、文化的各种要素之间的互动。从经济学上看，这些相互交流与交换的要素都是一种有价值的资源。对任何一个开放的系统而言，为了追求系统的目标与价值，为了自身的生存与发展，这种资源的交换与交流，是一种必然的组织运行与交易的过程。大学与政府、社会组织（主要是企业、研究院所等）、其他大学、家庭等主体单位的相互联系、相互作用的过程如图 7-1 所示。

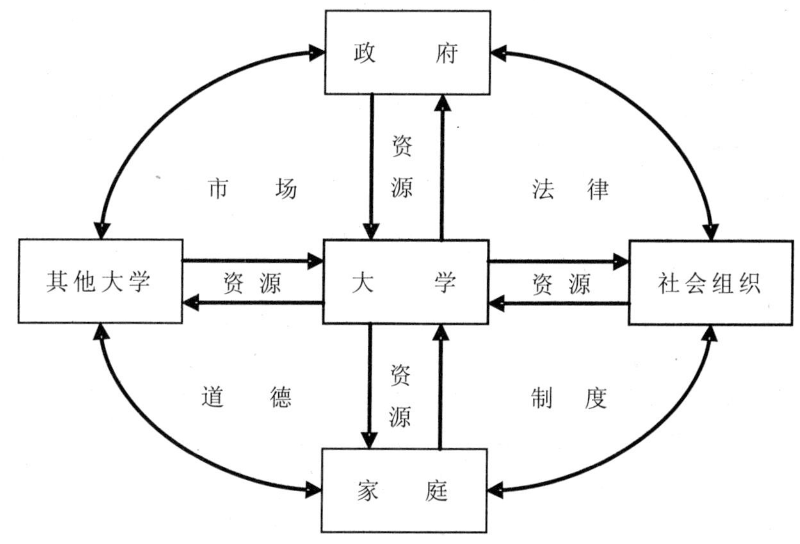

图 7-1　大学外部关系及资源交换

上图表示了某一大学的外部关系。为了研究与观察问题有一个较好的范围，而将它的外部的一切组织与社会成分都理解为外部关系（环境）。这样大学与其外部组织之间的关联与资源交换表现为：大学通过人才培养、科学研究、社会服务为政府、社会组织、家庭及其他大学提供需要的人才、科学技术、文化等资源；政府、社会组织、家庭及其他大学向某大学提供人力、物力、财力等资源。大学作为一个社会学术组织，是社会大系统中的一个子系统，其运行方式必然受制于社会大系统的运行规律。因此，资源的流动是双向的，又是多向的，且是循环的。在这种资源交流的过程中，大学与其他社会子系统之间存在着相互制约、相互影响、相互联系、相互作用的关系，其间的资源交换与影响，既是显性的，又是隐性的（如文化价值观念）；其间的联系与制约，既有直接的（如上下级隶属关系）、较紧密的（约束大）联系，也有间接的（无隶属关系）、松散的（约束小）联系。由于大学与外部组织（或单元）之间彼此职能的不同，权力的不平衡与信息的不对称，以及彼此拥有资源数量、质量的差异和价值观念、行为方式的不同，导致大学与外部环境之间是一种非线性的复杂关系。我们认为，如何构建一个大学与外部关系的和谐机制是大学适应外部变动的政治、经济、文化、科技等因素，实现自身和谐发展不可缺少的关键环节。为此，主要应重视以下几方面的建设。

一、大学外部关系和谐机制建构呼唤完善立法与严格执法

1998 年我国颁布了《中华人民共和国高等教育法》（以下简称《高等教育法》），确定了“高等学校应当面向社会，依法自主办学，实行民主管理”（第十一条）的原则，并规定了政府对大学的宏观管理主要包括：教育方针，办学方向；高等教育的规划、结构布局、规模；教育经费的投入；评估与监督等方面管理内容。第三十二条至三十八条从招生方案、专业设置、教学计划、科技研究开发与社会服务、与境外高校交流、内部机构设置和人员配备、财产设备等七个方面规定了大学自行管理。这在我国高等教育发展史上无疑是一个大的进步。但是在实践上仍存在着较多问题，主要表现为：①《高等教育法》中虽有政府与大学管理内容的规定，但自主办学中的“依法”是模糊的，没有划清政府宏观调控与高校自主办学之间的法律界限。② 现有规定的法律条文没有真正地完全落实，表现为政府权力过大、过宽，管了许多自己本不应该管的事，而该管的事情又没有管好，也就是说宏观管理不到位，微观管理又涉及过多。而大学往往依的是上级部门的决策或“指示”，不是依法办学。于是形成一种政府主管部门管理高校可以不依法，高校自主办学却又不知依何法的局面。其实质是人治而非法治。因此，必须加强法制建设，从立法、完善法律体系、严格执法上解决问题。

第一，进一步从法律上明确，合理划分政府、大学之间的利益与权限。政府与大学都要从法律上明确各自的管理内容、职能与范围，确保不越位，既保证政府与大学各自有力地行使职能，又能制约、监督各自行为。针对我国当前高等教育管理的现实，政府要切实做到“限权”与“放权”，从法律上保证把权力真正交给大学自主管理，把精力放到宏观控制与战略规划上，做到依法行政、政策指导、竭诚服务。对大学而言，要不断提高法律意识，提高依法管理学校的能力，真正做到依法自主办学。使政府的宏观管理与大学的微观管理统一协调起来。

第二，进一步健全立法与执法。如《高等教育法》中依法自主办学的“依法”应有补充的法律条文加以细则规定。鉴于历史的经验教训，我国完全有必要及早制

定《保障学术自由法》[①]。学术自由在任何国家都不是绝对的，都有一定的边界，然而这种边界或底线，不应当是隐性的，可以随意变动的，而应当在法律上有合理的可操作性的规定，尤其是划清政治问题与学术问题、罪与非罪的法律界限，这样才能使意识形态部门与学术工作者都能按照法律办事。权力制约是民主政体的一个共同特征。不受监督与制约的权力是产生腐败现象的重要根源，而防止权力腐败的治本措施是用权力对权力进行监督和制约。就我国目前高等教育的权力运行现状看，政府权力过大，应严格控制政府的审批权。审批制度是行政化管理的最重要形式之一，其往往建立在对实体单位具体行为的干预基础上。因此，限制政府权力，重要的是限制政府的审批权。另外，"有法不依、有禁不止、上有政策、下有对策"的现象时有发生，如"乱收费"(不应由学生负担的费用转嫁给学生)。要扭转上述局面，急需尽快建立健全对高校和政府权力及其行使具有约束力和强制力的法律，并做到有法必依、执法必严。

第三，改进政府对大学管理的权力运作方式，实行政务公开。在我国政治集权制的模式下和社会主义市场经济的环境下，充分体现着权力运作的民主与集中的统一，微观的竞争与宏观的控制的统一，是社会主义民主政体的核心特征。因此，政府对大学的管理，在限定管理内容与权力范围的同时，还必须改进权力运作方式，将法律运作与政策运作有机地相结合，制定政务公开政策，增加政治透明度和推行群众广泛参与的政策，实行立法完备、民主健全、廉洁高效的权力运作。将政治运作和经济运作有机地统一起来，这就要求政府改变单一的政府行政计划主导的教育运行机制和通常采用的指令式与审批式的管理方式，应充分发挥市场在教育资源配置、教育政策的实施及人才市场等方面的有效调节作用。同时将监督与评估相结合。只有立法，而不监督，立法就会流于形式，不能起到应有的作用。《高等教育法》既规定了政府与大学各自应有的权利，同时也要对双方应履行的义务进行监督。政府是法律的维护者与执行者，是社会监督的主要部门，理应对大学的办学标准与质量进行监督，同时政府还应成为大学办学方向和办学水平的权威评估机构，组织专家和社会力量对大学进行制度化的监督与评估。

二、大学外部关系和谐机制建构需要发挥市场的调节作用

随着我国社会主义市场经济体制的建立和不断完善，市场的功能及调节机制必然对政府管理大学的方式及大学与政府、社会各方面的关系自然发生作用。"市

① 冷余生．大学精神的困惑［J］．高等教育研究，2004(1)．

场的调节作用，首先可以理解为政府管理权力的部分让渡和补充。市场既可以通过自身优势与特点，把由政府行使的权力由市场更好地完成，同时，它还可以实现政府管理所不能达到的领域，从而进一步补充和完善整个社会对高等教育的管理。其次，市场调节还可以理解为高等学校部分行为的社会化转移。高等学校在面向社会办学过程中的许多行为，可以通过市场调节进行。"[①]正是从这个意义出发，我们认为市场调节不仅应成为现代大学管理中的一个重要内容，也应是构建大学外部关系和谐机制的重要一环。

由经济学理论可知，市场调节作用主要体现在以下几个方面：

（1）法人治理与平等交易。法人治理是市场经济规则之一。在市场经济中，大学如同企业一样获得法人资格，拥有独立的经营办学自主权。在学科建设、教学、招生、人事、财务等方面，根据市场的需求，根据社会经济的发展独立决定与管理，并承担经济责任和民事责任。同时，大学作为一个平等的主体，面对政府、社会各种组织（如企业、研究院所）、其他大学及家庭，按照市场规则，进行平等交易。规范的市场行为是一种平等的交易行为，也就是说高等教育市场必须保证各个主体在进入市场后享有平等的权利与义务。同时各类交易活动必须坚持等价交换的原则，否则这种交易就可能是一种不公正、不公平的掠夺性交易。政府向大学提供财政拨款，提供各种优惠政策，大学则根据政府的要求为社会提供需要的合格人才，通过知识活动为社会服务；大学向企业提供人才与科学成果，企业则向大学进行投资；大学为家庭培养人才，而家庭向学校缴纳学费。这些资源的交换过程以及大学与大学之间教育资源的交换使用、人才与信息交流等，都应遵循市场规则，平等交易，并通过市场机制加以调节。

（2）供需平衡。这是市场机制的另一条规则。西方经济学认为，供给、需求和价格的变化是相互依存的。当一种商品供不应求时，市场价格上升，企业因此而获得超额利润，使这个商品所属的产业获得发展，产品大量增加，供需趋于或达到平衡，发展进入正常阶段；假如这一产业的产品继续增加，便会产生供过于求的情况，价格不断下降，一些商品质量差、效益差的企业就会亏损，甚至倒闭，退出这一产业。这种市场供求的变化与均衡，是由"看不见的手"，即市场机制的自发调节作用所控制的。所有的企业和个人都是为了争取自身利益而进行经济活动的，价格的升降，供给和需求的变化，直接影响着他们的利益，因此人们必然随时随地根据市场的变化来调节自己的生产、销售或购买。一切追求自身利益的人，都好像被这只"看不见的手"引导着去进行经济活动，他们主观上追求的是自身经济利益，但在客

① 张俊宗．现代大学制度［M］．北京：中国社会科学出版社，2004：281.

观上却使劣质企业被淘汰，优者愈优愈强，从而推动了整个产业健康快速发展，促进了国民财富的增加。上述市场均衡调节机制，对大学营造和谐外部关系的影响与启示是多方面的：

第一，当高等教育进入市场，引入市场机制后，大学与政府、社会组织、家庭以及其他大学之间所发生的资源交换与信息交流必然受到市场机制的支配与影响，各个主体必然从自身最大利益出发，考虑供需，这就要求彼此都遵从市场规律，进行公正、公平的交易。

第二，要及时调整高校人才培养的数量、质量与规模，适应市场供需均衡。大学如何适应市场对高校人才资源、知识资源的需求变化，将极大地影响大学自身的发展。20 世纪 90 年代，我国国民经济取得高速发展，急需大学输送人才，而当时高等教育规模偏小，满足不了国家及国民对教育的需求，从市场的角度看，是由于高等教育供需不平衡（供小于求）造成的。政府和高等学校为解决这一矛盾，投入资金，挖掘大学内部潜力，扩大招生规模，满足了经济发展对人才的需求，推动了高等教育发展。经过这几年大学大规模扩招，人才市场出现了某些专业人才过剩，这就是供大于求的情况。加上大规模扩招后引发校内师资、设备的不足，导致人才培养质量下降，与社会发展对人才质量的高标准要求形成了不平衡。这就要求政府、大学都要根据国家与社会发展的需要，根据人才市场对人才的需求变动，及时地调整办学规模、专业设置、各专业招生人数的恰当比例，同时教学计划、教学内容等也都要相应地及时调整，以求得高等教育资源的数量、质量以及规模达到市场供需的均衡。

第三，大学进入市场要从大学自身发展与社会进步的需要出发，加强大学的选择、批判功能。从哲学上看，市场的供需关系相互依存又相互矛盾，这就启示人们，在进行各种资源的交换过程中，应辩证地区分需求，以满足自身发展的需要，正如耗散结构理论所阐明的，系统要从无序走向有序需要引入的是负熵，抵制的是正熵。世界市场体系的形成，绝不仅仅是商业和货物的国际流通，借助这些物质的载体，所依附的还有标志、声音、图像和软件。简言之，国与国的交流与交往，既有客观物体，也有观念、思想与文化。对于中国大学与国外大学的交往与交流，则更多的是教育思想、管理方法、理念等文化思维领域的交流，以及人才的交流，其中必然渗透着价值观念的交流。外来的文化、教育思想、管理方法与理念中有优秀的、先进的，也有糟粕的、落后的。因此，我国大学在融入市场体系环境中时，需要更加突出其文化批判、选择功能，以本民族文化为根，以党的教育方针和《高等教育法》为指导，以促进大学和谐发展与社会和谐发展为目标，选择吸收外来文化和传统文化中好的东西，批判不好的东西，取其精华，剔除其糟粕，使符合时代要求的、进步的优秀文化、管理思想、教育资源为我所用，推动我国高等教育事业健康地发展。

(3) 竞争与效益、效率。市场机制又一重要特征是竞争机制。以最小的投入获得最大的产出和利润是企业竞争的最大目标，也是市场经济的基本原则。这就是说，企业通过竞争对效率和效益的强烈追求，才使企业有活力、创造力和不断发展。正如耗散结构理论所阐述的，系统内各要素之间的竞争是系统演进、发展的一种内在动力。近年来，随着我国市场经济体制的建立与完善，我国许多大学深化校内管理体制改革，构造了多种非平衡的竞争机制，如全员聘任合同制、按劳与按效益相结合的内部工资制等，打破了吃"大锅饭"的平均主义，调动了广大教师的积极性、主动性与创造性，使学校进入到充满生机活力的有序运行状态。从国家的高等教育系统看，大学与大学之间是子系统之间的关系，必须引入竞争机制。国家近几年所实施的"211"工程、"985"工程，对各类大学进行全方位评估入围，且滚动式的合格者进入、不合格者退出，这实际上是营造大学之间的竞争，鼓励与调动大学的积极性与创造力，优胜劣汰。伴随这两个工程的实施，我国一大批大学在学科建设、师资队伍建设、人才培养等方面取得了突出成效，其规模与结构都发生了很大的变化，其中如北京大学、清华大学、复旦大学、上海交通大学等高校已向世界一流大学迈出了坚实的步伐。显然，我们提倡大学与大学之间的竞争，是社会主义市场经济下的规范竞争，是不断发挥自己优势与创造力，向更高的水平与目标前进。同时，为了实现国家高等教育发展的总体目标，大学与大学之间又要和谐合作，通过共享教育信息、优质教育资源和科学技术资源，人才交流，学术交流，并通过协商，以契约方式组成"战略联盟"，共同承接国家大型科研课题，这样大学之间既能取长补短，又能激发各自潜能，双方的竞争力和办学效率、效益都得到提升，实现可喜的"双赢"。

三、大学外部关系和谐机制建构呼唤文明的道德规范

市场经济的调节作用是相对于计划经济优越的一面，但应充分注意到，市场经济既是法制经济，而且也是道德经济，这是社会主义市场经济调节作用应遵循的准则。法律与道德都为社会、为人们的行为提供规范、准则，这是两者的相同之处；不同之处在于，法律诉诸外在的强制，道德则透过价值的努力形成人们内心的信念，为人们的行为提供规范、准则。它们共同为市场经济的健康发展、良性运行起着保障与支撑作用。道德的基本问题是如何处理个人（或单位）利益与他人（或其他单位）利益、个人利益（或单位利益）与社会利益的关系问题，说到底是"义"与"利"的关系问题，道德就是如何达到"义利合一"。这对个体与组织而言，体现与表征着其

人格与品质的高低，也是其社会责任心大小的尺度。道德问题不仅具有培养管理者和被管理者的道德品质的功能，为管理者提供价值理念指导和行为规范导向的作用，而且与学校、企业（或各种社会组织）的形象、信誉密切相关。因此，道德本身也是管理理念的重要组成部分，与管理效益之间存在着必然的联系，具有直接的管理功能。“对个体行为和经济社会发展来说，伦理道德就不是一种消极的约束力量，而是为个体与社会的发展提供人文力与文化力，它是培养与激发人的内在文化力量，也是人的文化力量的体现。”[①]从这层意义上看，伦理道德是与管理道德紧密相联系的概念，它可以为经济社会发展提供强大动力，也为个体发展提供巨大的人文力。这种文化价值是创造财富的源泉，也是企业竞争力、大学竞争力、国家竞争力的源泉。管理道德，包括管理者的道德与管理实体的道德，能否发挥道德文化价值这种推动力，显然与管理者个人素质及学校、企业文化品质密切相关，而在深层次上与社会经济、文化背景相联系。这个背景就是：经济转轨，社会转型，文化冲突。它不仅是经济体制和运行机制的转换，而且是社会结构与经济理念、价值观念的巨大变革。变革时期的重要特征之一就是社会失序、行为失范、价值失衡。如在高等教育领域，突出的表现是学术造假，学术腐败；在企业界的主要表现是假冒伪劣产品泛滥，走私行贿；政府机关主要的表现是以权谋私，贪污受贿。从道德的层面看，产生这些现象的根源主要是不能正确处理义利关系，是“见利忘义”与“得利失义”，以至弄虚作假、诚信丧失。这种情况必然对社会管理产生巨大的影响。因此，管理道德与社会责任不仅成为管理理论的重大课题，也是大学构建和谐的外部关系迫切呼唤解决的课题。其关键是在大学与政府、企业、家庭等之间进行的资源交换中彼此共同遵守一套文明的道德规范，其核心是体现“义利统一”的道德精髓。在追求这种统一的过程中，个体体现出崇高的人生智慧，组织与社会体现出深邃的人文智慧。为此，大学在与外部各个方面的交往中，彼此主要应遵守以下道德准则：① 在所有的交往中要守法，遵守国家颁布的有关法律；② 严格履行各自的权利、职责与义务；③ 所有的交往中要诚实和守信；④ 所有的交往活动应体现公正与公平；⑤ 所有的物质资源交换与人员、信息的交流应充分体现协作和富有建设性；⑥ 所有的交往活动及其相应的工作都应体现为高等教育繁荣和社会进步服务。

---

① 周三多，等．管理学：原理与方法［M］．上海：复旦大学出版社，2002：16，157，163．

四、大学外部关系和谐机制建构需要多种相关制度保障

和谐的大学外部关系是一个多方面既竞争又协作的“共赢”的交易关系，也是一个有秩序的公正、公平的利益和权力的配置与分配的关系。为了推动这一和谐外部关系的正常运行，除了立法、依法与执法的保证，市场的调节，道德规范的引导外，制度建设的保障也是其中一项不可缺少的内容。针对我国高等教育的实际，主要应建立与健全以下几个方面的制度：

1. 建立与健全高等教育的监察与审计制度

这是对大学与政府权力（政治权力、经济权力）有效监督与制约的手段。监察与审计是防止权力腐败、经济犯罪一项通用的措施。结合我国高等教育实际，为了真正发挥这一手段与措施的作用，我们认为，第一，监察（包括纪律监察、权力监督等）与审计必须是制度化的，但又不能是程序化的，可以进行不定期的、经常的、又是随机的监察与审计，这主要是为了防止与杜绝“上有政策，下有对策”的情况；第二，监察与审计组织应是独立的，其监察与审计的权力应不受同级管理层的制约，否则容易形成监察与审计的虚假，甚至共同“舞弊”、“包庇”和“失控”；第三，监察与审计应面向社会，保持必要的透明度，接受社会公众和新闻舆论的监督。

2. 建立健全高等教育的评估、评价制度

这是一项与监察、审计相配套的制度。目前我国高等教育的评估、评价工作主要有两种形式：一是由教育部负责组织有关专家对高等学校本科教学进行评估和教育部学位研究生教育评估所对高等学校一级学科进行评估；二是社会组织对大学排名评价，如由中国管理科学研究院科学研究所完成的《2004 中国大学评价》对中国所有普通本科大学进行的综合实力排名与各类学科排名。这两类评估与评价，对促进大学的竞争，推动大学办学水平的提高起到了一定的作用。但是，其中仍存在着不容忽视的问题，主要有：① 偏重数量指标的评价体系（如以发表论文数为重要指标），忽视质量指标，这样就掩盖了很多真实的教学、科研内容，一些好的情况变得不真实，甚至畸变了。② 程序化的评估工作影响学校正常工作，并造成“造假”现象发生。为了应对评估，一些学校不惜集中投入资金、人力，引进设备，整顿校容，评估成了学校较长时期的中心工作，教学工作就被边缘化了。此外，还有少数大学组织教师对过去的考卷、实验报告、毕业设计与毕业论文重新评定，编造各种假数据、假评语等。为了克服以上不正常情况，完善对高等教育的评估、评价制度，我们认为，应着重做好以下几件事：① 组建独立的评估机构。这应是一个由高等教育领域专家组成，政府批准，具有法定权威的机构。该机构可依据《高等教

育法》对大学、政府管理大学的组织进行评估、评价，以改善管理道德和工作质量。② 制定科学的评价指标体系。它应能全面、系统地从量与质两方面反映大学的办学水平及政府对大学的管理水平。③ 评估与评价是制度化的，但又不是程序化的，而应是经常性地、又是随机地进行评估与评价，以反映出高等教育管理全过程的真实情况。④ 评估与评价应是面向社会的、透明的，应接受社会大众和舆论监督。

3. 完善多种类型的吸收民间资本的制度

从我国近年来一些大学筹措资金的实际以及其他国家在这方面的经验看，社会力量对高等教育的投入有以下三种形式：① 设备用途转移与附加制度。这种形式通常通过合作办学的形式实现，即高等学校根据学校特点与相应专业或其他社会单位联合，由合作单位提供设备、场所，通过合作单位在部分时间里改变设备用途，或附加科研与实习等用途形式，为高等学校人才培养或科学研究提供实习设备和科研设施。② 融资制度。在经济学上，融资通常是以借贷资金形式出现的。如大学向银行贷款，以利息形式回报。③ 完善高校收费制度。现在的问题是收费的规范化、合理化等方面还存在不足。在这一方面，关键是要针对不同类型的学校和专业制定多级别、弹性化的收费标准，并使之规范化。

除了上述三项制度外，为了从多方面吸收与管理好外来的资金，还应补充两项制度：① 建立吸引海内外捐款资金制度。这主要是指海外侨胞、港澳同胞及校友对高校的捐赠应制度化。② 校办产业和科学研究及人才培训等创收的资金管理制度。

总之，在计划经济体制转向市场经济体制的背景下，大学通过多渠道、多种形式筹措资金是大学与外部各种经济利益主体互动过程中所凸现出来的一种经济属性，对此既需要有新认识、新思路，也需要建设相应制度，这也是构建大学和谐外部关系所需要的一种保障条件。

4. 探索与创建适合我国国情的产、学、研合作的多元化模式

1992 年，国家经贸委、原国家教委和中国科学院联合组织实施了产学研工程。经过 10 多年的探索与实践，产学研工程可谓方兴未艾，并取得了成效：高校服务市场意识增强；越来越多的科技成果进入市场和企业；高校与企业的结合日益紧密；企业因开发高校成果而获益，高校也获得了更多资源配置，促进了学校发展。但由于我国社会主义市场经济体制还处于发育、健全和完善阶段，经济秩序与资源配置的市场化仍不规范，使得产学研工程效果与社会需求、社会发展步伐仍存在较大差距，表现为研学结合不够，产研结合不够，产学研无法有效整合等。

浙江省是全国产学研工程开展范围较广、自发性较强、势头较旺的地区，10 多年来，该工程有力地推动了浙江省经济和社会的发展及高校的发展，但经调查发现仍面临许多问题：① 产学研结合的市场推动力（激励机制）太小；② 信息不对称；③ 合作各方目标明显不一致；④ 利益分配不尽完善；⑤ 各合作主体间欠缺信用；⑥ 成果转化的“二次创新”不够；⑦ 产学研相结合的领导管理体系条块分割。

我们认为，产学研工程开展所存在的问题是我国的科研体制改革中必然出现的问题，与我国经济、政治体制的改革密切相关。随着我国市场经济体制的不断完善，以及国家创新体系建设的发展，我国的科研体制改革已经取得了较大成效，但当前的科研体制改革主要是解决企业、科研院所和高校等微观层次的问题，还没有充分解决国家层次系统整合的问题。产学研工程是一个涉及大学、政府、企业、研究院（所）等各方利益关系的复杂系统，其运作模式应是一个社会化组织体系。它的运作水平与成效取决于各主体之间及主体与外在环境之间自我调适、双向互动的程度，这是一个建立、健全产学研相结合组织模式（或网络）的过程，也是适应市场经济规律，服务于地方经济发展和国家创新工程的过程。如何借鉴发达国家成功经验，探索与创建适合国情的产学研组织模式，将各方融入到一个有秩序、有目的、机制有效、制度化的、分工明确的和谐创新系统中去，组成一个有机整体，形成高效的社会化组织体系，不仅对构建和谐的大学外部关系，促进大学更好地服务于社会有重要意义，而且对提高我国的整体科研实力，推动社会经济发展具有重要意义。美国学者亨利·埃茨科维兹从麻省理工学院和波士顿地区、斯坦福大学和硅谷两个案例出发而得出的“三螺旋”理论，可能会给我国产学研模式的建构带来启示和思考。

埃茨科维兹认为，现代大学的地位与作用已经发生了根本的变化，两次大学革命使大学分别增加了研究与社会服务两大重要使命，大学已由社会次要地位上升为社会主要机构，或为产业、政府同样重要的社会机构，由此引发了大学—产业—政府三螺旋合作创新模式的研究。这实质上是一个政府依托大学—产业互动实现区域自主创新的当代主体，在三者的关系上，他主张大学应当与产业建立良好的伙伴关系，而政府应当支持这种关系的形成，但大学及其他两个机构的范围之间不是由于相互作用而没有了界限，而是要保持相对独立性，不论是公立的大学还是私立的大学。大学不是产业，而是具有产业的某些功能，在与产业互动的同时，仍要保持自己的独立身分和特征。大学、产业、政府之间相互作用，在各种各样的结合中，每个机构范围保持传统作用和独特身分同时，又起着其他机构范围作用的三螺旋合作创新模式，是组织创新的兴奋剂[①]。从某种意义上说，美国高等教育办学的相

① 周春彦．大学—产业—政府三螺旋创新模式［J］．自然辩证法研究，2006(4)．

对自主性是三螺旋模式能在美国取得成功的关键因素，另一个重要因素就是政府不能干预或直接参与产业的发展，三者之间具有天然的相对独立性。

"三螺旋"一书的译者周春彦指出，三螺旋理论与国家创新系统理论有重要的不同：国家创新系统强调以产业为创新主体，而在三螺旋理论中不强调谁是创新主体，大学、产业、政府三方都可以是创新的组织者、主体或参与者。无论以哪一方为主，最终都是要形成动态三螺旋，推动各种创新活动的深入开展。在这个过程中，三方各起独特的作用，但和谐地相互作用、协作创新，形成共同发展的势头，导致区域经济与社会发展的繁荣景象。自创新理论在西方出现以来，西方更多的学者都是从经济学角度来研究创新，而三螺旋作者却更多地从社会学的视角来研究创新活动组织实现问题。他把大学、产业、政府三方看作社会活动角色，它们不仅是创新的要素，而且是活动主体。社会机构范围的作用有强有弱。在一些政府作用很强的国家或区域，创新偏于"国家干预主义模式"，而另外一些政府作用较弱的国家或区域则形成"自由放任主义模式"。这两种模式都有弊病，最终必将为一个和谐发展的三螺旋创新模式所取代。当然，这只是就创新活动的实现而言，能否推演到社会制度变迁的趋势，还有待深入研究与讨论。

实践与理论说明，麻省理工学院和斯坦福创业型大学模式是成功的，波士顿地区的无线电、计算机产业和硅谷地区的软件业是成功的，对我国产学研工程的实施无疑具有启示与借鉴意义。但是，大学的办学模式不是唯一的，应是多元的。我们应在学习国内外先进经验基础上，紧密结合国情、校情和区域情况，总结我国自己已创办的产学研工程的多种模式，如双向联合模式(包括校企联合、校研联合、校校联合)，多向联合模式("产业—大学—研究所"联合、"大学—产业—政府"联合)。不论何种模式，做好以下几个方面工作是十分重要的：① 制定、完善各种政策、法规，营造良好的法制环境，充分利用政策工具，指导、引导产学研之间在社会主义市场经济条件下进行知识、资本的横向流动与合理配置。② 构建与完善产学研结合过程中的道德管理体系，其中主要是资源、信息共享的信用体系与责权利分配原则。③ 明确产学研结合中各方的主体地位。这一点三螺旋理论所提供的经验可以借鉴，不强调谁是主体，参与的各方都可以是主体、组织者与参与者，各方各起独特的作用，和谐地相互作用，既竞争又协作，共同发展。④ 强化、完善科技中介机构的组织建设与功能建设。科技中介组织是产学研各方合作的媒介，是各方信息流、物质流、资金流、人员流动的载体，其主要功能是：广泛收集产学研合作各方的供需信息，为传播信息主动牵线搭桥；以中介人的身分协调各方分歧，并提供某种形式的担保；负责信息真实性调查与利益分割等；提供专业化服务，规范各方主体行为，实施必要的市场监督与调节功能，实现资源的优化配置。为此，不断完善中介机构的组织与功能建设,给予完备的政策支持,是我国产学研工程中迫切需要做的一项工作,以形成有效的社会中介制度,发挥政府不可替代的作用。

综上可见,构建大学外部关系和谐机制的五大要素是:立法,执法,道德伦理建设,市场调节及制度建设。这五大要素相互联系、共同作用、配套进行、协同操作,是一个有机整体,为我国大学外部关系和谐机制的建构提供了一种有效的思路与运行方式。

第八章　非线性视野中的大学竞争力与和谐力

当前各国综合国力的竞争集中体现在教育与人才的竞争。随着我国加入WTO以及经济全球化带动高等教育国际化浪潮的冲击，我国大学面临的国内外竞争日趋激烈，同时，社会主义市场经济的不断完善与和谐社会建设也对我国大学的改革和发展提出了相应的要求。为此，应如何打造与提升我国大学的核心竞争力与学术竞争力，如何认识竞争与和谐的关系，如何管理与协调好人力、物力、文化、知识和信息等资源要素，形成大学的竞争力与和谐力，并从战略高度培育大学核心能力，推动大学全面、协调、可持续发展，已成为当今我国高等教育研究中最为关注的热点课题之一。本章从非线性的视野审视，对与此相关的一些问题做一分析与探讨。

第一节　非线性和谐视野中的大学核心竞争力

一、非线性和谐与大学核心竞争力

当代科学技术发展的重要特征之一是非线性科学探索性与开创性的研究，开拓了人类思维规律和形式的空间，使人们终于认识到，非线性特性是事物存在和发展的基本特征，世界的本质是非线性的。这不仅表征着科学研究从线性领域向非线性领域的重大突破与发展，也表征着人们的自然观与世界观从线性观向非线性观的重大突破与发展。从系统科学的观点看，系统要素间的相互作用、相互渗透、相互影响、相互制约的非线性关系使得整体不再简单地等于局部之和，而可能出现不同于“线性叠加”的增益与亏损。这种系统效应表现为系统整体功能 TP 与局部功能之间的非线性关系可用如下概念性公式表达：

$$TP = \sum p_i + \triangle p \tag{1}$$

式中 p_i 表示第 i 个要素(或第 i 个子系统)的功能,$\triangle p$ 为系统要素之间非线性相互作用对系统功能产生的影响效果。当系统内部要素间通过相互作用、和谐合作,产生功能放大的相干效应或协同效应时,$\triangle p>0$;若系统的各组成部分之间力量相互抵消、不和谐合作(如相互摩擦、内耗),产生负效应,则$\triangle p<0$。$\triangle p$ 是正或负取决于系统各要素之间是否和谐合作。上述系统非线性原理的概念告诉我们,一个和谐整体的力量总是大于部分之和;相反,一个不和谐整体的力量必定小于部分之和。整体的力量取决于组成整体的各个部分之间非线性相互作用产生的和谐程度。在一个和谐的系统中,必然会显现出“1+1>2”的非线性和谐互动效应。

以上的分析从系统的非线性特性出发,推演出系统整体效应与和谐的关系,这就从一个侧面回答了非线性和谐概念。所谓非线性和谐,也就是从非线性的视野去认识与理解和谐。非线性相互作用是事物运动发展的终极原因,而和谐是事物的发展变化合乎逻辑或规律。因此,笔者认为,非线性和谐的含义可概括为以下几个主要方面:① 和谐不是简单的、均一的线性问题,而是一个多层次、多因素、多种能力相互匹配、相互协同、相互作用的复杂非线性关系,它不仅是静态的,还是动态的(过程的),不仅是局部的,还是全局的,总之是复杂的、非线性的。② 和谐不仅表征着系统(社会的、自然的)的人力、物力、知识、信息、组织、文化等要素的一种合理匹配、组合的状态,也是系统的一种性能,而且是一个多因素动态的协同过程。其中人的能动性、有限理性与复杂性决定了和谐的复杂性与非线性。③ 和谐是系统协同的基础与条件,强调和谐不意味着反对竞争。从推动系统的发展角度看,和谐、竞争、协同三者各司其职,共同作用,密不可分,缺一不可。系统的可持续发展是一个过程,是其宗旨和目的的实现过程,和谐、竞争、协同都是为了实现这一目的。和谐、竞争、协同三者“你中有我,我中有你”,相辅相成,共同推动系统的健康发展。

大学竞争力是指核心竞争力与要素竞争力,其中要素竞争力是整合多种资源而形成的单元(子系统)竞争力。大学具有竞争优势和持续发展的关键在于是否形成了核心竞争力。大学核心竞争力是大学在长期获取与整合内外资源的基础上,形成并融入大学内质中的支撑大学的竞争优势,是使大学在竞争中取得持续生存发展的能力体系。这是大学与竞争对手相区别的、难以模仿的一种独特的能力,表明大学的综合水平比同层次竞争对手高,成就更突出,是一种“级别”更高的能力,是一种“超常”的能力。

一般来说,大学通常必须具备 5 种要素竞争力:① 资本竞争力,② 学术竞争力,③ 组织竞争力,④ 文化竞争力,⑤ 外部关系竞争力。这五种要素竞争力组成了大学竞争力系统。依据系统的非线性特性,当系统内的要素竞争力相互匹配、相互作用，产生协同、相干效果时（式(1)中$\triangle p>0$的情况），系统的整体竞争力F将大于部分竞争力之和，则有以下概念表达式：

$$F > \sum F_i \tag{2}$$

式中F_i为第i种竞争力，$i=1,2,3,4,5$。

这里所说的大学整体竞争力是一个能力体系，它与组织（企业）的核心竞争力概念是一致的，即多种竞争力协同整合构成了核心竞争力。1998年，曼索尔·贾维丹(Mansour Javidan)提出了能力层次概念，他认为组织的能力共有四个层次："第一层（最下层）是资源，它们是对组织价值链进行投入的要素，是组织能力的基础构件。第二层是能力，它是指组织开发运用其资源的本领，包括整合组织资源的一系列组织流程与规范。第三层是竞争力，它是组织内跨职能整合和协调的能力。第四层是核心竞争力（最高层），它是整合不同的单元竞争力的结果，是跨单元所分享的技能及知识，来自单元竞争力的和谐合作。"①能力层级概念表明每一层是低层次要素和谐、整合的结果，竞争力来自各种能力的和谐、协同作用，核心竞争力来自各种要素竞争力的和谐、协同作用。这启示我们，大学核心竞争力的获得是整个系统资源及各项能力和竞争力协同与互补的结果，更是人与人之间和谐合作、各种资源之间相互匹配的结果，要想提高大学的竞争优势，应在关注竞争力的同时，更多地关注资源的配置和能力、竞争力的协同与组合，即系统各要素之间的和谐协作。

二、大学核心竞争力的构成要素

由上述分析可知，大学核心竞争力是由要素竞争力通过非线性相互作用产生相干协同效应的结果，是大学核心竞争力构成要素之间的和谐合作与有机整合。大学核心竞争力的要素，即五种要素竞争力可概括为：

1. 资本竞争力

它包含物力资本竞争力和人力资本竞争力。物力资本竞争力是对物力资源开发应用产生资本价值形成的竞争力。人力资本竞争力是对人力资源进行开发性投资带来财富增值而形成的竞争力。在大学中，资本竞争力体现为大学的各种固定资产、办学经费以及全体教职工操作的知识和技术所具有的资本价值。其中人力

① MANSOUR JAVIDAN. Core Competence: What Does it Mean in Practice? [J]. Long Range Planning, 1998, 31(1): 60-70.

资本竞争力特别体现为教授、副教授、学科带头人、名师等核心人员的研究能力和创造力，以及他们在教学、科研活动中，探究知识、创造知识、应用知识转化为学术价值、经济价值、社会价值的一种竞争力。资本竞争力是影响大学发展的一种主要力量。

2. 学术竞争力

它是大学在长期的教学、科研活动中不断吸取、整合、优化、开发各种资源，逐步培育形成的以学科文化为内核、以优势学科为主干、以学科梯队为基础、以学术效益为标志的一种能力。体现在大学学术人员创造出比同行水平更高的教学、科研成果，培养出高质量的人才，以及高效、高质量为社会服务的能力。学术竞争力有两个标准，一个是学术标准，即比同行的学术水平高；另一个是社会标准，即社会需要。学术竞争力是大学在竞争中获胜的关键。

3. 组织竞争力

它是大学组织结构、制度、政策和战略等组织资源通过管理整合产生资本价值而形成的竞争力。体现在通过优化配置最大限度地发挥人力、物力、财力、知识、信息等教育资源的作用，高效地为教学、科研服务；也体现在大学知道自己如何协调教学、科研、社会服务等活动，激励员工，为实现大学办学目标而形成的一种力量。

4. 文化竞争力

它是由大学精神、价值观念、办学理念、行为规范、大学声誉、历史传统、学风、教风、校园环境等资源长期整合形成的大学内在的、持久的竞争力。主要体现在：① 大学精神是大学文化的核心，它代代相传，一脉相承，不会因为人事和外界环境的变化而变化，浸透在大学的各种文化载体和行为载体中，感染、凝聚、塑造着一代代师生员工，吸引着优秀学子前来求学，吸引着大家名师前来任教，为社会做出贡献的同时，也获得了社会的认同。② 具有卓越的选择、吸收、批判不同文化的能力。

5. 外部关系竞争力

它是大学与政府、社会、市场平衡互动，适应与影响政治、经济、文化等外部环境的一种能力。体现在为社会服务，承担社会责任，赢得政府、社会各界信任与支持，获取外部各种资源，营造优良的外部环境，构建和谐的外部关系，以利于大学的持续发展。

上述五种大学要素竞争力相互渗透、相互影响、相互作用、相互协同整合形成了大学核心竞争力，它是大学在长期发展运行中整合多种资源、多种能力、多种竞争力的结果，也是人与人之间、人与物之间、人与社会环境之间和谐、协作的结果。应充分认识到，大学要素竞争力与核心竞争力的形成，离不开各种力量之间的和谐合作。为了获得竞争优势，应在关注培育竞争力的同时，关注资源的配置与整合，关注大学系统各种力量之间的协同与和谐。因此，要通过有效的管理，形成一种开放的、公平的，既有竞争、又有和谐合作的协同机制，整合五种要素竞争力为大学核心竞争力。

三、大学核心竞争力形成的非线性协同机制

从上面的分析可以看到，竞争与和谐都是推动大学演进、发展的力量，二者密不可分，互为依托。和谐状态的构建为竞争力的提升创造了必要的条件，而竞争力的提升又为和谐状态的建构提供了动力支撑。大学的和谐与竞争力都是大学发展有无活力的一种状态表征。大学和谐发展与竞争力的提升是一个多要素非线性相互作用、演进的过程，其演进机制主要是协同机制，即各要素竞争、合作的动态过程。协同学阐述了开放系统内各个子系统之间通过非线性相互作用产生协同效应，推动系统从无序向有序演进的机制和规律，认为这种演进是由少数几个随时间变化很慢、阻尼很小的慢变量（又称序参量）决定的，它支配和控制着随时间变化很快、阻尼很大的快变量。系统内各子系统及其参量之间经过竞争与合作，有的发展壮大，有的被削弱减小，最后形成一个或少数几个取得主导地位的序参量，控制整个系统，使各个子系统达成协同一致的宏观有序局面。协同学原理更深刻地表明大学核心竞争力的形成是上述五种要素竞争力通过非线性相互作用，既竞争又和谐合作产生协同效应的过程。这个过程是大学从低级有序（或无序）状态演变为高级有序（或有序）状态的过程；是和谐因素在增长，不和谐因素在下降，即和谐因素逐步取代不和谐因素的累积过程；是大学正效益增长，负效益下降的过程；也是大学发展壮大的过程。

在大学系统各种竞争力的协同过程中，同样存在着慢变量支配快变量的情况。大学中各子系统的竞争力产生于大学内外部人力、物力、财力、知识、信息等多种资源要素或与这些资源要素关系密切，通常这些资源也可被竞争对手获得，其演化与形成的速度较为迅速，可视为快变量。而大学在长期的历史进程中不断吸取、整合、开发、优化各类资源，逐步培育形成的以文化为内核、以学术为主干、以效益为标志，使大学获得长期竞争优势，与同层次大学的竞争对手相区别的核心竞争力则是在大学五种竞争力的非线性相互作用产生相干协同效应基础上形成的，与大学自身条件、特点有较大关系，难以为竞争对手从资源要素的利用中获得，且受到外部环境的作用较小，具有较大的稳定性，是大学系统协同演进过程中的慢变量（序参量），对大学系统的发展起主导作用。上述看法与企业核心竞争力的理论分析是

一致的。根据大学系统核心竞争力形成的非线性协同机制和大学五种要素竞争力的内容、作用和特点，大学核心竞争力的层次关系为：核心层是文化和谐，内层为大学的有形资源和无形资源的合理匹配与整合，中层是以学术能力为骨干的多种能力的整合，表层为竞争优势和效益，如图 8-1 所示。

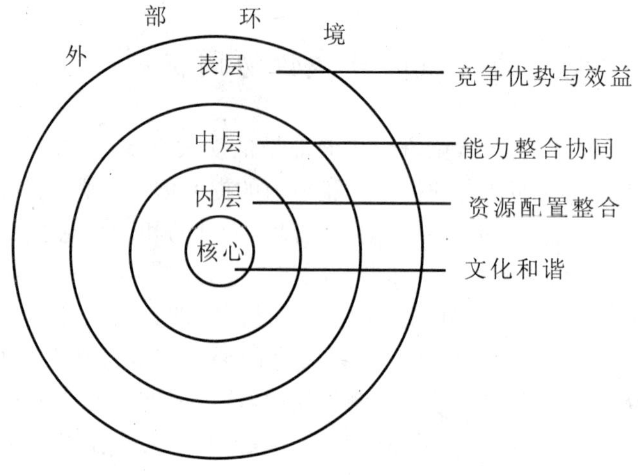

图 8-1　大学核心竞争力层次关系

第二节　从协同学看我国大学学术竞争力的打造与提升

大学是传承知识、探求知识、创造知识和应用知识的学术机构，大学的教育是以学术研究为途径的一种教育。大学的声誉与水平有赖于学术水平，大学的生机与活力取决于学术竞争力，它是大学核心竞争力的关键。因此，怎样不断打造与提升我国大学的学术竞争力，对我国大学的发展与创新有着非凡的意义。为此，本节运用协同学的观点，对这一问题进行探讨。

一、协同学的理论要点

为了引证理论支持的需要，这里再就协同学理论要点做一概括。该理论的主要概念有：① 开放系统与非平衡态。② 竞争与协同。③ 序参量与伺服。协同学从宏观整体性的角度揭示了复杂系统自组织演化的原因与规律，极大地激发着人们去探索自然界和社会中的各种复杂现象，并改变着人们观察世界的思维方法和对事物的研究方法。它所揭示的开放系统的进化可以大致总结为如图 8-2 所示的模式。

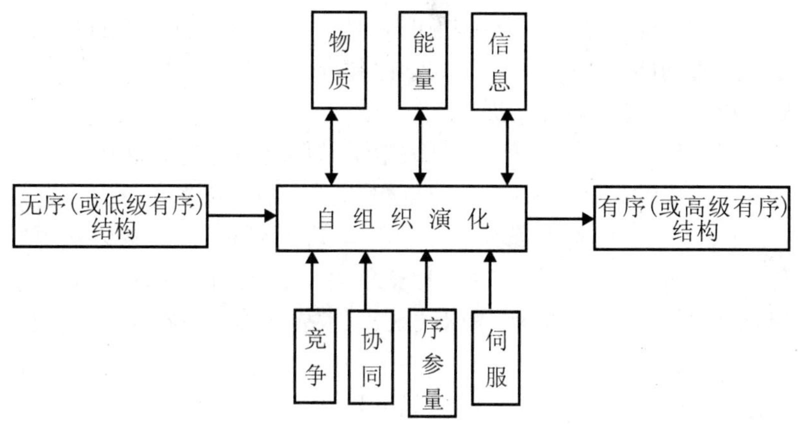

图 8-2　系统进化的协同模式

图 8-2 表示一个开放的系统从无序(或低级有序)向有序(或高级有序)的自组织协同演化过程，也表示一个开放的系统发展与创新的演进过程。首先必须与外界进行物质、信息与能量的交换，引入负熵(维持与提高系统有序性的物质、能量与信息)，营造系统远离无序的平衡态，使之处于非平衡态，在系统内各要素之间竞争与协同的非线性相互作用下，产生序参量，在序参量的控制与支配下，系统便朝有序的方向发展，演变为有序的宏观结构。只要上述条件存在，这种自组织的演化运动便一直循环下去。所谓序参量和伺服，这是协同学的两个核心概念。系统演化过程中各个子系统及其参量通过竞争与协同产生了一种控制与支配子系统的参量，称为序参量(慢变量)。它像一只无形的手，指挥与主宰着系统整体演化的过程。而子系统伺服着序参量，听从序参量指挥，并影响与制约着序参量，相互成为对方存在的条件。

二、开放与非平衡态是打造与提升大学学术竞争力的前提条件

大学是一个传承、探研、创造与应用知识的学术机构，学术是大学的本质所在。学术及学术活动的特点，本质地规定着大学的产生、发展、功能与行为。学术活动总是在一定的知识范畴中进行，即通过学科的划分来进行教学与科学研究。从这

个意义上说，大学学术系统包括学科专业、学术资源（软、硬件条件）、学术梯队、学术研究基地与平台、管理制度、学风、学术水平等要素，它是涉及人员、物质、资金、制度、文化及外部环境等综合集成的学术研究体系。这个学术研究体系的水平是由多种有形与无形资源构成的一个能力系统来表征。然而这种由大学的学术本质和职能形成的学术能力系统，并不能说明它是一个有竞争力优势的系统。因为竞争力是一种超常的能力，它应体现某大学比同行创造出更高的学术成果，并转化为社会需要的价值，实现价值不断提升。

基于上述认识，大学学术竞争力是大学学术系统具有竞争能力的一种表征，是由多个竞争力构成的超常能力体系，通常包括：① 学术资本竞争力。它是支撑学术活动，提升学术水平的物力资本与人力资本，即对各种人力、物力资源进行开发与应用获得学术价值与社会价值的一种竞争力。② 学术组织竞争力。它是通过组织管理，整合学术活动的制度、学术政策、学术战略等组织资源，建立健全科学合理的专业学科结构与学术团队而形成的一种竞争力。③ 学术文化竞争力。它是由学术精神、价值观念、行为规范、学术地位和声誉、学风、校风、学术环境等无形资源整合而形成的一种内在的、持久的竞争力。④ 学术成果竞争力。它是学术人员与学术团队创造出的学术业绩和成果而形成的一种竞争力。⑤ 学术（系统）外部关系竞争力。它是大学学术组织与政府、企业、研究所（院）、市场等进行物质、人力与信息交流，互动与合作，取得外部资源支持而形成的一种竞争力。可见，大学学术竞争力包含的要素亦存在于大学核心竞争力要素之中，大学核心竞争力反映的是大学系统整体竞争水平的一种能力，是从大学全面和整体层面上看的，而大学学术竞争力是大学核心竞争力的子系统，是从学术活动层面看的。

按照协同学第一个概念的解释，大学学术系统要从无序（或低级有序）状态向有序（或高级有序）状态演进与发展，就必须不断地打破封闭、半封闭稳定的平衡状态，营造非平衡态，扩大对外开放，不断与外界进行物质、信息与能量的交换，引进负熵。这就是说，打造与提升大学学术竞争力的前提条件是系统的开放与构建内部的非平衡机制。这可从以下两个方面着手：

(1) 增强大学学术系统对外开放、引入负熵的能力。主要体现在：① 构建广泛的社会支持和参与体系，如产、学、研联合系统，共同承担国家与企业重大课题，积极投入国家知识创新体系的建设，实现产、学、研互促互进，为充分发挥大学知识创新优势，搭建广阔的平台。② 构建与政府、企业及社会各界互动的平台，充分获取政策、资金、人力、物力的支持，同时以学术成果的开发应用与输送高质量人才等方式服务于社会。③ 广泛开展与国际、国内的交流，把“引进来”与“走出去”结合起来，一方面以宽容的姿态选择、吸收与融合外来先进的学术文化与学术资源，如优秀人才，先进的学术成果、学术理念和管理方法等，抵制与批判落后的学术文化，以先进的学术文化陶冶广大学术人员，培养他们探求真理的科学精神；另一方面，制定政策与措施鼓励学术人员到国外学习、进修、访问，积极主动参与国际、国内学术活动，开展有效的合作与规范的竞争，全面提高大学学术系统的开放水平与吸收负熵的能力。

(2) 构建大学学术系统内部的非平衡机制。主要体现在：克服与打破学科内及各学科之间各自为政，资源、信息交流不畅通的局面，积极创建流动型、协作型、学习型的跨学科学术组织。通过灵活而严谨的组织体系将大学学术系统中各类学科有机地衔接起来，也将不同层次的学术人员有机地结合起来，形成一种综合集成的跨学科学术组织与学术创新团队。通过跨学科的交流与反馈，自发地驱动各类学科在生长、延伸与发展中的非平衡过程，使学术系统远离稳定的平衡态，处于一种有活力的态势。因此，必须有一系列的支持性政策与措施来保障，主要涉及：① 建立健全学术权力与行政权力各司其职、相互配合的管理体制与机制。② 加强关于学科建设和促进学术发展的政策研究、决策分析，制定出鼓励学术发展的政策与措施。③ 创建“尊重知识、尊重人才”以人为本的大学学术组织文化。也就是说，要在学术系统内彻底打破计划经济体制惯性遗留下来的利益分配的平均主义，一切活动依赖与服从统一安排，责、权、利不明确，干多干少、干好干坏一个样的无生机活力的保守状态，建立“非平衡是有序之源”的理念。从政策、资金、设备等方面构建“人才高地”，搭建学术创新平台，不断地培育学科带头人与学术梯队的成长，为学术系统内各要素之间的竞争与合作，提供思维的支撑与制度的保障，从而营造与构建大学学术系统内部的非平衡运行机制。

三、竞争与协同是打造与提升大学学术竞争力的内在动力

如上所述，一方面，大学学术系统通过开放，与外界不断进行物质、能量、信息交流，引进负熵；另一方面，打破大学学术系统内部的稳定平衡态，营造非平衡态，为大学学术系统内部各要素之间开展竞争与协同创造了必要的条件。但是，如何打造与提升大学学术竞争力，还取决于系统内各要素之间是什么样的作用机制。协同学第二个基本概念揭示了促使系统演进，实现结构、形态和属性的创新与发展，离不开系统内各子系统（或要素）之间既竞争又协同的非线性相互作用。非线性相互作用是系统演化、发展的内在动力，也是事物运动发展的终极原因。竞争主要表现为单个要素的自身行为，是系统要素之间的竞争，通常表现为多方向；而协同则是所有要素为着某个基本确定的共同目标，相互协调、合作的联合作用与集体

行为，方向是明确的。鉴于此，在我国大学的管理中应运用“激励相容”、“目标管理”等方法与措施，形成既竞争又协同的非线性运行机制，为打造与提升学术竞争力提供动力，指明方向。

所谓“激励相容”(Incentive Compatibility)，即“每个组织成员自利行为结果与既定的组织目标相一致，最好或最根本的方法是，遵循利益相关原则，改革约束人们行为的制度规则，既包括正式的制度，也包括非正式的制度，如习惯、意识等”①。近年来，我国许多大学打破了计划经济体制下校内的各种制度约束，深化校内管理体制改革，营造了多种非线性“激励相容”的机制，如以结构工资制为核心的激励机制，以岗位责任制为核心的责任机制，以全员聘任合同制为核心的竞争机制等。这种责、权、利明确统一的利益关系原则，其目的是倡导一种公平的、规范的竞争。这种竞争机制的构建大大调动了学术人员的积极性与创造性，使学校进入到一种积极向上、充满生机活力的有序运行状态，学术水平与学术竞争力得到较大提升。

所谓“目标管理”(Management by Objectives)是彼得·德鲁克(Peter Drucker)于1954年首先提出的一种管理方法，后来得到广泛的应用。“目标管理是一个全面的管理系统，它用系统的方法，使许多关键管理活动结合起来，有意识地瞄准组织目标和个人目标并有效地和高效率地实现它们。”②它鼓励创新，防止工作中出现相矛盾的目标或根本没有目标，是帮助管理人员在组织需要和资源有限的范围内完成工作的有效途径之一。在目标管理中，上级和下级共同制定目标，下级人员通过设置目标来承担自己的义务，通过协调来完成组织目标，这实际上是一种允诺管理。它与战略管理、战略决策也是相通的。战略决策广义地说，就是认识、分析和解决有关系统指导思想和全局的重大问题，通常包括系统长期目的、目标和发展方针的确定，行动过程的选择以及实现目标所需要的重要资源的分配等。狭义的说，战略决策就是对系统发展目标、过程以及与之有关的重大方案的选择。近年来，我国高等教育相继实施了“211工程”与“985工程”，为我国一批大学如何建成高水平的研究型大学及若干所世界一流大学，规划了发展的远景与战略目标。经过这几年对“211工程”、“985工程”等项目的建设，运用目标管理，我国一批大学的整体办学实力、教育质量与学术水平有了很大提高，正在向高水平研究型大学目标迈进。特别是首批入围“985工程”的北京大学、清华大学、复旦大学、上海交通大学、南京大学、浙江大学、西安交通大学、中国科学技术大学和哈尔滨工业大学等九所高校，在专业学科建设、学术梯队建设、教学与科研等方面实现了综合创新，学术

① 李宝元．战略性激励:现代企业人力资源管理精要［M］．北京:经济科学出版社，2002:34.

② 哈罗德·孔茨，海因茨·韦里奇．管理学［M］．10版．北京:经济科学出版社，1998:95.

水平有了明显提高，成为国家知识创新体系中的核心。

然而，应充分认识到大学学术竞争力的打造与提升是一个长期的历史积淀过程，是大学学术组织对知识管理的过程，也是知识创新的过程，即学术团队集体的知识创新与学术人员个体的知识创新过程，这是一个复杂的竞争与协同的过程。其中学术人员的主动性、积极性、责任心是知识创新过程的关键，这就要求在学术管理中坚决克服把学术人员当作行政管理的算盘珠，拨一拨、动一动的线性管理机制，大力倡导与营造激励、约束、协调统一的人性化非线性运行机制，将个人的追求与组织的目标统一起来，将个体之间的竞争与人与人之间的协作统一起来。通过政策与制度设计，实施“激励相容”，以推动大学学术竞争力的提升。

同时应充分认识到，大学学术竞争力的打造与提升过程也是科学研究的进展与学术成果不断获取的过程，是学科专业与跨学科研究体系的建设过程，能否达到预期的研究成果和建设成果与科学的战略决策、目标选择及目标管理关系极大。正如近代实验科学的始祖弗兰西斯·培根所说，跛足而不迷路者能赶过虽健步如飞但误入歧途的人。这句名言，是对科学工作者的忠告。在科学研究中，需要看准前进的方向，正确地制定出研究集体或研究者个人在较长时间内进行学术研究的主攻方向与战略目标。不同的大学、不同的学科需要遵循学科的发展趋势，把握学科发展的方向，瞄准科技发展主流与前沿，结合国家与社会经济建设的需要，并依据自身的条件、所处的层次水平，明确与处理好重点学科与一般学科、主干学科与支撑学科、基础学科与应用学科、特色学科与普通学科之间的关系，遵照“211 工程”与“985 工程”的精神，制定出有特色的近期、中期与长远的学科发展规划与管理目标，主要内容通常可涵盖：学科专业的分布与建设，优势学科群的建设，学科带头人与学术梯队的培养与建设，学科基地的建设，科研课题的申报、选择与立项以及科研成果的评价、推广与应用等。这既有利于把握当代学科融合的发展趋势与瞄准学科前沿，又从管理措施上促进与保障了优势学科的持续发展。

综上分析可见，遵照协同学所指出的系统各要素之间竞争与协同的非线性相互作用是系统进化的内在动力，实施“激励相容”与“目标管理”，可引导学术系统与学术人员明确自己的目标及应承担的义务与责任；学术系统的各个子系统与学术人员为了实现系统的预期目标，便协同一致地工作，并在实现目标做贡献方面“各尽所能”，比贡献，争上游，展开规范的竞争与有效的合作。这种既竞争又协同的非线性机制所形成的内在动力，将推动着大学学术的繁荣与进步，促进大学学术竞争力的打造与提升。

四、序参量的形成与支配作用是打造与提升大学学术竞争力的关键

协同学的第三个概念揭示了系统从无序(或低级有序)状态向有序(或高级有序)状态演进,是由阻尼很小、随时间变化很慢的慢变量,即序参量决定的,它支配和控制着随时间变化很快、阻尼很大的快变量,控制子系统达成一致,子系统伺服着序参量,它们相互依存、相互作用,使整个系统走向宏观有序状态。在打造与提升大学学术竞争力的过程中,同样存在着慢变量支配快变量的情况。因此,认识、培育与形成这些序参量是打造与提升学术竞争力的"重中之重"。上述的大学多种学术竞争力产生于大学内部与外部的人力、物力、财力、知识、信息等多种资源要素,竞争优势与这些资源要素密切相关,而通常这些资源均可被竞争对手获得,其演化与形成的速度通常较为迅速,可视为快变量。而大学学术系统在长期的历史进程中不断吸取、整合、开发、优化各种资源,逐步培育成的以学术文化竞争力为内核,以优势学科为主干,以科学合理的学术梯队与设备配套的学科基地为基础,以学术的进步与创新为目的,以学术效益为标志,使大学获得长期竞争优势,比同层次大学竞争对手高明的优势学科群,即学术核心竞争力,可视为序参量。它不是大学多种学术竞争力之间简单的线性叠加,而是多种学术竞争力之间非线性相互作用产生相干协同效应基础上形成的能力体系,表明在大学学术系统的自组织过程中涌现出了新的和谐结构,即多种学科竞争力的综合集成与整体涌现。它与大学的自身历史、条件、特点有较大关系,难以为竞争对手从资源要素的利用中获得,受外部环境的作用较小,具有较大的稳定性,是打造与提升大学学术竞争力的关键,在大学学术系统演进、发展与创新过程中起主导与支配作用。鉴于此,我们认为,这种对学术繁荣与进步最具影响和导向作用的序参量,即大学的优势学科群,它不仅标志着大学学科水平与特色,更是学术竞争力的核心与关键。这种大学学术核心竞争力或优势学科群的形成一般需经历以下过程:

① 获取、利用各类学术资源。主要指引进国内外人才、资金、设备、知识与信息,同时充分挖掘、利用校内的人力、物力、制度、文化等各种有形资源与无形资源,包括历史积淀的资源和现存的资源。这是打造与提升学术核心竞争力的基础。这一步的关键是构建有效的内外交流的开放通道,吸收与引进负熵。

② 整合、开发、应用各类学术资源,使之成为有应用价值(学术价值)的学术资本。这是对资源进行开发应用,使之创造价值和功能的过程。这一步的关键是打破学术系统内保守稳定的平衡态,营造非平衡态。

③ 管理整合各种学术资本,形成各种学术竞争力。主要体现在运用有效的科

学管理,整合各种有形与无形的学术资本,使之成为有竞争优势的各种学术竞争力。这一步的关键是要营造一种既竞争又合作的非线性和谐机制。

④ 整合各种学术竞争力形成学术核心竞争力。主要是运用有效的管理机制,整合各种学科竞争力,培育与打造优势学科群。这是大学学术系统在开放的非平衡状态下,经过长期的竞争与合作,不断循环上升与演进形成序参量的过程。大学学术核心竞争力形成的过程如图 8-3 所示。

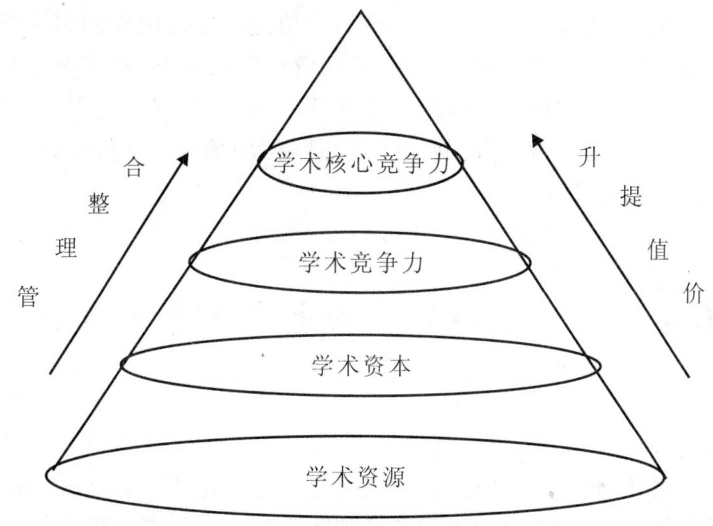

图 8-3　大学学术核心竞争力的形成

可见,大学学术核心竞争力形成的过程与协同学揭示的序参量的形成过程是一致的。正如上述协同学理论所指出的,系统在与外界的交流中引进负熵,内部营造非平衡态,系统要素在这个前提下经历反复的竞争与协同,最后形成序参量,从而"指挥"与引领系统走向新的有序状态。对照协同学的观点,不难想象大学学术核心竞争力的打造与提升过程,也就是序参量的形成过程,这是大学学术进步、繁荣的过程,也是优势学科群培育、建设与发展的过程,是打造大学学术核心竞争力走过的"人无我有"、"人有我优"、"人优我特",不断发展与创新的历史过程。国内外知名的一些一流大学的发展史可以佐证这一点。如牛津大学以人文及社会科学组成的学科群见长,剑桥大学在自然科学领域中称雄,哈佛大学以商学、政治学、法学、医学学科群见长,麻省理工学院以理工学科群见长等。他们均经历了漫长的历史演进,形成了世界一流的学术水平。我国首批入围"985"工程的北京大学、清华大学、复旦大学等 9 所大学,现也正以各自的特色优势学科群向世界一流的研究型大学迈进。如北京大学形成了化学学科群、电子信息学科群,复旦大学形成了基础数学和应用数学、物理化学、历史、地理学为代表的重点学科群,西安交通大学形成了先进制造技术与管理工程为标志的国内领先的学科群等。这些优势学科群的建立,既巩固了原有学科的优势,又带动了相关学科的发展。

综上分析可见,协同学理论为打造与提升我国大学学术竞争力,创建优势学科群,推动学科专业的建设与发展,提供了一把理论钥匙和一种有益的思维方式。该学说的理论和实践、我国大学改革与建设的成功经验以及国外知名大学的学科建设成就均充分表明:系统的开放与引进负熵、营造非平衡态、构建竞争与协同的和谐机制、形成序参量并发挥其对系统演进的支配作用,不仅是我国大学发展、创新的需要,也是我国尽快建设一批国际先进的研究型大学的需要,是时代进步、社会发展对我国大学的必然要求。

第三节　非线性视野中的大学竞争力与和谐力

本章第一节从系统的非线性特性出发,推演与分析了大学要素竞争力与核心竞争力的形成对和谐合作的依存关系,表明竞争力作为推动系统发展的一种动力,使之取得竞争优势,需要系统要素间的合理匹配与和谐合作。其实,竞争与和谐是一种同时存在的普遍现象,既同时存在于人类社会和自然界的生存、变迁和发展中,也同时存在于大学的生存与发展中。

一、竞争与和谐的关系

协同学内涵的要旨所表明的就是系统之间、系统各要素之间的相互作用或协同关系,使子系统之间形成时间、空间和功能上的有序结构。“一方面通过竞争一方面通过合作,间接地决定自己的命运。”①人类的发展需要竞争,大学的发展同样需要竞争。综观古今中外,教育的兴衰在很大程度上影响了国运的兴衰,而竞争的有无和强弱又决定着教育的活力和发展。如果说“教育兴则国运兴”已被几千年的历史事实所证明并被人们广为接受的话,那么兴教育则需竞争正以缓慢的、不经意

① H·哈肯. 协同学:自然构成的奥秘[M]. 戴鸣钟,译. 上海:上海科学普及出版社,1988:7,9.

的形式显现。教育发展是有其必然性的，兴教育则需竞争，教育离开了竞争，客观上就会失去活力，竞争是教育发展的活力之源。在计划管理体制下，不仅束缚了经济领域的竞争，也限制了教育领域的竞争。因为缺乏竞争，我国大学发展日趋缓慢，整体表现为缺乏活力，难以持久创新。改革开放以来，市场经济不断发展与完善，国家倡导各个领域开展适度竞争，高等教育市场逐步开放，大学开始认识到竞争的重要性并有意识地打造和提升竞争力，我国大学才有了长足的进步和发展。

和谐是系统内外关系的协调与要素之间的恰当匹配、相互协调、相互合作，也是系统内各种力量的有机整合与协同过程。和谐就是事物的发展变化合乎规律或逻辑，也就是人、社会、自然三者全面、协调、可持续发展。大学是以文化传承、创新与培养高级人才为宗旨，以学术研究为途径的文化教育机构，理应成为社会和谐的典范，成为人与人的和谐、人与社会的和谐、人与自然的和谐之楷模。大学的和谐涉及到大学内部师生员工的和谐、学术的和谐、文化的和谐、资源配置的和谐、组织的和谐以及与外部关系的和谐。“和谐无论是系统结构状态分布的有序还是功能状态的进化有道，都蕴涵着无与伦比的力量与神奇。自我和谐是个人身心微观和谐发展的调适力，人我和谐是社会中观和谐发展的协和力，物我和谐是人与自然宏观和谐发展的自然力，以至在某种意义上我们不得不说，和谐是发展之源，和谐就是力量。”[①]和谐不仅是个体发展的一种力量，也是群体、社会和自然发展的一种力量。

在系统的进化与发展中，一般来说，竞争与和谐的关系表现为以下几个方面：

其一，竞争与和谐同时并存，是一个事物的两个方面。由于资源稀缺的普遍性，一个群体（或大学）或个体从他们的本能和需求出发，总是在与其同类比较、竞争，力求超越对方；同时为了共同应对复杂多变的客观环境，实现资源共享与资源的合理与优化配置，他们又从各自的本能和需求出发，进行和谐合作，以取得共同的发展（双赢）。

其二，竞争与和谐共同作用，推动事物的发展。发展是进步，发展是改革过程的演进，发展更是系统目的性的实现，竞争与和谐也是为了系统目的性的实现，二者都是推动系统发展的一种动力，各司其职，共同作用，缺一不可。

其三，竞争与和谐相互包含，相互渗透。如一个群体或大学，为了实现发展目标，在竞争中取得优势，其成员必须相互和谐合作；同时，每个成员对于实现发展目标做出贡献方面，都想争取成为贡献最大者，比贡献，争上游，这种团队和谐合作中则又包含了竞争。

---

① 日月河．和谐就是力量：兼评培根的“知识就是力量”[J]．自然辩证法研究，2005(5)．

其四，竞争对和谐有双重作用。美国心理学家M·多依奇和日本心理学家古细和孝研究表明，竞争可分为团体之间的竞争和个体之间的竞争。团体之间的竞争有利于团体内建立和谐的人际关系以及成员创造性的发挥。问题在于小团体主义、宗派主义情绪亦往往会得到滋长，这样就不利于建立团体之间的和谐关系。个体通过与他人的竞争，对自己的力量与能力有了进一步的认识，因此能客观地评价自己，扬长补短，精益求精，增进自我和谐。问题在于，有时个人在竞争中一心想战胜对方，在把自己与对方进行比较时，往往会过高地估计自己，对于对方的优点、友好的表示等不想做出公正的评价，甚至采取忌妒、贬低和敌视态度，这样便不利于自我和谐与人我和谐。

其五，异质性是竞争与和谐的基础。法国社会学家迪尔凯姆在社会团结理论中深刻指出，社会团结有两种基本类型：一是“机械团结”，二是“有机团结”①。他根据无机物分子之间所存在的联系（分子都是相同的，而且纯粹是机械的联系），将出现在不发达和古代社会中的那种团结称为机械团结。这种团结是建立在个人相似性和社会同质性基础上的。如果社会和群体（如大学）的团结是建立在个体相似性和同质性基础上，则个体的工作方式、情感、行为等都要受统一意志支配，与“中心”保持一致，上行下效，因而排斥任何异质因素和行为，压制个体之间的竞争，个性被湮没，挫伤个体积极性与创造性，导致系统退化为无生机活力、单一、均匀、无序的保守状态。有机团结（也就是我们所说的和谐）是建立在现代社会（它像是一个具有各种器官的有机体）分工和个人异质性基础上的一种社会联系和团结方式。如果社会和群体（如大学）的团结是建立在异质性基础上，则每个成员都意识到自己是一个单独的个体，他可以按照社会与团体的分工独立地从事工作，通过规范竞争表现着自己的个性、情感、才智与价值观，发挥着不同于他人的独特能力；同时意识到必须依赖他人，养成团队意识与集体主义精神，这就造成人们彼此的相互依赖感、团结感和自己与社会的联系感。用迪尔凯姆的话说，集体的“协调一致”即和谐统一表现为分化。这与多元统一的大学组织特性的要求是吻合的。

综上分析，和谐与竞争不仅是同时普遍存在的现象，也同时都是推动系统演进与发展的力量。人类社会的各种不同系统中，处处存在着性质不同的和谐与竞争，它们是“你中有我，我中有你”，即“争”中有“和”、“和”中有“争”，相辅相成、辩证统一的有机关系。这种关系不是简单的线性关系，而是相互对立、相互依存、相互渗透、相互贯通、相互包含又相互制约的复杂非线性关系，它不仅能激发整个系统与子系统的活力，而且是促进系统由无序向有序进化的重要力量和机制。因此，为了

① 吴忠民，刘祖云．发展社会学［M］．北京：高等教育出版社，2003：103-104．

保持社会与大学系统全面、协调、可持续的发展，需要引导、组织规范竞争，建立健全在个体异质性之上的、集体的“协调一致”，达成一种“君子和而不同”的境界，形成一种开放的、公正的、既有竞争又有和谐合作、有机团结的运行机制。

二、与大学竞争力相对应的和谐力

鉴于上述竞争与和谐的关系及系统各部分力量之间的非线性协同效应，可以推演出与大学核心竞争力相对应的大学整体和谐力 p 的概念表达式：

$$p > \sum p_i$$

式中 $p_i(i=1,2,3,4,5)$ 为大学系统的要素（或子系统）和谐力，它与大学五种要素（或子系统）竞争力相对应。这就是说，竞争力是与和谐力相对应的力，这仅是在视角层面上的划分，其实二者的内涵与推动系统发展的目的、方向是一致的。大学整体和谐力可看作是整合以下五种要素和谐力而形成的。

1. 资本和谐力

指大学的人力资本与物力资本相互协调组成的和谐能力。主要体现在：① 大学师资队伍的数量、结构、专业学术水平、素质等配置合理，教学、科研和实验设备，政府及社会各界提供的资金等配置科学适当，与大学功能、定位相适应、相匹配，并能随着学校的发展，动态优化人、财、物的组合。② 营造和谐的环境，运用和谐教育使大学各类人才的学术造诣、素质、观念、理想、工作态度、行为规范适应大学发展的要求。

2. 学术和谐力

指整合与协调学科结构、学科队伍、学科水平、学科活力、学科基地与平台的一种协同能力。主要体现在：① 动态地创建协调的、合理的、优化的学科结构，既体现社会发展需求，又体现科技发展和学校自身特色，如学科结构、专业结构、课程结构等布局合理，重点学科与一般学科、主干学科与支撑学科、特色学科与相关学科关系协调。② 动态地组建一支结构合理、关系融洽、和谐合作、富有活力的教学、科研梯队，这是一个由学科带头人领导的、层次鲜明的、有创新能力的学术团队，可吸引、聚集不同人才形成合力。③ 合理配置财力、物力，营造和谐的学术环境，组建学科“特区”，构建学术研究“高地”，为精英人才搭建平台和舞台，制定特殊政策和措施形成培养与引进人才的激励机制，从而调动广大教师的主动性、积极性、创造性。

3. 组织和谐力

这是就大学组织管理而言的，强调通过协调软、硬组织手段和建立健全既符合大学本质属性又有时代特点的现代大学组织体制与机制，所表现的一种和谐力量。主要体现在：① 设置与大学功能相一致的高效、合理的系统结构，使系统成员和子系统在教学、科研、行政管理等活动中相互协同、相互支持。例如，设置一个合理的、协调的学术（教学、科研）和行政双重权力的矩阵结构，使得各个子系统在纵向、横向层次上均能相互协调、相互配合，促进物流、信息流畅通，系统高效运行。② 协调大学运行中的控制系统、监督系统、反馈系统和相应的法规、制度，维护大学自治和学术自由，使师生员工的和谐力量得到充分发挥，推动大学稳定、健康、协调、有序运转。

4. 文化和谐力

它是在大学多元文化有机整合中所蕴涵的包容力、调适力与融合力。主要表现在：① 以大学精神为基础，以战略目标、共同愿景为导向，运用政策、制度、规则和学习、沟通、协商等手段和方法，并将其各个方面有机地结合与运用，建构一个大学多元文化和谐的机制，创造一个和谐的文化氛围。② 创建与营造一个教学、科研、学习、生活的和谐环境，从而使广大师生员工身心和谐，并与他人、社会、自然和谐，调动各方面的积极性与创造性。

5. 外部关系和谐力

指的是大学与外部环境的适应性与互动性所表现的一种协和力量。主要体现在：① 构建系统的、有效的平衡大学与政府关系的体制与机制，对我国大学而言，特别要从法制上促进大学从依赖政府走向自主办学，确保大学自治与学术自由的根基，使大学健康发展。② 构建与社会和谐互动的交流平台，不断整合外部资源，提高大学对外部环境的适应能力与服务能力。

以上五种大学系统的要素和谐力相互联系、相互渗透、相互贯通、相互协同，产生非线性协同效应，形成了大学整体和谐力。

“横看成岭侧成峰，远近高低各不同。”大学的竞争力与和谐力是从不同的侧面对大学能力与实力的观察和分析，是一个问题的两个方面。在非线性的视野下，大学竞争力与大学和谐力相对应，即大学核心竞争力与大学整体和谐力相对应，大学要素竞争力与大学要素和谐力相对应，它们之间同竞争与和谐的关系一样，也是相辅相成、相互对立，又相互依赖、相互转化，“你中有我，我中有你”，辩证统一的关系。大学竞争力是在系统各要素能力整合的基础上形成的，其特点在于体现着大学系统要素的竞争优势，比竞争对手强、水平高。大学和谐力的特点在于体现着大学系统要素和谐、合作、协调的程度，比竞争对手更和谐、更团结。大学的健康、持续发展既需要竞争力的不断推动，更离不开和谐力的有力保障。

第四节　迎战不确定性：大学核心能力的战略管理

"一个新的意识开始涌现：在一切方面面临不确定性的人，被带入一个新的探险。必须学会迎战不确定性，因为我们生活在一个多变的时代，在其中价值是两义的，一切是相连的。因此，未来的教育应该重新考虑与认识有关的不确定性。"[①]为了更好地迎战未来的不确定性，我们有必要对大学的核心能力进行战略的思考与管理，促进大学和谐、健康与可持续的发展。

一、竞争力与和谐力的关系：大学核心能力的构成

上节分析了竞争与和谐的关系，导出了与大学竞争力相对应的大学和谐力。有竞争力就有和谐力，有和谐力就有竞争力，竞争力中有和谐力，和谐力中有竞争力，竞争力以和谐力为基础，和谐力以竞争力为前提。因而，大学在关注资源、能力和竞争力的识别、培养与提升的同时，也应关注资源的调配、能力的协同与组织和谐体系的建立，即坚持一种整体论的和谐观点。竞争力与和谐力的这种关系推动了系统"螺旋式上升"[②]的运动变化，并贯穿于系统发展演化的始终。它们既是推动系统发展的动力，又是系统外在能力的一种表征。核心竞争力与整体和谐力的整合，可称之为系统的核心能力，如图 8-4 所示。系统的核心能力是推动系统演进发展的合动力。本节所阐述的大学竞争力与和谐力的战略管理，简言之，就是研究大学核心能力的战略管理。

协同学从理论与实践两个方面阐明了系统内各要素之间既竞争又协同的非线性作用，推动着系统从无序向有序的演化，这也是系统创新、发展的过程。从这个意义上，不仅可以说明大学的变迁、进步的历史过程，而且可以说明大学的演进与发展既需要竞争力也需要和谐力。而由大学的核心竞争力与整体和谐力整合而成

---

① 埃德加·莫兰．复杂性理论与教育问题［M］．陈一壮，译．北京：北京大学出版社，2004．

② 由工程力学理论可知，物体的螺旋上升运动是由圆周运动和轴向运动组成的复合运动．圆周运动是切向力的作用，轴向运动是轴向力的作用，物体在二力的共同作用下作螺旋上升运动．作者在此把竞争力比作轴向力，把和谐力比作圆周力，是对事物的螺旋式上升运动做一物理证明．

的核心能力，则是推进大学演化的“发动机”和“推进器”。当前，我国大学的发展面临着重大机遇和挑战，如何在竞争中求发展是大学迫切需要解决的问题。核心能力是大学竞争优势之源，也是大学获得和谐发展优势之根本。对核心能力的战略管理既是核心能力从理论走向实践的关键，也是运用非线性思维方法探究大学在复杂、动态、不确定环境下的和谐发展之道。

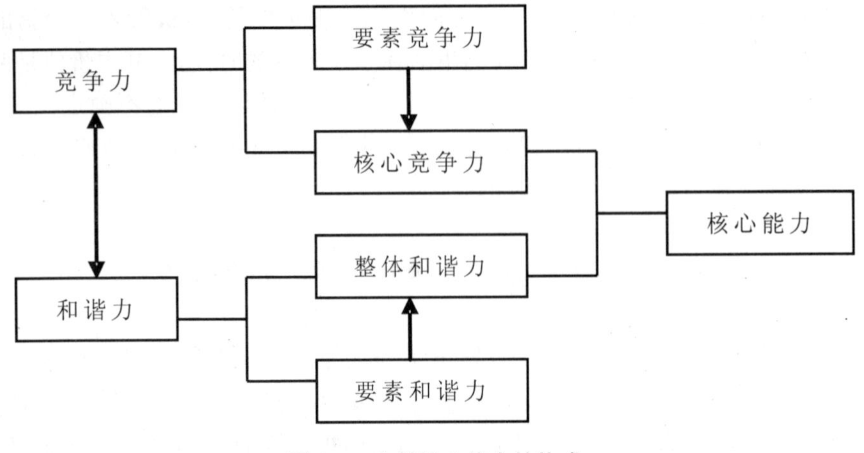

图 8-4　大学核心能力的构成

二、大学核心能力提升的最佳战略选择：柔性竞争战略与双赢战略

“战略”一词来源于希腊字“strategos”，其含义是“将军”，当时，这个词的意义是指挥军队的艺术和科学。今天，在组织中运用这个词，是用来描述一个组织筹划如何实现它的任务和目标。战略是贯穿于一个组织在一定历史时期内决策活动的指导思想及其指导下关系到全局发展的重大谋划。战略管理主要是研究任何组织和个人的涉及长期发展重要活动的组织与实施。① 它主要集中在组织上层，涉及战略的制定(战略决策)、战略筹划、战略实施三个环节。从研究的着眼点来看，战略研究主要注意的是环境的重要变化和组织的与之适应性，从而发现发展的机会和保证组织长期稳定发展；从研究的哲学思想或理论上看，战略追求的是主动精神和能动反映，即要根据自己的情况，主动寻求最佳的发展途径并着力实现之。管理大师彼得·德鲁克认为：“良好的意愿并不能推动大山，而是要使用推土机。战略

① 席酉民．管理研究［M］．北京：机械工业出版社，2000：295．

则是'推土机'，它能将你的愿望转化为实际效果。战略对非营利性组织而言是非常重要的，因为它能使工作更有成效，而且它还能告诉你为了取得成效需要哪些资源和人力投入。"①

大学核心能力的战略管理是核心能力从理论走向实践的应用，而战略管理的重要一步是如何选择最佳的战略，它关系到大学核心能力能否不断适应变化的外部环境，动态地不断升级、更新与转换。由于社会的发展，竞争对手与合作伙伴及政治、经济、文化环境的改变，学校发展的内涵与外延的变动，原有的优势可能变为劣势，原来的弱势领域可能有必要成为新的关键领域。大学的核心能力不能一成不变，必须适应内外条件的变化，及时重新组织、整合校内资源，即整合系统的要素竞争力与要素和谐力，实现核心竞争力的不断完善和升级转换，向新的层次跃迁，保持核心能力的可持续发展，使学校保持旺盛的成长能力，获得持续竞争优势与和谐发展。因此，大学核心能力战略管理的首要任务是最佳战略选择，包括以下两个重要方面：

(1) 柔性竞争战略。由企业管理可知，竞争战略(Competitive Strategy)就是研究产品和服务在市场上的竞争问题，并试图获得竞争优势的一种战略。传统的战略管理有三大主流学派：资源配置学派，竞争战略学派，目标战略学派。不论是哪一个学派，他们都比较重视运用产品、技术、价格、质量与成本等刚性手段去争取优势、赢得胜利。然而，现代市场竞争已经打破了地域、时空等局限，向全方位经营、竞争与扩张发展，仅仅运用"刚性"竞争策略远远不能适应。此外，传统战略方案表现形式为一系列的计划，它着眼于未来较长一段时期，缺乏柔性，对"一旦出现怎么办?"的问题往往不知所措，在实施中缺乏应有的灵活性。为了克服传统战略计划缺乏对环境变化应变能力的弱点，使企业具有超前的预见和应变能力，不断调整自身，以更好地适应这种急剧变化和不确定的世界，人们提出了柔性竞争战略思想，它是企业为实现战略目标和可持续竞争优势而制定的对企业外部环境和内部条件的各种变化具有适应性和可变性的一系列竞争规划或对策。

当今社会已进入信息时代，知识爆炸，科学技术日新月异，变化迅速是时代的基本特征。科技的发展、信息技术的普及，深刻影响着社会政治、经济、文化及人们生活、工作的方方面面。大学所面对的环境日益的复杂与不确定，而大学在知识社会中的重要性也日益提升，从社会的边缘走向社会的中心。在这种情况下，大学作为以保存、探究、传播、创新知识为中心任务的学术机构，瞄准科学发展的前沿，看

① 彼得·德鲁克．德鲁克日志[M]．蒋旭峰，等，译．上海：上海世纪出版集团译文出版社，2006：325.

准科技发展的动态和趋势，适应人才市场的要求，及时调整学科专业的内容与方向，调整科学研究的内容与方向，是大学必须具备的一种能力。因此我们认为，企业的柔性竞争战略的概念和思想同样适用于大学。该战略可作为大学核心能力管理战略的最优选择之一，其核心思想或总体原则可概括为：大学应以其资源为基础，主动适应外部环境变化，不断地对学科建设、人才培养、科学研究、社会服务、组织管理、精神文化、人力与物力资源、环境应变能力等竞争要素的既有优势和潜在优势进行战略整合，即对自身的要素竞争力和要素和谐力进行战略整合，确定发展目标、关键因素，明确优先领域与一般领域，优势学科、基础学科与一般学科的关系定位，通过制定一系列竞争规则或对策，构建并实施行动体系而显现效用，通过阶段性评估，动态优化，不断完善、升级和转换核心能力，使学校获得持续竞争优势与和谐发展。

（2）双赢战略。在传统观念中，合作与竞争是一对反义词，是两种不能在同一关系中同时并存的状态。但是在现代社会，这种观念已经遇到了挑战。在《合作竞争》(*Co-opetition*)一书中，两位美国管理学教授以博弈论为基础，提出了一种整合竞争与合作的新的商业战略[①]。他们认为，对于商业活动来说，你的成功并不需要其他人的失败，而是有可能实现双赢。这种竞争与合作的结合是一种革命性的设想。事实上，这种双赢的理念同样可以运用于非商业领域，成为一种新的竞争观念和生活态度，促进社会互动的良性运行。

博弈论作为一种研究主体行为的相互作用及均衡状态的理论方法，是指导主体在竞争环境下更透彻分析竞争者和竞争环境的战略决策。如果博弈主体双方的行为能达成一个具有约束力的协议，则称为合作博弈，又称为“非零和合作”。它强调的是团体理性(Collective Rationality)、效率(Efficiency)、公正(Fairness)、公平(Equality)、合作(Cooperation)，实际上就是一种双赢策略。该战略理论不仅给企业战略联盟和企业如何处理同政府、上级主管部门、供应商、销售商等组织的关系以有益的启示，而且对大学的产学研联合及大学如何处理与政府、企业、家庭及其他社会组织的关系亦是十分有益的启示。这种竞争与合作有机结合的核心思想是双赢，表现的组织形式则是战略联盟。

在全球经济一体化、区域经济一体化的背景下，许多跨国公司的战略联盟，以及国内许多企业重组所形成的战略联盟的成功范例，也证实了双赢战略是一种较高效率和效益的战略。为了使这种双赢的战略联盟取得实质性效果而非流于形式，通常须坚持以下原则：① 战略联盟的建立必须基于双方的实际需要，能充分发

---

① 拜瑞·J·内勒巴夫，亚当·M·布兰登勃格. 合作竞争[M]. 合肥：安徽人民出版社，2000.

挥各自优势，实现要素互补，资源共享，以协商产生的契约或协议指导双方的行动，使双方目标达成一致。② 对联盟进行有效的管理。应以有效的协调、监督、协议执行的方式或措施，体现共同管理、平等协商原则，实现各方贡献基本平等，利益分配基本平衡，互惠互利。③ 跨越文化观念的界限。关键在于充分发挥双方的组织文化、管理文化的优点，求大同存小异，树立相互学习、相互依存的观念。④ 在充分分析双方实际需要与优势互补基础上组成灵活多样的合作形式。通过有效的管理、文化的融合、既竞争又合作，能使新的战略联盟系统产生 1＋1＞2 的协同创造效益。

可以看出双赢的战略思想与哈肯的协同学思想是一致的。大学的本质属性及其三大功能决定了大学与政府、企业及社会其他组织之间虽然有着利益的交易关系，但是为国家和社会做贡献的目标是共同的；大学内部的各个单元与各种要素之间虽有竞争的一面，但共同的办学目标又把彼此有机地联系着，必须相互合作。因此，在大学的核心能力战略管理中，应充分发挥大学功能的目标导向作用，以双赢战略作为最佳选择之一，这样不仅可以充分调动校内各种要素的作用，整合各种资源，培育与提升核心能力，而且可以有效地整合与借助外部的资源，提升核心能力。按照战略联盟的原则，在校内外结成多种形式的战略联盟，实现资源、信息共享，优势互补、互惠互利，主动适应外部条件的变化，不断完善、升级、转换核心能力，使学校保持强劲的竞争优势与和谐有序的持续发展。

三、大学核心能力战略规划：发展思路与实施途径

大学的核心能力是大学发展的力量源泉，因此，核心能力的规划是大学总体发展规划的核心，它可以包括或体现在学校总体规划之中。而作为战略结构的大学核心能力规划，又对学校的各项工作计划具有指导意义：其一，核心能力的战略规划为学校的人才培养、科学研究、社会服务以及适应外部的多种要求提供分析逻辑。核心能力的规划为学校指明了发展目标与发展的路线图，是一个充分考虑了学校外部环境变化与内部要素变动的提高学校竞争优势的规划。其二，核心能力的战略规划为学校资源配置提供了指南。核心能力的战略规划能使整个学校系统明白资源配置的优先级，即明白学校发展的重点是什么，从而科学合理地配置人力资源与物质资源，为学校领导及各级管理层对资源配置决策提供指导。其三，核心能力战略规划是办学理念的灵魂。核心能力的战略规划建立在学校持续发展理念之上，规划出对学校资源与各个子系统的竞争力与和谐力的有机整合，创造出学校的管理文化，团队精神，严谨的学风与校风，为科学与真理献身的精神，探索的欲望

与创新的精神，展示大学的风格与魅力以及学校发展的美好图景，从而起着大学对内进行改革、对外合作交往的一种精神支柱作用。其四，核心能力的规划为战略伙伴选择提供依据。核心能力的战略规划不仅为充分利用校内各种资源和力量提供指导，还在于对如何充分利用外部资源提供指导，以选择合适的、诚信的战略伙伴，实现资源共享、优势互补，使核心能力的精髓既为大学内部开发创新提供了焦点，也为大学从战略联盟中学习提供了激励，而又不至于使自己的核心技术随意流失。

战略规划不同于一般的计划，它需要使人们的愿望转化为实现效果，告诉你为了实现目标、取得成效，需要哪些资源与人力的投入。因此，大学核心能力的战略规划的主要宗旨为：具有明确的打造核心能力的思路和有效的实施途径。它涉及的方面与本章关于打造与培育大学竞争力与和谐力及学术竞争力的思想一脉相承。从战略管理的层面上考虑，它需要体现以下几个方面：

1. 明确学校定位、构造办学特色是打造大学核心能力的前提

大学的核心能力是一个相对概念，主要体现为与同一层次上的大学相比具有独特优势。因此，大学需要根据自身的历史传统、办学条件、外部环境(特别是区域环境)，分析学校的有形资源与无形资源，分析自身优势与劣势，进行准确的目标定位，在自己的办学层次上，坚持个性化发展模式，构造办学特色，这是打造大学核心能力的前提。纵观世界发达国家高等教育的发展历史及高等教育体系结构的格局，大学都是分层次、分类别、有重点地发展的，这是高等教育发展的一个客观规律。对美国、日本等发达国家的大学体系进行研究表明，“层次化”已成为大学体系的基本特征，这也是大规模大学体系发展的一个必然趋势，例如，美国大学体系分11个层次，日本至少分6个层次。近年来，我国不同类型高校在加快发展的过程中，由于办学层次不清导致目标混乱，其中不乏一种脱离学校条件与目标定位盲目推进与升级的倾向，已经带来许多不良后果。如一些目前尚不具备大学基本条件的高校盲目扩建专业，扩大招生规模，将“学院”改为“大学”；有些不具备研究型大学基本条件的，盲目扩大研究生教育，盲目进行学科建设，开展低水平重复研究，造成教学质量不高及教育资源的严重浪费。客观而言，国家建设需要各个层次的大学，如教学型、教学研究型和研究型等不同层次。每个层次的学校，可以扬长避短做出符合自己功能定位的突出贡献，发挥优势，突出办学特色。办学特色可以体现在办学理念、办学风格、精神风貌、学科特色与水平、培养目标、专业与课程体系、管理方式等诸多方面。务须明确不同类型的大学规划打造自己核心能力的前提是从高等学校的三大职能出发，以人才培养、科学研究、社会服务对不同学校的不同要求，来确定自己的办学层次定位，形成自己的竞争优势。这一特色优势可以是大学全方位的，而更多的是大学在某一领域、某一方面、甚至某一点上的优势与特长，以此奠定学校在同一层次上的地位与影响，促进学校和谐持续发展。

2. 学科建设是打造大学核心能力的重点

学科是大学在人才培养、科学研究、社会服务活动中，对知识领域的一种相对合理的划分。大学的学科设置和建设既要考虑到它的稳定性、系统性，又要考虑到随着科学技术的发展、学科范畴的不断演化和社会对人才的知识需求变化而加以重新调整划分，具有动态性。学科建设是大学教学、科研和社会服务的结合点，学校的三大职能都是以学科为基础和平台实现的。学科建设是提高办学水平、办学质量和效益的关键，是大学建设与发展的龙头与核心，是大学建设与发展的永恒主题。学科水平是大学学术水平的重要标志，也是大学办学水平的重要标志，从这个意义上说，大学的学科竞争力即是学术竞争力，是影响大学核心竞争力形成与提升的关键因素，因此，在规划打造大学的核心能力时，加强学科建设是一项重中之重的任务。

学科建设内容主要有以下几个方面：① 学术组织、学科基地与平台的建设，如教师开展教学、科研、社会服务的基层组织（教研室、研究所、学术团队等），省（部）级与国家重点实验室和工程（技术）研究中心及哲学社会科学重点研究基地的建设。② 学科队伍建设。选好学术带头人，建构好学术梯队，形成青年拔尖人才发展的绿色通道是学科队伍建设的关键。③ 科学研究与人才培养及社会服务活动。这主要是指抓好学科建设的增长点（新兴学科）与学科交叉的有机融合，开展国家与地区经济发展急需的科学研究，积极争取省（部）级和国家重点科研任务，积极争取与开展对企业和地区技术经济发展有利的项目研究，通过科研活动培养人才，为社会服务。④ 学科活动的人文环境建设。主要是指学术道德、学风与激励机制的同步建设。高尚的学术文化为学术研究指明方向、提供动力。

学科建设的内容与要求对不同类型与层次的大学是不一样的，要建立在找准自己办学层次定位的基础上，抓住特色学科建设。抓住了特色学科的建设就抓住了办学特色的核心。学科优势在某种程度上源于学科特色，有些学科可能在自己学校内部是优势学科，但没有特色则只是局部的优势，不是全国乃至世界范围的优势学科，并不具备进一步发展潜力。如果特色突出，则可以通过建设把一般学科建成优势学科，一旦形成了自己的特色，就会显现其核心能力的优势，使大学在特定的领域做出卓越贡献。

3. 加强文化建设与创新为打造大学核心能力提供力量源泉

前面第三章已经详细论述了大学文化蕴含着大学理念、大学精神，大学理念指引着大学前进的方向，大学精神是大学的灵魂，大学的演进、发展和大学文化的发展、创新是一个相互依存、相互促进的过程。大学文化的培养与提升能促进、推动大学的发展;大学的繁荣发展,也会锤炼大学文化的完善与更新。大学的教学、科研、社会服务等一切活动,都是在特定的大学文化环境下运行着,并受着文化观念的支配,因此,大学文化是大学的精华,没有先进的大学文化是没有和谐力与竞争力的。具体到每一所大学,由于历史传统、社会环境、学校目标等方面差异,大学文化又具有独特色彩。大学要办出自己的特色,就要着力培育与建设自己的大学文化。大学文化建设实质上就是对本校优秀的传统文化的继承,并根据时代精神,创新与发展大学文化的内涵,为学校的和谐持续发展提供不竭的动力。

根据我国高等教育的实际情况,笔者认为我国大学文化建设的重点主要有以下几个方面:第一,以科学发展观指导办学理念。科学发展观是全面、协调、可持续发展相统一的发展观,只有以科学的发展观为指导,才能树立正确的办学理念,辩证地认识与处理好学术与政治的关系、学术与经济的关系、科学教育与人文教育的关系(这在第三章第二节已有详细论述),从而在正确的办学理念指导下处理好学科建设与各个方面的关系,处理好学校核心能力的培育、提升与各个方面的关系,学校的发展才能有新的思路,科学地确定学校办学目标与方向,办出自己的特色与优势。第二,将科学发展观与坚持"以人为本"的理念相结合。"以人为本"也就是"以学生为主体,以教师为主导",这是现代教育的基本理念,也是一种先进的管理文化。从管理层面上看,"以人为本"的关键是要重视开发人力资源,提高人力资本的水平与质量,对大学而言,就是培养高质量人才,培养和造就一批在学科建设中起领军作用的学术带头人与学术骨干,防止高素质人才流失,以免削弱学校的核心竞争力。第三,从文化建设与创新上来提高我国大学的核心竞争力。这里引用《人才工作要提升文化"软实力"》①一文的一些主要内容,提供了有价值的参考,其主要论点是:

① 与增强上海国际竞争力相比(注:该文以上海人才工作中存在的问题为背景,提出了解决这些问题的论点),目前人才工作还存在国际化素质普遍不高、人才机制仍然不活、高层次人才严重不足和部分国有企业缺乏人才主体意识的深层问题,要解决这些问题,除了人才工作的体制、机制和管理上要有突破性的举措之外,还要在人才工作中提升文化"软实力"。

② 所谓"文化软实力",指的是非物质的文化和精神方面,具体而言,就是人才的价值观,即信仰、责任、人格。有了信仰,就会负起社会责任去追求塑造高尚的人格。这里讲的信仰有三个基本要素:一是全面建成社会主义和谐社会;二是使中华民族伟大复兴;三是言论和行动要促成民族、人才更加凝聚,更加创新,而不是因我

---

① 金莉萍. 人才工作要提升文化"软实力"[N]. 文汇报,2006-1-10(5).

们的言论和行动反而使民族、人与人之间更加隔阂与冲突。未来 5～10 年中国仍然处在转型期，必然会出现多种所有制、多种要素分配、多样化的社会群体和多元化生活方式。在这种“多元”社会结构中，文化价值是不一样的，但文化的尊严是一样的。所以人才工作必须学会冷静理性思考，在宏观视野下，要了解当代国际先进文化话语，了解多元文化的精神价值系统，要从多元中求主导、多元中求共识、多变中求主动、多选中求优势，使我们的先进文化理念站在人才管理体制转型的前列，而不是经常在传统人才工作小圈子里思考人事工作。

③ 人才工作如何提升文化的“软实力”？考量下来主要有以下四点：一是要敢于革新文化。即对民族文化既有信仰，又有创新；对外来文化既有学习，又有剔除，真正实现中国文化的现代化，世界文化的本土化，创建一个中西文化融合的良好国际人才环境。二是要推行“经营文化”。伴随着经济全球化以及知识经济时代的来临，西方各国进入了公共管理改革的时代，也称为“新公共管理运动”。在这个行政改革中，提出了“经营文化”理念，即用企业经营管理制度来改革政府。推行经营理念就是要按照十六届五中全会精神，着手推行政府管理体制改革，把市场机制引入政府管理，提升政府绩效，对政府行政管理实行“投入与产出”的成本管理。三是要提倡“业绩文化”。“业绩文化”是从西方引进的一种文化理念，讲的是一种竞争哲学。因为在竞争环境中，业绩是至关重要的。只有业绩才能把竞争者区别开来。在“业绩文化”推动下，西方人才资源管理发生了一系列革命性的变化，主要表现在从学历取向走向业绩取向。我们必须克服在人才管理上把学历与人才划等号的观念，提倡“业绩文化”，更要克服不计成本，作秀的政绩表现，建立符合科学发展观的业绩考核评价制度体系，真正创造一个“能者上、平者让、庸者下”的人才管理新文化。

④ 要建立“海派文化”。上海是一个以海派文化著称的城市。在人才使用上应该建立一套海派的用人文化，在人才选拔中，无论是国外的“海归派”，还是国内的“土生派”，对他们的能力、个性、创新精神有时产生不同的声音时，既要“宽容”、“兼容”，更要循循善诱，对他们的能力评价不能定势在唯学历、职称、资历上，而要做“动态分析”。要创造一种“能力面前公平竞争，天下人才为我所用”的大人才局面，在人才引进合作交流中，应按照互惠互利、共同发展的原则，开展合作交流。尤其海外人才引进或流动到部门、单位后，必须从“控制型”转到“合作伙伴型”，从“契约关系”转到“盟约关系”，使人才个体与单位组织实现共同繁荣。

《人才工作要提升文化“软实力”》一文以科学发展观为指导，分析了多元社会结构中文化价值观念多元性的差异与文化信仰尊严的共同性。“从多元中求主导、多元中求共识、多变中求主动、多选中求优势”的提升文化“软实力”的动态国际视野的用人机制，与非线性和谐视野中的大学核心竞争力培育与提升机制的思维是一脉相承的，其中的文化"软实力"，就是"文化竞争力"或"文化和谐力"，它们都是推动系统演进与发展的内在而持久的动力，建立健全了多元化个体异质性之上的、集体的"和谐一致"，达成一种"和而不同"的境界，形成了一种开放的、公平的、既竞争又合作的国际文化大视野与理念，不仅为提升大学文化竞争力和核心能力提供了一种动力源泉，也是时代发展的一种必然要求。

4. "要素整合"是打造大学核心能力的重要手段

"要素整合"是指对系统的物质资源、人力资源、精神资源、组织资源和外部资源等进行有效的匹配、组合与协调的过程，其实质是一种有效的资源管理运行机制，也是大学核心竞争力和整体和谐力的生成机制。前面几节的有关内容对此已有详细论述，这里要强调的是，大学要实现"要素整合"，除了在校内外选择构建合适的组织形式(战略联盟)外，还要处理好连接不同单位和职能部门的组织因素，它们往往是影响"要素整合"效率的关键。这就是要做好所谓的"界面管理"(Interface Management)[①]。界面管理是指组织为完成同一任务，需要处理组织各部门之间、各成员之间、甚至组织与组织之间在信息、物资、财务等要素交流方面的相互作用，解决界面双方在专业分工与协调需要之间的矛盾，实现控制、协作与沟通，提高管理的整体功能，实现组织效益的最优化。界面问题产生的原因通常有：① 信息往往分布在不同部门，导致信息交流滞后。② 不同职能部门(或单位)对自己职能领域的知识、信息较为了解，缺乏对其他职能部门(或单位)的了解与了解愿望，导致都从自己的角度考虑过多。③ 不同职能部门(或单位)在目标上的差异。④ 不同职能部门(或单位)间以及组织内人与人之间文化价值观点的差异。解决界面双方的差异和矛盾，通常可采取以下措施与途径：① 从整体角度谋划好战略联盟的未来能力。② 构建共享的人才库与资源库。③ 组建共同的学习机构，共筑信息、技术交流的平台。④ 创造一个能力共享与传播的渠道，实现利益、形象、声誉共享。

5. 变革与创新组织结构是打造大学核心能力的保障

本书第四章从一般意义上提出了大学组织结构的创新，第五章又从一般意义上，对构建我国大学学术权力与行政权力关系模式提出了设想与分析，其主要目的在于达到权力制衡，实行民主管理与民主决策，以充分调动广大教师、学生、管理人员参与学校管理的积极性与创造性，这对培育与提升大学的核心能力从组织制度建设上提供了保障，是十分必要的。我国大学学术组织传统结构是 20 世纪 50 年

① 范徵．核心竞争力：基于知识资本的核心能力［M］．上海：上海交通大学出版社，2002：118.

代学习苏联大学的产物，其组织模式是典型的“校—系—教研室”三级直线结构，专业与基础课教研室是基本的学术组织单位。这种组织结构管理层次多、行政管理过强、比较僵化、缺乏灵活性，将科研人员相对固定在特定岗位上，不利于研究人员之间的相互学习交流，不利于综合项目对跨学科人员的组织，从而严重影响与制约学术活动与科学研究创新活动的开展，不适应学科交叉综合分化的发展趋势。为了更好地适应外部条件的变化，不断完善、提升与转换核心竞争力，不同类型、不同层次的大学应根据自己的情况变革过时的组织结构，创建符合现代大学多种职能的多样性特征的组织结构。对研究型、教学研究型与教学型大学，虽然都离不开学科建设的任务，但是要求的标准与加大学科建设的力度应有所区别。

研究型大学应积极构建以学科为中心的组织结构，紧密结合创新体系建设，集成优势资源，创建一批高水平、开放式、国际化的科研创新平台和人文科学研究平台，造就学术大师和创新团队，创造国际水平的科研成果，培养社会需要的精英人才，其中创新团队的建设是凝聚学术队伍的新型人才组织模式。所谓科研创新团队可以界定为：“以比较大型的科研项目为依托，以某一科研领域或方向的前沿性研究与开发为主要内容，由为数不多的技能互补、知识互补，愿意为共同科研目的、科研目标和工作方法而相互承担责任的科研人员组成的正式群体。”①“学科带头人＋创新团队”的组织模式，打破了人才资源部门和单位的所有壁垒，打破了影响团队运行和发展的制度壁垒，改变了学术和科技工作中的小、散、软、弱等状况，突破了高校在人才管理上的传统局限，促进了人才组织和管理工作的创新，适应了当代科学的内在交叉、综合和相互渗透的发展趋势，其组织结构具有扁平化、柔性化特征。通过对我国大学现有创新团队的队伍结构分析，可以总结出以下三项团队的结构特点：① 固定人员编制与流动编制相结合的创新团队。② 导师与博士后、博士组建的学术梯队。③ 研究生科研创新团队。

教学研究型大学与教学型大学，可分别以科研与教学两个中心和以教学为中心，参照科研创新团队的基本特征，形成多种以学术研究为依托的创新团队，实现组织结构的扁平化、柔性化，加速信息的传播效率与人才的有序流动，以适应大学职能的拓展、学科的交叉与综合发展，增强系统对内外环境变化的灵敏度与反应度，激活大学组织的学术活力，促进高水平学术研究工作的开展，促进新学科的产生与壮大，以从组织制度上保证大学核心能力的提升。应当说明的是，学术创新团队模式仅是战略联盟在组织学术活动、科学研究中的一种成功创新模式，但并不是学术组织结构创新的唯一形式，不同类型、层次的大学，应根据自身特点，勇于在实

① 侯光明．中国研究型大学：理论探索与发展创新［M］．北京：清华大学出版社，2005：250.

践中创新多种有活力的组织结构，发达国家先进大学的模式，可以参考，但绝不可以机械地仿照或照搬。

以上提出的我国大学核心能力战略规划的思路与方法，涉及了五个方面的内容，它们相互联系。从整体战略思路层面看，五方面内容构成三个层面，即：观念层面，这是战略管理与规划的先导；其次是组织制度层面，这是观念与指导思想的物化形式；再次是操作层面，是观念与指导思想的具体实施。这三个层次相辅相成、相互渗透、相互作用，共同构成打造与提升大学核心能力的战略规划，为不断完善、提升与转换大学的核心竞争力与整体和谐力指明方向与管理措施。

总之，面对日益复杂、不确定的内外环境，我国大学应站在时代发展的高度，以战略的思维与眼光，审时度势，整体地、动态地规划大学的发展与创新，不断打造与提升大学的核心能力，为大学的和谐、健康、持续发展提供不竭的动力之源。

参 考 文 献

一、中文部分

1. 伊・普里高津. 从存在到演化[M]. 曾庆宏,严士健,马本堃,等,译. 上海:上海科学技术出版社,1986.
2. 伊・普里高津,伊・斯唐热. 从混沌到有序:人与自然的新对话[M]. 曾庆宏,沈小峰,译. 上海:上海译文出版社,2005.
3. 赫尔曼・哈肯. 协同学:大自然构成的奥秘[M]. 凌复华,译. 上海:上海译文出版社,2005.
4. H・哈肯. 高等协同学[M]. 郭治安,译. 北京:科学出版社,1989.
5. 恩格斯. 自然辩证法[M]. 于光远,译. 北京:人民出版社,1971.
6. 黑格尔. 小逻辑[M]. 贺麟,译. 北京:商务印书馆,1980.
7. 约翰・霍兰. 涌现:从混沌到有序[M]. 陈禹,等,译. 上海:上海科学技术出版社,2006.
8. 埃德加・莫兰. 复杂性理论与教育问题[M]. 陈一壮,译. 北京:北京大学出版社,2004.
9. 埃德加・莫兰. 方法:思想观念[M]. 秦海鹰,译. 北京:北京大学出版社,2002.
10. 埃德加・莫兰. 复杂思想:自觉的科学[M]. 陈一壮,译. 北京:北京大学出版社,2001.
11. 亚伯拉罕・弗莱克斯纳. 现代大学论:美英德大学研究[M]. 徐辉,陈晓菲,译. 杭州:浙江教育出版社,2001.
12. 伯顿・克拉克. 高等教育新论:多学科的研究[M]. 王承绪,等,译. 杭州:浙江教育出版社,1998.
13. E・拉兹洛. 用系统论的观点看世界[M]. 闵家胤,译. 北京:中国社会科学出版社,1985.
14. 保罗・西利亚斯. 复杂系统与后现代主义:理解复杂系统[M]. 曾国屏,译. 上海:上海科技教育出版社,2006.
15. 克拉克・科尔. 高等教育不能回避历史:21 世纪的问题[M]. 杭州:浙江教育出版社,2002.
16. 潘懋元. 多学科视点的高等教育研究[M]. 上海:上海教育出版社,2001.
17. 潘懋元. 高等教育学讲座[M]. 北京:人民教育出版社,1993.
18. 教育部中外大学校长论坛领导小组. 大学校长视野中的大学教育:第二集[M]. 北京:中国人民大学出版社,2005.
19. 武杰. 跨学科研究与非线性思维[M]. 北京:中国社会科学出版社,2004.
20. 吴彤. 论系统科学哲学的若干问题[J]. 系统辩证学报,2000(1).
21. 魏诺. 非线性科学基础与应用[M]. 北京:科学出版社,2004.
22. 查有梁. 系统科学与教育[M]. 北京:人民教育出版社,1996.
23. 姜璐,时龙. 自组织管理理论[M]. 北京:北京师范大学出版社,1995.
24. 瞿葆奎. 教育科学分支学科丛书[M]. 北京:人民教育出版社,1999.
25. 叶澜. 教育研究方法论初探[M]. 上海:上海教育出版社,1999.

26. 薛天祥. 高等教育管理学[M]. 南宁:广西师范大学出版社,2001.
27. 姚启和. 高等教育管理学[M]. 武汉:华中科技大学出版社,2000.
28. 陈永明. 教育行政新论[M]. 上海:华东师范大学出版社,2003.
29. 秦书生. 复杂性技术观[M]. 北京:中国社会科学出版社,2004.
30. 赵文华. 高等教育系统论[M]. 南宁:广西师范大学出版社,2001.
31. 朱九思,等. 高等学校管理[M]. 武汉:华中工学院出版社,1983.
32. 黄志斌. 绿色和谐管理论:生态时代的管理哲学[M]. 北京:中国社会科学出版社,2004.
33. 席酉民. 和谐管理理论[M]. 北京:中国人民大学出版社,2002.
34. 张岱年. 中华的智慧[M]. 上海:上海人民出版社,1989.
35. 朱熹. 四书章句集注[M]. 济南:齐鲁书社,1992.
36. 成中英. C 理论中国管理哲学[M]. 北京:中国人民大学出版社,2006.
37. 张文. "和":儒学的最高境界[J]. 中国哲学史,1997 (4).
38. 汤一介. "太和"观念对当今人类社会可有之贡献[J]. 中国哲学史, 1998(1).
39. 叶秀山. 和谐:孔子和苏格拉底的共同"理想"[J]. 中国哲学史, 1998(2).
40. 王锐生. 坚持可持续发展也需要弘扬中国传统文化[J]. 中国哲学史, 1998(2).
41. 赋斌. 现代西方哲学中的和谐思想[J]. 河北师范大学学报, 1999(3).
42. 陈玉和,张幼蒂. 可持续发展社会运行机制:竞争·协同·和谐理论[J]. 中国矿业大学学报, 2000(9).
43. 王安麟. 复杂系统的分析与建模[M]. 上海:上海交通大学出版社,2004.
44. 吴忠民,刘祖云. 发展社会学[M]. 北京:高等教育出版社,2002.
45. 钱学森,于景元,戴汝为. 一个科学新领域:开发复杂系统及其方法论[J]. 自然杂志,1990.
46. 苗东升. 在系统思维导引下构建和谐社会[J]. 中国人民大学学报,2005(6).
47. 日月河. 和谐就是力量:兼评培根的"知识就是力量"[J]. 自然辩证法研究,2005(5).
48. 陈忠,盛毅华. 现代系统科学学[M]. 上海:上海科学技术文献出版社,2005.
49. 苗东升. 非线性思维初探[J]. 首都师范大学学报:社会科学版,2003(5).
50. 苗东升. 论复杂性[J]. 自然辩证法通讯,2000(6).
51. 维纳. 控制论[M]. 郝季仁,译. 北京:科学出版社,1963.
52. E·拉兹洛. 决定命运的选择:21 世纪的生存抉择[M]. 李吟波,等,译. 北京:生活·读书·新知三联书店,1997.
53. J·布里格斯,F·D·皮特. 湍鉴:混沌理论与整体性科学导引[M]. 刘华杰,潘涛,译. 北京:商务印书馆,1998.
54. 约翰·霍根. 科学的终结[M]. 孙雍君,等,译. 呼和浩特:远方出版社,1997.
55. 詹姆斯·格莱克. 混沌[M]. 张淑誉,译. 上海:上海译文出版社,1990.
56. 克劳斯·迈因策尔. 复杂性中的思维[M]. 曾国屏,译. 北京:中央编译出版社,1999.
57. 布里格斯,皮特. 混沌七鉴:来自易学的永恒智慧[M]. 陈忠,金纬,译. 上海:上海科技教育出版社,2001.

58. 金观涛,华国凡. 控制论和科学方法论[M]. 北京:新星出版社,2005.
59. 李曙华. 多元的统一性:混沌学的启示[J]. 系统辩证学学报,1997(1).
60. 张福墀,杨静. 管理哲学[M]. 北京:经济管理出版社,2003.
61. 张顺燕. 数学的源与流[M]. 2 版. 北京:高等教育出版社,2003.
62. 宋华岭. 企业系统管理复杂性评价[M]. 北京:经济管理出版社,2004.
63. 席酉民,等. 和谐管理理论研究[M]. 西安:西安交通大学出版社,2006. 6.
64. 席酉民. 和谐理论与战略[M]. 贵阳:贵州人民出版社,1989.
65. 席酉民,韩巍,尚玉钒. 面向复杂性:和谐管理的概念、原则及框架[J]. 管理科学学报:社会科学版,2001(3).
66. 彭新武. 进化管理学:复杂、动态环境下的管理思维与方法[M]. 北京:中国社会科学出版社,2005.
67. 耿中津,等. 模糊管理[M]. 东营:石油大学出版社,1999.
68. 郝柏林. 从抛物线谈起:混沌动力学引论[M]. 上海:上海科技教育出版社,1993.
69. 刘大椿. 科学技术哲学导论[M]. 北京:中国人民大学出版社,2000.
70. 黄润生. 混沌及其应用[M]. 武汉:武汉大学出版社,2000.
71. 陈士俊. 从耗散结构理论看创新人才培养与高教改革[J]. 自然辩证法研究,2003(5).
72. 马扬,等. 非线性理论在科研组织管理中的应用初探[J]. 科技导报,2004.
73. 侯光明,李鸿雁,贺亚兰. 复杂性科学在大学管理创新中的应用[J]. 北京理工大学学报:社会科学版,2003.
74. 朱新卓. 后现代大学组织模式:松散联合与非线性管理[J]. 江苏高教,2005(4).
75. 王华峰. 系统视野下的高等教育转型发展[J]. 教育研究,2002(9).
76. W·理查德·斯格特. 组织理论[M]. 北京:华夏出版社,2002.
77. 彼得·圣吉. 第五项修炼:学习型组织的艺术与务实[M]. 郭进隆,译. 上海:上海三联出版社,1999.
78. 斯蒂芬·P·罗宾斯. 管理学[M]. 黄卫伟,孙建敏,等,译. 北京:中国人民大学出版社,2000.
79. 雷·马歇尔,马克·塔克. 教育与国家财富:思考生存[M]. 顾建新,赵友华,译. 北京:教育科学出版社,2003.
80. 约翰·亨利·纽曼. 大学的理想[M]. 杭州:浙江教育出版社,2001.
81. 威廉·冯·洪堡. 论国家的作用[M]. 林荣远,冯兴元,译. 北京:中国社会科学出版社,1998.
82. 亚伯拉罕·弗莱克斯纳. 现代大学论:美英德大学研究[M]. 杭州:浙江教育出版社,2001.
83. 罗伯特·M·赫钦斯. 美国高等教育[M]. 杭州:浙江教育出版社,2001.
84. 约翰·S·布鲁贝克. 高等教育哲学[M]. 杭州:浙江教育出版社,1987.
85. 赫钦斯. 教育现势与前瞻[M]. 姚柏春,译. 香港:今日世界出版社,1976.
86. 克拉克·科尔. 大学的功用[M]. 陈学飞,刘新芝,译. 南昌:江西教育出版社,1993.
87. 陈学恂. 中国近代教育文选[M]. 北京:人民教育出版社,1983.
88. 刘宝存. 大学理念的传统与变革[M]. 北京:教育科学出版社,2004.

89. 高平叔. 蔡元培教育文选[M]. 北京：人民教育出版社，1980.
90. 黄延复，刘述理. 梅贻琦教育论著选[M]. 北京：人民教育出版社，1993.
91. 张建新，等. 大学文化研究述评及探究思路[J]. 中国大学教学，2005(3).
92. 冷余生. 大学精神的困惑[J]. 高等教育研究，2004(1).
93. 金耀基. 大学之理念[M]. 台北：台湾时报出版社，1983.
94. 王晓华. 断裂中的传统：人文视野下的大学理想[M]. 北京：首都师范大学出版社，2002.
95. 徐同文. 20 世纪西方主要发达国家大学理念的演进[J]. 教育研究，2003 (4).
96. 方长青. 走出学校管理行政机关化的误区[J]. 科技导报，2004(1).
97. 乔治·萨顿. 科学史与新人文主义[M]. 陈恒六，等，译. 北京：华夏出版社，1989.
98. 贝尔纳. 科学的社会功能[M]. 陈体芳，译. 北京：商务印书馆，1982.
99. 乔治·弗雷德里克森. 公共行政的精神[M]. 张成福，等，译. 北京：中国人民大学出版社，2003.
100. 郑金洲. 教育文化学[M]. 北京：人民教育出版社，2000.
101. 甄树青. 论表达自由[M]. 北京：社会科学文献出版社，2000.
102. 杨东平. 大学精神[M]. 沈阳：辽海出版社，2000.
103. 杨鲜兰. 论大学精神的培育[J]. 高等教育研究，2004(3).
104. 阎光才. 识读大学：组织文化的视角[M]. 北京：教育科学出版社，2002.
105. 张应强. 文化视野中的高等教育[M]. 南京：南京大学出版社，1999.
106. 张俊宗. 现代大学制度：高等教育改革与发展的时代回应[M]. 北京：中国社会科学出版社，2004.
107. 赵婷婷. 大学何为：理想与现实间的冲突及协调[M]. 北京：高等教育出版社，2005.
108. 陈永明. 教师教育研究[M]. 上海：华东师范大学出版社，2003.
109. 周浩波. 教育哲学[M]. 北京：人民教育出版社，2000.
110. 陈其荣. 自然哲学[M]. 上海：复旦大学出版社，2005.
111. 吴彤. 自组织方法论研究[M]. 北京：清华大学出版社，2001.
112. 沈曦，沈红. 大学学术组织结构的创新[J]. 高等工程教育研究，2004(3).
113. 朱桂龙，等. 虚拟科研组织的管理模式研究[J]. 科学学与科学技术管理，2002(6).
114. 眭依凡. 关于大学组织特性的理性思考[J]. 高等教育研究，2000(4).
115. 金顶兵，闵维方. 论大学组织的分化与整合[J]. 高等教育研究，2004 (1).
116. 范国睿. 学校管理的理论与务实[M]. 上海：华东师范大学出版社，2003.
117. 范国睿. 复杂科学与教育组织管理研究[J]. 教育研究，2004(2).
118. 吴志宏. 教育行政学[M]. 北京：人民教育出版社，1999.
119. 黄永军. 自组织管理原理：通往秩序与活力之路[M]. 北京：新华出版社，2006.
120. 伯恩鲍姆. 大学运行模式[M]. 别敦荣，等，译. 青岛：中国海洋大学出版社，2003.
121. 托马斯·库恩. 科学革命的结构[M]. 金吾伦，胡新和，译. 北京：北京大学出版社，2003.
122. 马克斯·韦伯. 经济与社会[M]. 林荣远，译. 北京：商务印书馆，1997.

123. 曼昆. 经济学原理[M]. 梁小民，译. 北京：北京大学出版社，1999.
124. 芮明杰. 管理学：现代的观点[M]. 上海：上海人民出版社，1999.
125. 罗珉. 管理学范式理论的发展[M]. 成都：西南财经大学出版社，2005.
126. 迟景明. 现代大学的组织特性与管理创新[J]. 大连理工大学学报：社会科学版，2002(6).
127. 张慧洁. 中外大学组织变革[M]. 上海：复旦大学出版社，2005.
128. 克拉克·科尔. 大学的功用[M]. 陈学飞，等，译. 南昌：江西教育出版社，1993.
129. 伯顿·克拉克. 高等教育系统[M]. 王承绪，等，译. 杭州：浙江教育出版社，1988.
130. 托尼·布什. 当代西方教育管理模式[M]. 强海燕，译. 南京：南京师范大学出版社，1998.
131. 陈振明. 公共管理学[M]. 北京：中国人民大学出版社，2001.
132. 张德祥. 高等学校的学术权力与行政权力[M]. 南京：南京师范大学出版社，2002.
133. 卢少华. 权力政治学[M]. 哈尔滨：黑龙江人民出版社，1999.
134. 伯顿·克拉克. 探究的场所：现代大学的科研和研究生教育[M]. 王承绪，译. 杭州：浙江教育出版社，2001.
135. 伯顿·R·克拉克. 高等教育系统：学术组织的跨国研究[M]. 王承绪，等，译. 杭州：杭州大学出版社，1994.
136. 褚宏启. 中国教育管理评论：第一卷[M]. 北京：教育科学出版社，2003.
137. 陈玉琨. 教育评价学[M]. 北京：人民教育出版社，1999.
138. 刘德华. 科学教育的人文价值[M]. 成都：四川教育出版社，2003.
139. 唐卫民. 试析大学自治与政府控制[J]. 沈阳师范学院学报，1999.
140. 冷余生. 大学精神的困惑[J]. 高等教育研究，2004(1).
141. 陈登才. 加强党的执政能力建设新篇章[M]. 北京：中国言实出版社，2004.
142. 托马斯·J·萨乔万尼. 道德领导[M]. 冯大鸣，译. 上海：上海教育出版社，2002.
143. 托马斯·J·萨乔万尼. 校长学：一种反思性实践观[M]. 张虹，译. 上海：上海教育出版社，2004.
144. 辞海编辑委员会. 辞海[M]. 上海：上海辞书出版社，1989.
145. 约翰·范德格拉夫，等. 学术权力：七国高等教育管理体制比较[M]. 杭州：浙江教育出版社，2002.
146. 罗伯特·A，达乐. 现代政治分析[M]. 上海：上海译文出版社，1987.
147. 毕宪顺. 权力整合与体制创新：中国高等学校内部管理体制改革研究[M]. 北京：教育科学出版社，2006.
148. 李冀. 教育管理辞典[M]. 2 版. 海口：海南出版社，1997.
149. 陶行知. 陶行知全集：第一卷[M]. 长沙：湖南教育出版社，1984.
150. 段惠. "象牙塔"里的"蛀虫"：大学校长腐败案件扫描[J]. 政府法制，2005(9).
151. 张恩宏. 思维与思维方式[M]. 哈尔滨：黑龙江科学技术出版社，1987.
152. 黄麟雏，孟宪俊. 现代科学技术革命与社会[M]. 西安：西安交通大学出版社，1993.
153. 吴光宗，戴桂康. 现代科学技术革命与当代社会[M]. 北京：北京航空航天大学出版社,1991.
154. 爱因斯坦.爱因斯坦文集:第一卷[M].许良英,等,译.北京:商务印书馆,1983.
155. W I B 贝弗里奇.科学研究的艺术[M].陈捷,译.北京:科学出版社, 1979.
156. 雅各布·明赛尔.人力资本研究[M].张凤林,译.北京:中国经济出版社,2001.
157. 高鸿业,吴易风.现代西方经济学[M].北京:经济科学出版社,1994.
158. 张德.人力资源开发与管理[M].北京:清华大学出版社,1999.
159. 李宝元.人力资本与经济发展[M].北京:北京师范大学出版社.2000.
160. 宋承先.现代西方经济学[M].上海:复旦大学出版社,1997.
161. 马丽,郑孟煊,黄绍汪.创新思维论[J].广州师院学报:社会科学版,2000(10).
162. 楚明锟.科技创新思维论析[J].江汉论坛,2003(2).
163. 朱长超.思维:地球上最美丽的花朵[M].重庆:重庆出版社,1989.
164. 田运.思维是什么[J].北京理工大学学报:社会科学版,2000(2) .
165. 克劳斯·迈因策尔.复杂性中的思维[M].曾国屏,译.北京:中央编译出版社,1999.
166. 日比野省三,陈颖健.跨世纪的思维方式[M].北京:科学技术文献出版社,1998.
167. 汤川秀树.创造力和直觉:一个物理学家对东西方的考察[M].上海:复旦大学出版社,1987.
168. 戴布拉·艾米顿.知识经济的创新战略:智慧的觉醒[M].金周英,等,译.北京:新华出版社,1998.
169. 李润珍,武杰.非线性提供了一种新的思维方式[J].科学技术与辩证法,2003 (2).
170. 王国维.人间词话[M].北京:中国人民大学出版社,2004.
171. 徐春根,周业昌.简论非线性思维的两种形式:灵感和直觉[J].广西师范大学学报:哲学社会科学版,1997(1).
172. 周毅.跨世纪战略:可持续发展[M].合肥:安徽科学技术出版社,1997.
173. 张世富.心理学[M].北京:人民教育出版社,1998.
174. 燕国材.新编普通心理学概论[M].上海:东方出版中心,1998.
175. 郭因,黄志斌.绿色文化与绿色美学通论[M].合肥:安徽人民出版社,1995.
176. 郭成,赵伶俐.美育心理学[M].北京:警官教育出版社,1998.
177. 张春新.现代心理学[M].上海:上海人民出版社,1994.
178. 辞海编辑委员会.辞海[M].上海:上海辞书出版社,1989.
179. 德里克·博克.走出象牙塔:现代大学的社会责任[M].徐小洲,陈军,译.杭州:浙江教育出版社,2001.
180. 亨克尔,里特.国家、高等教育与市场[M].谷贤林,等,译.北京:教育科学出版社,2005.
181. 保罗·奥默罗德.蝴蝶效应经济学[M].李华夏,译.北京:中信出版社,2006.
182. 樊纲.作为不同思想方法的“计划”与“市场”[J].科技导报, 1993 (5).
183. 吴彤.市场与计划:自组织和他组织[J].内蒙古大学学报, 1995 (3).
184. 谢开勇,等.论高校产学研及其运行机制[J].科学学研究,2002.

185. 龚建立，等. 浙江省产学研相结合深入发展中的问题剖析和方法探讨[J]. 科学学研究，2003(12).
186. 殷朝晖. 研究型大学与科研机构的关系[J]. 自然辩证法研究，2006(4).
187. 亨利·埃茨科维兹. 三螺旋[M]. 周春彦，译. 北京：东方出版社，2005.
188. 王卓君. 中国大学外部经济关系研究[M]. 北京：北京大学出版社，2005.
189. 师汉民. 从他组织走向自组织：关于制造哲理的沉思[J]. 中国机械工程，2000(2).
190. 潘懋元. 走向社会中心的大学需要建设现代制度[J]. 国家高级教育行政学院学报，2001(2).
191. 米展. 高校发展的自组织机制初探[J]. 江苏高教，2002(1).
192. 夏普·雷吉斯特·格里米斯. 社会问题经济学[M]. 郭庆旺，应惟伟，译. 北京：中国人民大学出版社，2000.
193. 郑杭生. 社会学概论新编[M]. 北京：中国人民大学出版社，1987.
194. 周三多，等. 管理学：原理与方法[M]. 上海：复旦大学出版社，2002.
195. 周春彦. 大学—产业—政府三螺旋创新模式[J]. 自然辩证法研究，2006(4).
196. 李宝元. 战略性激励：现代企业人力资源管理精要[M]. 北京：经济科学出版社，2002.
197. 哈罗德·孔茨，海因茨·韦里奇. 管理学[M]. 10 版. 北京：经济科学出版社，1998.
198. H·哈肯. 协同学：自然构成的奥秘[M]. 戴鸣钟，译. 上海：上海科学普及出版社，1988.
199. 吴忠民，刘祖云. 发展社会学[M]. 北京：高等教育出版社，2003.
200. 宋东霞. 中国大学竞争力研究[M]. 北京：高等教育出版社，2005.
201. 成长春. 赢得未来：高校核心竞争力研究[M]. 北京：人民出版社，2006.
202. 席酉民. 管理研究[M]. 北京：机械工业出版社，2000.
203. 彼得·德鲁克. 德鲁克日志 [M]. 蒋旭峰，等，译 . 上海：上海译文出版社，2006.
204. 彼得·德鲁克. 管理的前沿 [M]. 上海：上海译文出版社，1999.
205. 范徵. 核心竞争力：基于知识资本的核心能力[M]. 上海：上海交通大学出版社，2002.
206. 侯光明，等. 中国研究型大学：理论探索与发展创新[M]. 北京：清华大学出版社，2005.
207. 明茨伯格. 战略历程：纵览战略管理学派[M]. 刘瑞红，等，译. 北京：机械工业出版社，2001.
208. 成思危. 复杂科学与管理[J]. 中国科学院院刊，1999(3).

二、英文部分

1. KERR, CLARK. The Great Transformation in High Education [M]. Albany, N. Y: State University of New York Press, 1991.
2. KERR, CLARK. Higher Education Cannot Escape History [M]. Albany, N. Y: State University of New York Press, 1994.
3. KERR, CLARK. The Use of the University [M]. Cambridge, mass: Harvard University Press, 1982.
4. BARNERR, RONALD. The Idea of Higher Education [M]. Buckingham: The Society for Re-

search into Higher Education & Open University Press,1990.

5. BOK,DEREK. Beyond the Ivory Tower: Social Responsibilities of the Modern university [M]. Cambridge,Mass:Harvard University Press,1982.
6. BRUHACHER,JOHN S. On the Philosophy of Higher Education [M]. San Francisco:Jossey-Bass Publishers,1982.
7. NEWMAN,JOHN HENRY CARDINAL. The Idea of a university:Defined and Illustrated [M]. Chicago,I11. :Loyola university Press,1987.
8. HUTCHINS R M. The university of Utopia [M]. Chicago: The university of Chicago Press,1936.
9. COHEN M D, J G March. Leadership and Ambiguity,The American College President [J]. McGraw-Hill , 1974 .
10. THOMPSON,JO ANN GERDEMAN. The Modern Idea of the University [J]. New York: Peter Lang,1984.
11. SHORE,PAUL J. The Myth of the University:Idea and Reality in Higher Education [M]. Lanham:University press of America,1992.
12. DUKE,CHRIS. The Learning University: Towards a New Paradigm? [M]. Buckingham: The Society for Research into Higher Education &Open University Press,1992.
13. THOMAS S KUHN. The Structure of Scientific Revolution [M]. 2nd ed. Chicago,Illinois: The University of Chicago Press,1970.
14. TED I K YOUN ,PALFREYMAN. Higher Education management:The Key Element [M]. SRHE ang Open University Press,1996.
15. ROGER PHILIP MOURAD. Postmodern Philosophical Critique and the pursuit of Konwledge in Higher Educacion [M]. Greenwood Publishing Group,Inc. 1997.
16. H HAKEN. Information and Self-Organization: A Macroscopic Approach to Complex System [J]. Springer-Verlag,1988.
17. I PRIGOGINE. The rediscovery of time. Science and Complexity [J]. Edited by Sara nash, Science Reviews Ltd,1985.
18. G NICOLIS. Introduction to Nonlinear Science [M]. Cambridge University Press,1999.
19. JACKSON. Perspectives of Nonlinear Dynamics: Vol. 1 [M]. Cambridge University Press,1989.
20. G NICOLIS, I PRIGOGINE. Self-organization in Noneqilibrium Systems [J]. Wiley, New York,1977.
21. NAKAMURA K. Quantum Chaos:A New Paradigm of Nonlinear Dynamics [M]. Cambridge university Press,1993.
22. CILLIERS P. Complexity and postmodernism:Understanding complex system [J]. Routledge London and New York.

23. J H NONLINEAR. Thinking [J]. Scientific American, 1989(6): 260.

24. CLAUS MAINZER. Introduction: From Linear to nonlinear thinking, Thinking in Complexity [C]. 1996.

25. BEGELEY P T, LEONARD P E. The Values of Educational Administration [C]. 1999.

26. KANFFMAN S. At Home in the Universe: The Search for Laws of Self-Orgaization and Complexity [M]. New York: Oxford Univ Press, 1996.

27. FLEXNER, ABRAHAM. Universities: American, English, German [M]. New York, etc: Oxford University Press, 1930.

28. MANSOUR JAVIDAR. Core Competence: What Does it Mean in Practice? [J]. Long Range Planning, 1998.

29. PETER F DRUCKER. Knowledge work and knowledge Society : Social Transformation of this century [C]. 1992.

30. HARIDIMOS TSOUKAD. What is Management? An Outline of a Metatheory [J]. British Journal of management, 1994(5).

31. FREDERICK W, TAYLOR. The Principles of Scientific Management [M]. New York: Harper Row Publishing House, 1911.

32. PETER F DRUCKER. The Age of Discontinuity: Guidelines to Our Changing Society [M]. London: Heinemann, 1969.

33. ERIC BONABEAU, CHRISTOPHER MEYER. Swarm Intelligence: A whole New Way to Think About Business [J]. Harvard Business Review, 2001.

34. RALPH D STACEY. Strategy as Order Emerging from Chaos [J]. Long Range Planning, 1993.

35. RALPH D STACEY. Complexity and Creativity in Organization [M]. San Francisco, California: Berret Koehler Publishers, 1992.

36. DAVID L LEVY. Chaos Theory and Strategy : Theory Application and Managerial Implications [J]. Strategic Management Journal: Summer Special Issue, 1994.

37. SONJA A SACKMAN. Culture Complexity in organization [M]. Beverly Hill, California: Sage Publication, 1997.

38. JOHN N WARFIELD, ROXANA CARDENAS. A Handbook of Interactive Management [M]. Ames, Iowa: Iowa State University Press, 1994.

39. BILL MCKELVEY. Avoiding Complexity Catastrophe in Coevolutionary Pockets: Strategies for Rugged Landscapes [J]. Organization Science, 1999.

40. KIEL L DOUGLAS. Managing Chaos and Complexity in Government: A New Paradigm for Managing Change, Innovation, and Organizational Reviewal [M]. San Francisco California: Jossey-Bass, 1994.

41. POTER, MICHAEL. From Competitive Advantage to Corporate Strategy [J]. Harvard Busi-

ness Review, Vol. 65, No. 3, May-June, 1987.
42. KLEIN. Competence-based Competition: A Practical Toolkit, Competence-based Competition [J]. John Wiley & Sons Ltd, 1994.
43. LOUIS A ALLEN. Management and Organization [M]. New York: McGraw-Hill Book Company, 1958.
44. CHESTER BARNARD. The Functions of the Executive [M]. Cambridge, Mass: Harvard University Press, 1987.

三、作者的有关论著

1. 朱浩. 关于大学校长权威结构的理性思考[J]. 教师教育研究, 2007(2).
2. 朱浩. 从协同学看我国大学学术竞争力的打造与提升[J]. 学术论坛, 2007(4).
3. 朱浩. 非线性视野中企业的竞争力与和谐力[J]. 科技管理研究, 2007(3).
4. 朱浩. 我国大学教师文化的冲突与和谐[J]. 中国大学教学, 2006(8).
5. 朱浩. 从耗散结构理论看我国大学变革的机制[J]. 高等理科教育, 2006(4).
6. 朱浩. 儒家和谐教育思想及其现代价值[J]. 当代教育论坛, 2006(5).
7. 朱浩. 学校道德领导的特点与实施[M]// 历史的使命: 21 世纪中国教育的突破与创新. 哈尔滨: 黑龙江人民出版社, 2006.
8. 朱浩. 社会经济管理系统和谐性模型的建构与分析[J]. 运筹与管理, 2005(12).
9. 朱浩. 关于现代教师专业素质的研究[J]. 高教研究与探索, 2005(3).
10. 朱浩. 论高校无形资源管理的问题、思路与方法[J]. 科技管理研究, 2005(9).
11. 朱浩. 论知识基本属性间的辩证关系[J]. 合肥工业大学学报, 2005(12).
12. 朱浩. 关于人与自然和谐发展的几点思考[J]. 合肥工业大学学报, 2003(12).
13. 朱浩, 黄志斌. 关于"和谐人格"的理论探讨[J]. 科学技术与辩证法, 2003(4).
14. 朱浩. 论高校人力资源与人力资本的若干问题与管理对策[J]. 科技管理研究, 2003(10).
15. 朱浩. 论企业技术集成创新与反求创新[J]. 科学学研究, 2003(12).
16. 黄志斌, 朱浩. 人力资本与知识管理[J]. 华东经济管理, 2002(8).
17. 朱浩. 科学研究中事物模糊性的哲学意蕴[J]. 自然辩证法研究, 2002(10).
18. 朱浩. 高校人力资源管理与开发的战略研究[J]. 北方论丛, 2003(10).
19. 朱浩. 论网络道德的问题与建设[J]. 合肥工业大学学报, 2002(10).
20. 朱浩. 论企业技术创新的方法与途径[J]. 运筹与管理, 2003(12).
21. 朱浩. 关于安徽省高新技术产业发展战略的几点思考[J]. 华东经济管理, 2001(2).
22. 朱浩. 信息资源开发战略研究[J]. 华东经济管理, 2000(12).
23. 朱浩, 钟玉海. 面向知识经济时代高校德育创新体系的研究[J]. 合肥工业大学学报, 2000(12).
24. 朱浩, 钟玉海. 知识经济时代的思维方式[J]. 学术交流, 2000(8).
25. 朱浩. 大学生要正确处理人际关系[J]. 机械工业高教研究, 1999(10).

26. 朱浩，钟玉海. 论知识经济对高校德育的影响[J]. 学术交流，1999(9).
27. 朱浩. "力行"创新思考术与大学生创造力的培养[J]. 机械工业高教研究，1999(1).
28. 朱浩，钟玉海. 知识经济与高校创新体系[J]. 学术交流，1999(1).
29. 朱浩，钟玉海. 知识经济时代的特征与高校人才培养模式[J]. 合肥工业大学学报，1998(12).
30. 陈敏豪，朱浩，等. 归程何处：生态史观话文明[M]. 北京：中国林业出版社，2002.

后　　记

本书是在我的博士论文基础上加以修改而成的，书稿完成之际，回首过去求学经历，感触良多。

遥想论文搁笔之时，思绪万千，米兰·昆德拉曾说："生命中不能承受之轻，更不堪忍受之重。"当时我并不感到轻松，反而有些许的遗憾，或许这就是学术的永远未完成性吧！回首三年的华东师大求学生涯，痛苦与快乐交织、退缩与坚持碰撞、模糊与清晰交融。在那里得到的不仅是知识与学识的滋养，更是一种生活的历练。三年刻骨铭心的求学历程仿佛印证了王国维在《人间词话》中的"三重境界"。

"昨夜西风凋碧树，独上高楼，望尽天涯路。"

16 年前大学毕业后，到工厂从事经济管理工作多年，1996 年考入合肥工业大学人文经济学院攻读法学硕士，1999 年留校任教。在教学上我倾注了大量的心血，认真备课，钻研教学方法，同时积极参与课题研究。但随着教学与研究的深入，知识面不断地扩展，深感各方面的不足，需要学习与补充的知识太多，体会到"学然后知不足，教然后知困"的道理。经过不懈的努力，于 2004 年有幸走进著名学府华东师大攻读博士学位。又返回校园做学生，深知学习机会来之不易，丝毫不敢懈怠，对自己提出了严格的要求。如何完善知识结构？如何提高科研能力？如何根据原有的基础与学科的方向寻找一个好的论文选题？如何在既有的时间里完成论文并有所突破与创新？常常觉得问题复杂、头绪纷繁，学习与工作的压力一直挥之不去。

我从以工科占优势的教学研究型大学到以文理见长的研究型大学，一路走来，使我得到了不同学科文化的滋养，也使我领略了不同大学的风格，对大学的运行与管理也有了一些感性与理性认识，并在教学与科研上有了一定的积累。特别是在华东师大的求学过程，多元、宽松和自由的学术氛围；风格各异、思想睿智的师长；思维活跃、勤奋踏实的同学，都成为我感悟大学文化与管理的基本素材。也深切地感受到大学中的复杂性，大学多元文化差异带来的矛盾、大学多元权力的不平衡、大学组织中各个部门的不协调、大学理想与现实的冲突等，这些问题引发我思考：大学中这些不协调、不和谐的原因是什么？如何减少不和谐因素，更好地完成大学人才培养、科学研究、服务社会的神圣使命？

此时席酉民教授的和谐理论给了我有益的启示，他认为社会经济系统运行机制的不协调是造成系统中出现问题的关键，其不协调的主要表现为缺乏一种充分发挥系统成员与子系统聪明才智和创造性的机制，从而导致系统结构失调，缺乏对环境的适应性和应变能力。于是我想，大学作为一种特殊的社会组织，其中的种种不协调问题，是否可以通过构建一种和谐的管理机制来解决？如何来构建这种和谐的机制呢？以探索复杂性为目标的非线性科学具有跨学科、普适性、综合性的特点，被誉为20世纪科学史上继相对论、量子力学之后的又一次科学革命，它揭示了复杂系统从无序向有序演化的机制与规律。这为人们打开了观察现实世界的新窗口：世界的本质是非线性的，非线性关系与相互作用是事物之间普遍的、内在的和本质的关系。近些年，非线性科学及其思维观在国内外均有深入研究，已渗透到自然科学、社会科学、工程技术等各个领域，成为许多学科研究的前沿与热点之一。像大学这样的复杂性系统难道不应当运用非线性思维观来审视与分析吗？经过深入思考，并与导师交流，最终我确立了以“非线性视野中我国大学和谐管理机制研究”作为课题进行研究。

“衣带渐宽终不悔，为伊消得人憔悴。”

读博的第一学期，由于长期的劳顿、持续的压力，我时感胃部胀痛，经多次求医，误诊为慢性胃炎，一直靠吃止痛片来缓解。然而情况变得越来越严重，饭后胃部总是剧烈疼痛，彻夜难眠，最后竟然不能吃任何东西，身体极度虚弱，最终不能支撑。于是我向老师请了假，连夜赶回合肥，在安徽医学院门诊被诊断为胆结石、胆囊炎急性发作，需要立即住院手术切除胆囊。在随后的一个多月里，度过了我有生以来最艰难、最无助的日子，但也是得到关爱最多的日子。“谁言寸草心，报得三春晖。”难以忘记住院期间年迈的父母不辞辛劳日夜的陪伴与无微不至的照料，哥嫂的关心与照顾。导师陈永明教授一直关心我的病情，在百忙之中，来电话、发邮件询问我的境况，让我安心养病，还特地请纪明泽老师出差合肥之机来看望我，同时带来博士班同学们的问候，这给了我极大的鼓励，坚定了战胜病魔的勇气与信心。在家人、老师、同学的关爱下，在医生、护士的精心治疗与护理下，我很快康复，回到了学校。我真的很高兴又回到了美丽的校园，回到了老师与同学中间，在丽娃河畔、逸夫楼探寻着“博学之路”。

在确定本论文的框架、内容和撰写的过程中，我感到论文研究涉及的学科与理论较宽、较深，同时涉及大学管理的问题也浩繁复杂，解决的方法与途径涉及方方面面，对其看法是仁者见仁，智者见智，要进行全面的研究非一个人或一篇博士论文所能完成，于是整日检索、阅读、学习，与同学交流，向导师请教。在撰写论文的日日夜夜，为了论证一个问题，认真思考，反复推敲，绞尽脑汁，常常难以下笔，无法进展，身心疲惫，痛苦、失落甚至想放弃。然而，正如海明威所说：“坚持是人性中最可宝贵的品格。”一天的劳累之余，常常觉得思绪飘离身躯，仿佛超越了时空与普里高津、哈肯、孔孟、老庄、克拉克、莫兰等大师们对话交流思想，沐浴在大师们智慧的光芒之中，享受片刻的快乐。此时，导师陈永明教授又给予了我悉心的指导、热情的鼓励，增添了我战胜困难的信心。思路在模糊中逐渐清晰，认识到本论文对大学管理的研究不可全面铺开、面面俱到，也不能等同以往将管理职能进行机械分割并分别进行专项的研究，而应从非线性的视野审视大学系统内外因素的复杂性，系统思考大学管理过程，突出对大学管理中的核心与关键问题的研究，着重探讨其中的非线性关系与运行机制。

诚然，在学术上的有所突破与创新，需要有探求真理的精神与开拓未知的勇气，学理似海深，学术无止境，攀登科学的山峰，没有平坦的大道，只有沿着崎岖的小径不停地向上攀援。论文写作的过程既是自己不断反思，认识自己的不足，不断学习、研究与创新的过程，也是一种对意志品质的磨炼和学术精神的提升。由于作者的学术功底、理论素养与阅历视野等方面都较欠缺，深知研究的难度和挑战性、研究过程的艰巨性、研究结果的不确定性，不管结果如何，即使是不成功也可作为一种新的尝试让自己与他人足以为训吧！

“众里寻她千百度，蓦然回首，那人却在灯火阑珊处。”

夜深人静，独坐在灯下，看着经过几轮修改，即将完成的论文，与其说它是我多年学习的积累与辛勤耕耘的产物，不如说是前人先哲及国内外许多学者学养滋补的结果，也可以说是作为学生的一份作业，即将呈交给老师，是否合格，我的内心是忐忑不安的。论文的一些观点可能在论证上不周严，证据上不充分，然而论文的完成，为我进一步研究开通了一个新的起点，“路漫漫其修远兮，吾将上下而求索”，我还会在这无止境的学术研究中继续探索，在深度与广度上将非线性理论与和谐思想更准确地应用于大学管理研究。

在论文即将出版之际，眼前浮现出曾给予我关爱、指导与帮助的人们，千言万语化为两个字：感谢。

首先要感谢我的导师陈永明教授。读博三年，得到了陈老师在学业上的悉心指导，从论文选题、确立框架、开题论证、平时的研讨，到最后的审阅、定稿，都倾注了老师的大量心血。陈老师为人师表、学识渊博、思想深邃、胸襟宽广，不仅教我如何做事、做学问，而且教我如何做人。我一直庆幸自己能够得到陈老师的教诲，并希望以后有更多的机会向老师请教，这将使我受益终生。感谢华东师范大学的陈玉琨教授、吴志宏教授、范国睿教授等老师对我的教导与指点，还要感谢王俭博士、杨琼博士、刘竑波博士、武锋博士等许多同窗好友的帮助。

感谢合肥工业大学人文经济学院院长黄志斌教授多年来的指导与帮助。黄院长倡导的和谐理念对我的思想观念与学术研究产生了深刻的影响。感谢我的硕士生导师合肥工业大学人文经济学院钟玉海教授，他始终关心着我的学业与研究工作，为我提供了许多宝贵的资料。感谢读博期间给予我帮助与支持的诸多同事。

感谢我的父母及家人，他们的关爱与激励是我完成学业一种不可或缺的力量之源。感谢本课题研究所引用参考文献的作者，世界上任何科学研究都是在前人研究基础上的延伸、深化与发展，他们的研究同样也是本书得以完成的源泉。

感谢合肥工业大学将本书列入“生态经济与人文”中青年科技创新群体基金资助项目。

“吾生有涯，而学无涯”，在此，我真诚地希望本书作为一种理论探索与学术研究，能够与读者和有关专家学者交流。

朱　浩

2007 年 4 月 12 日初稿于华东师范大学

2008 年 1 月 12 日改定于合肥工业大学